江西财经大学信毅学术文库

“互联网+”背景下科技资源配置推动经济高质量发展的机制

徐　晔　陶长琪　著

中国财经出版传媒集团
中国财政经济出版社

图书在版编目（CIP）数据

“互联网+”背景下科技资源配置推动经济高质量发展的机制／徐晔，陶长琪著．--北京：中国财政经济出版社，2022.12

（江西财经大学信毅学术文库）

ISBN 978-7-5223-1781-6

Ⅰ．①互…　Ⅱ．①徐…　②陶…　Ⅲ．①科学技术－资源配置－影响－中国经济－经济发展－研究　Ⅳ．①G322 ②F124

中国版本图书馆CIP数据核字（2022）第228355号

责任编辑：叶　彤　　　　责任印制：党　辉

封面设计：王　颖　　　　责任校对：张　凡

中国财政经济出版社 出版

URL：http://www.cfeph.cn

E-mail：cfeph@cfeph.cn

社址：北京市海淀区阜成路甲28号　邮政编码：100142

营销中心电话：010-88191522

天猫网店：中国财政经济出版社旗舰店

网址：https://zgczjjcbs.tmall.com

北京财经印刷厂印刷　各地新华书店经销

成品尺寸：170mm×230mm　16开　19印张　296 608字

2022年12月第1版　2022年12月北京第1次印刷

定价：76.00元

ISBN 978-7-5223-1781-6

（图书出现印装问题，本社负责调换，电话：010-88190548）

本社质量投诉电话：010-88190744

打击盗版举报热线：010-88191661　QQ：2242791300

总　序

书籍是人类进步的阶梯。通过书籍出版，由语言文字所承载的人类智慧得到较为完好的保存，作者思想得到快速传播，这大大地方便了知识传承与人类学习交流活动。当前，国家和社会对知识创新的高度重视和巨大需求促成了中国学术出版事业的新一轮繁荣。学术能力已成为高校综合服务水平的重要体现，是高校价值追求和价值创造的关键衡量指标。

科学合理的学科专业、引领学术前沿的师资队伍、作为知识载体和传播媒介的优秀作品，是高校作为学术创新主体必备的三大要素。江西财经大学较为合理的学科结构和相对优秀的师资队伍，为学校学术发展与繁荣奠定了坚实的基础。近年来，学校教师教材、学术专著编撰和出版活动相当活跃。

为加强我校学术专著出版管理，锤炼教师学术科研能力，提高学术科研质量和教师整体科研水平，将师资、学科、学术等优势转化为人才培养优势，我校决定分批次出版高质量专著系列；并选取学校“信敏廉毅”校训精神的前尾两字，将该专著系列命名为“信毅学术文库”。在此之前，我校已分批出版“江西财经大学学术文库”和“江西财经大学博士论文文库”。为打造学术品牌，突出江财特色，学校在上述两个文库出版经验的基础上，推出“信毅学术文库”。在复旦大学出版社的大力支持下，“信毅学术文库”已成功出版两期，获得了业界的广泛好评。

“信毅学术文库”每年选取10部学术专著予以资助出版。这些学术专著囊括经济、管理、法律、社会等方面内容，均为关注社会热点论题或有重要研究参考价值的选题。这些专著不仅对专业研究人员开展研究工作具有参考价值，也贴近人们的实际生活，有一定的学术价值和现实指导意义。专著的作者既有学术领域的资深学者，也有初出茅庐的优秀博士。资深学者因其学术涵养深厚，他们的学术观点代表着专业研究领域的理论前沿，对他们专著的出版能够带来较好的学术影响和社会效益。优秀博士作为青年学者，他们学术思维活跃，容易提出新的甚至是有突破性的学术观点，从而成为学术研究或学术争论的焦点，出版他们学术成果的社会效益也不言自明。一般而言，国家级科研基金资助项目具有较强的创新性，该类研究成果常常在国内甚至国际专业研究领域处于领先水平，基于以上考虑，我们在本次出版的专著中也吸纳了国家级科研课题项目研究成果。

“信毅学术文库”将分期分批出版问世，我们将严格质量管理，努力提升学术专著水平，力争将“信毅学术文库”打造成为业内有影响力的高端品牌。

王　乔

2016 年 11 月

前言

我国经济已由高速增长阶段转向高质量发展阶段，目前正处于转变发展方式、优化经济结构、转换增长动力的攻关期。在转变过程中，科技创新作为最关键的驱动力推动着经济高质量发展。由于区域科技创新能力主要来源于科创人才、资本、技术等科技资源的聚合反应，因此科技资源配置状况的好坏将直接影响到区域科技创新能力的强弱，进而关系到当前区域国民经济的发展质量。但目前，我国科技资源尚存在配置结构不合理、配置效率低下、区域科技资源配置不均等问题，严重制约了我国国民经济由“高速”向“高质”的转变。然而，随着以“互联网+”为首的新一代信息技术的不断发展，其“高技术、强渗透、泛受众”的发展特征有效矫正了各类资源的错配，为我国合理再配现有科技资源，强化科技转化能力，推动国民经济“持续、稳定、高质”发展提供了有效途径。基于此，在“互联网+”背景下，探究科技资源配置推动经济高质量发展的内在机理，找出其作用的关键节点与路径，对新时期下实现我国经济转型、国富民强的战略目标具有重要的理论与现实意义。

科技资源作为我国创新驱动发展战略中的关键资源之一，通过有效配置、聚合转化，可形成源源不断的创新能力，推动当前国民经济发展过程中经济的“结构、效率、动力”三大变革，促进我国经济高质量发展。依托“互联网+”为首的新一代信息技术，对现有科技资源进行合理化、高效化、高级化的配置调整，使得其能有效促进国民经济结构优化、发展效率提升、内在动能转换，成为新时期下推动我国国民经济高质量发展的必然选择。本专著在明晰“互联网+”作为现代产业发展“催化剂”的基础上，以“科技资源配置——科技创新能力——经济高质量发展”这一逻辑主线，对科技资源合理化配置优化经济结构、科技资源高效化配置提升经济效率、科技资源高级化配置促进经济动能转换进行内在机理解析。同时，结合当前"互联网+"背景下微观企业、中观行业、宏观区域三个维度优化科技资源配置促进经济结构优化、发展效率提升、产业转型的现实案例，总结科技资源配置促进经济高质量发展的实践路径。综合理论分析与实践分析，明晰我国通过科技资源配置促进经济高质量发展的关键节点，进而为科技资源再配置提供有力支撑。最后基于前述理论分析与实践总结，本专著提出了通过科技资源再配置促进经济高质量发展的对策建议。专著具体内容如下：

第一，基于对"互联网+"、科技资源配置和经济高质量发展等相关概念的梳理与界定，通过调查、数据收集厘清我国科技资源配置现状，明确并总结我国科技资源配置存在的问题，并提出"互联网+"背景下经济高质量发展对科技资源配置的新要求。

第二，立足"互联网+"视角，分析我国科技资源配置对经济结构优化的作用机理，并选取我国各省域2007~2016年共10年的面板数据，采用熵值法构建"互联网+"背景下科技资源配置与经济结构的指标，对二者进行综合测度；建立科技资源配置与经济结构的重心移动模型，探索二者的重心区位；再运用耦合协调度模型及探索性空间数据分析方法进一步深入研究科技资源配置与经济结构的时空耦合状态。此外，运用系统动力学模型研究科技资源配置与经济结构耦合发展的复合系统并对相关政策进行模拟分析，验证不同投资政策对科技资源配置水平的提高效果。

第三，在"互联网+"背景下，从互联网技术配置、科研经费配置、互联网基础设施对经济增长效率产生影响的三个方面出发，明确其作用机理；通过构建DSGE模型就科技资源对经济增长效率的动态效应与传导机制进行分析。在理论分析基础上，使用DEA模型对各类科技资源的配置效率和经济增长效率进行测算，并通过建立GMM模型对科技资源配置效率与经济增长之间关系进行实证分析，明晰两者之间具体相关关系，以探究科技资源配置效率的提高对经济增长效率产生何种影响。

第四，以我国30个省份为研究对象，从错配视角和再配置视角探究科技资源再配置对区域经济增长质量的影响，并剖析"互联网+"、科技资源错配和经济高质量发展三者之间关系；梳理我国科技资源再配置与经济增长动力转换的影响路径，找出经济增长动力转换下我国科技资源错配存在的问题。就“互联网+”的发展对科技资源错配影响机制展开研究，通过资源错配模型测算我国省际间科技资源错配情况，采用主成分分析法构建指标体系对“互联网+”发展指数进行测度。在以上基础上，使用GMM模型就“互联网+”发展对科技资源再配置的影响效应进行实证分析。此外，就创新主体间科技资源再配置对经济增长质量的影响机理进行梳理，利用面板固定效应模型就科技资源再配置对区域经济增长质量的中介效应进行分析。

第五，基于理论分析与实证分析，从微观企业、中观行业、宏观区域维度出发，找寻现实案例，通过对现实案例进行深入分析与总结，探究“‘互联网+’——科技资源配置——经济高质量发展”这一主线的现实关键节点，验证“互联网+”背景下科技资源配置对经济发展的现实路径与理论路径的一致性，以此支撑理论分析，并为对策建议的提出奠定基础。

第六，根据“互联网+”背景下我国科技资源配置对经济结构优化、经济增长效率提升和经济增长动力转换的作用机制分析，结合案例分析总结，分别从科技资源合理化配置优化经济结构、科技资源高效化配置提升经济增长效率、科技资源高级化配置促进经济增长动力转换三个方面提出推动经济高质量发展的对策建议。

本专著得出的主要结论如下：

第一，2007～2016年我国科技资源配置重心与经济结构重心均分布于几何中心的东南方向，并且科技资源配置重心更加偏离几何中心，说明科技资源配置在空间分布格局上的不均衡性大于经济结构的不均衡性。（1）我国“科技资源配置——经济结构”系统耦合度随着时间的推移呈波动上升态势，中部地区平均意义上系统耦合度最高，东部地区次之，西部地区相比较低。但从全国角度出发，系统耦合协调度类型仍以严重失调和轻度失调为主，每个时间节点上只有极少数的省域向上一级的耦合协调阶段进行了跃迁。我国“科技资源配置——经济结构”系统耦合协调度自2011年以来呈现持续且显著的空间聚集态势，2013年以来系统耦合协调度在各省域之间的差异有逐渐缩小的趋势。历年的耦合协调度都呈现“东高西低”的空间格局。（2）我国科技资源配置水平的提高主要依赖于固定资产投资比例的提高，相比之下信息服务业投资率的提高对科技资源配置水平提高的贡献更小，二者对科技资源配置水平的提高都起着积极促进的作用。

第二，科技资源配置效率提高能有效提升经济增长效率。经济增长效率受其滞后期变量的影响，即上一期经济增长效率对下一期经济增长效率存在正向的关系。(1) 互联网技术的应用给产出的增长带来正向冲击。互联网技术不仅改善了互联网环境，促进企业经营模式创新，也加速了信息传输技术的发展和信息的传输速度。与此同时，企业的经营模式创新势必重塑资源配置模式尤其是互联网环境下的科技资源的配置形式，优化科技资源的结构，从而提高科技资源配置效率，最终促进经济增长。(2) 科研经费冲击对整个经济体的产出、劳动供给、互联网技术产出和政府财政收入等经济变量带来的是正向的冲击，而对科研人员的工资水平、科研部门的资本投入量产生负向的冲击，随后冲击减弱为零，波动的幅度较小。(3) 互联网基础设施配置通过影响信息交流便利程度、信息管理体制效率等作用于经济增长效率，在给企业创新带来正向冲击的同时给私人投资带来负向冲击。

第三，在样本考察期间内，我国各地区均有一定程度的科技资源错配现象，其存在明显的地区异质性。(1) 我国科技资源的地区分布并不均衡，东部地区的科技基础条件较好，且一直是主要的科技成果产出的主体，因此科技资源错配程度较轻；西部和东北部新型技术产业发展较为落后，地区技术水平较为薄弱，科技产出效率并不高，投入的科技资源不能有效发挥其作用，出现科技资源配置严重过剩的情况。科技资源错配存在显著的路径依赖，也即上一期的科技资源错配情况会影响到下一时期的科技资源配置。(2) "互联网+"的发展可以显著改善科技资源错配情况，且相较于中西部地区，东部地区的科技资源错配改善效果更加显著。这主要体现在东部地区的人才市场竞争机制较为健全，要素市场的发育程度较高，高新技术企业占比较高，互联网的发展有利于科技人力资源的流动，进而降低科技人力资源错配程度，而中、西和东北部地区受制于科技基础条件薄弱以及人力资源流动障碍等因素，互联网的发展对科技资源错配的改善效果未能充分显现。(3) 创新主体间再配置可以显著提升区域经济增长质量，相较于中西部地区，东部地区能够从科技资源再配置中获得更多的经济增长动能。创新主体间科技资源再配置通过促进金融发展和产业结构升级，对区域经济增长质量产生积极的间接影响作用。创新主体间科技资源再配置对区域经济增长质量存在显著的门槛效应，只有在"互联网+"配置科技资源水平较高的情况下，科技资源再配置才能显著提升区域经济增长质量。

本专著的边际贡献在于三个方面。第一，研究视角的创新。本专著基于“互联网+”视角，深入探讨了科技资源配置对经济结构优化的作用机理，运用数理模型全面分析了科技资源配置与经济结构的互动关系；通过文献梳理和理论分析，提出了科技资源配置效率提高对经济增长效率的作用机理；从错配视角和再配置视角综合研究了“互联网+”背景下科技资源的配置问题，将“互联网+”和经济高质量发展纳入统一的研究框架。第二，方法应用的创新。建立“互联网+”背景下科技资源配置与经济结构的重心模型和耦合协调度模型，全面分析了科技资源配置与经济结构的重心演变轨迹及时空耦合状态，并运用系统动力学模型进一步对科技资源配置与经济结构耦合发展的复合系统进行了仿真模拟分析；建立融入互联网技术、科研经费、互联网基础设施三种科技资源在内的 DSGE 模型，设定互联网技术冲击、科研经费冲击、互联网基础设施冲击，解释了各种冲击对产出、消费等经济变量动态效应和传导机制，并通过 DEA 模型测算互联网技术、科研经费、互联网基础设施的配置效率和经济增长效率，通过 GMM 实证模型进行验证科技资源配置效率提高对经济增长效率的提升作用；从不同时间维度和不同区域划分对“互联网+”背景下科技资源配置推动经济高质量发展的动力转换机理进行了实证检验，准确捕捉“互联网+”和科技资源配置对区域经济增长质量的线性效应和非线性效应；通过理论与实践相结合，实现理论模型与现实案例相印证，并探讨主线的现实关键节点上的具体现实路径，以此为提出科技资源配置促进经济高质量发展的对策建议奠定基础。第三，研究结论的创新。我国科技资源配置重心和经济结构重心均分布于几何中心的东南方向，整体来看，我国“科技资源配置-经济结构”系统始终处于较高水平的耦合阶段，但系统耦合协调度总体水平不高，两系统耦合协调度在空间分布上倾向集聚，北京和广东两省市为两系统和谐共生的代表性地区；将互联网技术纳入 DSGE 分析框架中，单独设立了产出部门以研究科研部门对其他各经济变量所产生的影响，证明了科技资源配置效率的提升对经济增长效率的正向作用并建立 GMM 模型进行估计验证，用模拟的方法研究证实互联网技术、科研经费、互联网基础设施的合理配置对宏观经济的积极影响；科技资源配置对经济增长质量的中介效应和门槛效应存在显著差异，只有在"互联网+"配置科技资源水平较高的情况下，科技资源再配置才能显著提升区域经济增长质量。第四，以理论分析为指引，以案例分析为支撑，通过理论推导与实践分析并举的方式提出了科技资源再配置推动经济高质量发展的针对性建议：在区域科技资源配置范围上做"加法"，深挖资源溢出效应潜力；加强新技术研发与试验，建立强劲的经济发展增长极；以"用"为本，"育""用"并举，将人才资源开发放在科技创新优先位置；破除科研经费使用的"中梗阻"，增强科研经费使用的规范性；搭建科技资源"场景应用"基础平台，加速科技资源集聚与融合，增强创新"飞船"续航力等。第五，依托该报告，凝练了4篇智库报告：《推动江西省先进制造业高质量发展的思考与建议》《关于提升江西省承接"长珠闽"产业转移的政策建议》《引"智"入"制"，用好经济"抗疫"新良方——江西省先进制造业与现代服务业融合存在的若干问题与应对策略》《制约我省赣江新区高质量发展的若干问题及其应对策略》。

本专著是在作者主持完成的国家社科基金项目《"互联网+"背景下科技资源配置推动经济高质量发展的机制与对策研究》（18BJY001）结题报告基础上形成的，也是作者主持的国家社科基金重大招标项目（19ZDA121）、国家自然科学基金项目（71973005，71773041，72163008）、教育部人文社会科学研究项目（21YJA790069）、江西省社会科学基金项目（19YJ15，21SKJD02）和江西省教育厅科技项目（GJJ190248）的阶段性成果。课题组成员喻家驹博士、陈伟博士以及硕士研究生李明、黄文、肖华鑫参与了项目部分研究工作，李馨怡、刘媛媛在书稿的整理过程中也提供了帮助，在此表示感谢！

作　者

2022年10月

目　录

1 绪　论

1.1 研究背景

党的十九大报告提出，我国经济已由高速增长阶段转向高质量发展阶段，目前正处在转变发展方式、优化经济结构、转换增长动力的攻关期，建设现代化经济体系是跨越关口的迫切要求和我国发展的战略目标。而21世纪最显著的特征是以互联网技术为代表的新一代信息技术浪潮在全球范围内掀起，互联网发展对于紧抓新产业革命历史机遇和推进中国经济转型实现高质量发展意义重大。经济高质量发展要依赖供给侧结构性改革，使要素实现最优配置，最大限度地激发要素潜能，正如习近平总书记在党的十九大报告中所指“把提高供给体系质量作为主攻方向，推动互联网、大数据、人工智能和实体经济深度融合”。当前我国经济发展面临较为严峻的形势。一方面，国外经济进入深度调整期，有效需求下降，再工业化、产业回流本土的进口替代效应增强，极大缩减了我国出口市场。另一方面，我国经济过度依赖基础要素投入，老龄化现象日愈加重、人口红利逐渐消失，资源转换效率低下，创新驱动力明显不足。面对复杂的国内外环境，关键是要改善创新要素配置效率、提高全要素生产率，而互联网的快速发展提供了可行路径。2018年6月，习近平总书记在中央外事工作会议上明确指出：“当前，我国处于近代以来最好的发展时期，世界处于百年未有之大变局，两者同步交织、相互激荡。”2021年11月召开的党的十九届六中全会通过了《中共中央关于党的百年奋斗重大成就和历史经验的决议》，决议强调我们比历史上任何时期都更接近、更有信心和能力实现中华民族伟大复兴的目标，同时前进道路上仍然存在可以预料和难以预料的各种风险挑战。在中华民族伟大复兴战略全局和世界百年未有之大变局的时代背景下，新一轮科技革命和产业变革是大变局的重要推动力，我国要紧抓时代机遇，大力发展互联网信息技术，充分释放数字红利，实现"弯道超车"。

2016 年 7 月，《国家信息化发展战略纲要》中指出，我国信息化取得长足发展，"互联网 +"异军突起，互联网推动产业变革，促使工业经济向信息经济转型，有效地提升了经济、文化、生态文明等领域的信息化水平。2018 年政府工作报告中李克强总理多次谈及"互联网 +"这一经济热词，"互联网 +"广泛融于各行各业，我国的电子商务、移动支付、共享经济等引领世界潮流。党的十八大以来，我国不断加强实施"网络强国"战略，不断加强网络基础建设，但建设网络强国，要有自己的技术，要有过硬的技术。近些年，重大科技创新成果不断涌现，但与世界先进水平相比，我国在很多方面还存在不小差距，特别是在关键、核心技术方面，受制于人的局面仍没得到根本改变，"卡脖子"的忧患也没实现彻底消除。据统计，全球 77% 的手机由我国制造，但只有不到 3% 的手机芯片用的是国产芯片，芯片"心脏"性问题一度让我国处于风口浪尖，面临威胁。但没有核心技术，就没有发展的主动权，就不可能抓住这"弯道超车"千载难逢的历史机遇。因此，我国必须加速推动信息领域核心技术的突破，推动我国信息化实现从"跟跑"到"并跑""领跑"的跨越，就必须走自主创新之路，以创新为引领，借助科技资源投入与合理配置进行创新活动。

科技资源配置是以现行科技体制为依托，为保障科技创新活动，对人员、经费等科技资源进行分配和调控的过程（索玮岚和陆桂昌等，2015）[1]。已有多位学者对我国科技资源配置状况进行了测算，测算的对象为 985 高校、区域高技术产业、战略新兴产业等，足以反映我国科技资源配置的现状。当前，我国高校科技资源配置的现状为约 34% 的高校为高效型、约 21% 的高校为低效型、约 45% 的高校为失衡型[1]；从区域来看，我国东部地区科技资源配置冗余，但产出过低，而中部地区科技资源配置次之，技术质量偏低，西部地区由于"西部大开发"战略的实施暂时性的科技资源配置高峰出现，导致无法消化这些资源。再来看我国战略新兴产业的科技资源配置状况，该产业的整体科技资源配置之水平逐年提高，尚未实现最优化配置，且该产业内部细分产业之间尚存在较大差异，如新一代信息技术、新材料等产业的综合效率、技术效率、规模效率存在低效或者无效

（黄海霞和张治河，2015）[2]。因此，我国科技资源的配置效率较低，存在较大的优化空间。利用"互联网+"战略促进科技资源优化配置推动经济增长，是经济高质量发展阶段的重中之重。

目前西方主要经济体和新兴市场国家经济增速普遍走低，国际环境日趋复杂，全球经济不稳定性不确定性明显增加，我国经济也面临着需求减弱、投资持续下行，遇到前所未有的困难。2015年以来，我国GDP增速已经连续六年低于7%，我国经济进入经济增速换挡期、结构调整阵痛期、前期刺激政策消化期"三期叠加"和人口红利、改革红利、外贸红利、土地红利"四大红利衰减"为特征的新常态阶段，原有粗放型（要素投入驱动）经济增长模式已经难以为继，寻找新的经济增长动力迫在眉睫。要想实现经济由高速增长模式向高质量发展模式的转变，必须要有新思路和新方法。基本路径是推动经济增长质量变革、效率变革、动力变革。经济高质量发展要依赖供给侧结构性改革，其中科技是第一生产力，加大自主创新是培养经济增长新动力，合理配置科技资源，实现科技资源利用效率的最优化是实现经济高质量发展的必由之路。

在我国改革开放进程中，曾经以劳动力、资本等要素推动的国内产值高速增长阶段已然一去不复返了。随着"第三次科技革命"的迅猛浪潮席卷而来，中国作为发展中国家感知到了这必将是决定中华民族伟大复兴的关键时刻。因此，在外部环境不确定性增大和国内经济增长动能转换的背景下，以互联网技术为代表的新一轮科技革命将成为这一时代的新宠。互联网技术发展与中国经济发展的正向互动效能关系证明开放、拿来、消化和发展是现今中国政府和企业的明智之举（戴德宝，2016）[3]。郭家堂（2016）从互联网技术、互联网平台、互联网思维和网络效应四个方面入手，采用2002～2014年的省级数据经过实证分析发现互联网对中国的技术进步有着明显的促进作用，进一步影响我国的全要素生产率[4]。现如今，互联网已经成了像水、电、气一样的必需品，成为我国经济中生产与消费的主体部分。从而，以互联网技术为代表的信息技术对我国的经济发展、国家安全起着关键性的作用。鉴于此，国家大力发展互联网技术，推进"互联网+"战略发展。

几十年来，我国经历了传统要素推动的经济增长阶段和科技资源推动的经济增长阶段，当前正在迈向科技资源配置推动的经济高质量发展阶段。互联网以其强大的存储性和交互性的技术优势，为科技资源的储存和传播提供了可能性。互联网催生的共享经济改变了传统科技资源配置方式，促使我国经济结构的调整以科技、信息等创新要素为导向，经济发展方式向质量效率型转变。"互联网+"通过改进传统行业的生产及服务方式、思维理念，使传统商业环境发生巨变，对科技资源进行再配置，促成跨区域流动效应的形成，降低交易成本并减少时空局限，提高科技资源配置效率，最大限度地释放生产力以满足市场需求。以"互联网+"为代表的新一代信息技术的扩散，促进企业专业化分工，为区域产业专业化指明方向，提高经济发展效率，优化经济发展结构，推动经济结构转型升级。

21世纪以来，科技资源的配置更多以市场为基础导向，政府主要起支持、引导的辅助作用，政府及市场同时对科技资源进行有效配置，使地区内各部门、机构间的科技资源得到有效布局。政府、科研机构、高等院校和科技型企业等均为科技活动的参与主体，政府主要起宏观政策调控作用；科研机构和高等院校掌握专业技能和知识，它们为科技创新提供支撑性服务，加速科技成果的转化；科技型企业作为科技创新的主力之一，其作用也体现在科技创新活动开展的全过程。在科技活动参与主体的互动中，科技成果的成功转化直接影响经济结构的演化，科技资源的流动促进新技术运用，提高生产力水平并扩充就业。科技资源配置系统内主导科技资源配置活动的各主体在技术成果及经济收益上均得到提升的过程，营造了有利于经济结构优化的宏观环境，进而促进地区经济高质量发展。

区域科技资源合理配置是一个地区经济结构优化升级的推动器，使地区经济发展表现出强大活力，反之，如果一个地区科技资源呈现明显的配置效率低下、错配等问题，该区域经济高质量发展将受到非常大的限制和束缚。以互联网为代表的新一代信息技术的广泛应用推动我国经济结构不断调整，提高国民经济整体运行效率，互联网产业推进生产、拉动消费、增加就业，节约交易成本，带动电子商务快速发展，拓展实体经济发展空间，并与三次产业相融合，促进传统产业优化升级，同时"互联网+"助力农村网络经济的发展，缩小城乡发展差距，对改善经济结构起着重大作用，是我国经济高质量发展的重要内容。

创新始终是推动一个国家、一个民族向前发展的重要力量，科技创新既是理解中国经济澎湃动能的重要维度，也是推动实现经济高质量发展的关键变量。而科技资源作为"第一资源"，是实现创新、完成经济增长动力转换的关键要素。在存在科技资源约束的前提下，如何改变科技资源的粗放投入模式，将科技资源配置到边际生产率最大的部门，实现科技资源的有效配置，是我国加快实施创新驱动战略、探寻经济增长新动力的必然要求。统计数据显示，2020 年我国研究与试验发展经费投入总量突破 2.4 万亿元，达到 24393.1 亿元，比上年增加 2249.5 亿元，增长 10.2%①，然而科技资源投入规模的快速增加却并未促进我国生产率的提升，陷入了一个高科技资源投入低 TFP 增长的尴尬局面。虽然近年来我国科技资源配置能力不断提升，但我国科技资源投入效率普遍偏低，科技资源的投入无法实现科技成果的有效产出。究其原因，在科技生产活动过程中，受到政府和市场因素的不断干扰，使得科技资源无法流入生产率最高的企业部门，造成了科技资源错配。

从基础研究和应用研究，到面向国家重大需求的战略高技术研究，如何改善这些科技资源错配，实现科技资源高效率地转化为科技成果，已经成为我国当下科技进步的瓶颈问题。李克强总理在《政府工作报告》上提出的“互联网 +”行动计划中指出，要利用好互联网集成和优化要素资源配置的优势，推动移动互联网、云计算、大数据、物联网等与现代制造业结合，促进电子商务、工业互联网和互联网金融健康发展，引导互联网企业拓展国际市场。“互联网 +”催生的共享经济改变了传统科技资源配置方式，是改善科技资源错配进而实现经济高质量发展的重要途径。数据显示，截至 2021 年 6 月，我国网民规模达 10.11 亿，较 2020 年 12 月增长 2175 万人，互联网普及率达 71.6%②。我国有着充分的网络资源，充分利用“互联网 +”平台资源共享的特征，提升科技资源配置能力和科技成果转换率，有效发挥科技资源的技术优势，是推动科技创新实现经济增长动力转换，进而实现经济高质量发展的重要抓手。

1.2 研究意义

当今世界正经历百年未有之大变局，我国发展面临的国内外环境发生

① 数据来源：中国政府网（网址：http://www.gov.cn/xinwen/2021-09/23/content_5638787.htm）。

② 数据来源：中国政府网（网址：http://www.gov.cn/xinwen/2021-08/27/content_5633710.htm）。

深刻复杂的变化，一方面，我国面临发达国家"再工业化"和发展中国家低成本竞争的"两端挤压"的发展困境，特别是我国成本优势逐渐丢失，传统经济发展模式所依靠的要素价格竞争力逐渐被其他后开放国家取代，大大缩减了我国出口市场；另一方面，一直以来，我国经济发展模式主要依靠要素驱动实现经济的持续快速增长，但随着要素红利的衰减，资源配置效率的低下，传统要素升级、新型要素形成受阻，创新驱动力明显不足。面对严峻的国内外形势，我们要利用好"互联网+"提供的历史机遇。互联网在实现科技资源合理化配置的过程中发挥着重要作用，"互联网+"平台解决部门、机构间科技资源配置信息不对称、信息不流通等问题，建立跨地区、跨机构的开放共享平台，为我国经济结构优化提供动力。基于"互联网+"视角，全面认识我国科技资源配置与经济结构优化之间的关系，对制定科学的区域科技资源配置政策并促进我国经济结构优化升级，最终实现经济高质量发展具有重要的理论与实践意义。

以大型电子商务平台为主题的互联网经济模式的不断成熟和发展，大大加深了居民网络消费的深度和广度。互联网从居民消费、网络购物到社交聊天、网络资源管理，加上微博、微信等社交平台极大满足了消费者的自我需求。在互联网广泛发展的前提下，消费者对于互联网的体验势必影响其消费意愿。那么，包括网络发展程度、互联网技术水平以及互联网基础设施建设在内的网络环境是影响消费者消费意愿的主要因素。因此，本专著将互联网环境的优劣作为影响消费者效用的因素。在"互联网+"战略的推动下，国内外高校、科研机构的科技资源源源不断地流向企业，这是由政府、金融机构和企业对科技资金的配置达成的，这对我国科技资源的优化配置并由此提升我国的创新能力大有裨益。为此，很多学者呕心沥血，但是却没能说明在"互联网+"的大背景下，科技资源配置和科技资源冲击是如何影响我国经济增长效率提升和宏观经济运行及其背后的原因。本专著将用 DEA 效率测算、GMM 模型和数值模拟分析来说明科技资源配置对我国经济增长效率的影响，以及科技资源冲击对宏观经济运行的动态效应及其传导机制，以期为我国经济增长效率提升和宏观经济运行提出一些建设性的意见。

全面认识"互联网+"的资源整合能力以及催生的共享经济对科技资源配置的影响，把握科技资源错配对经济增长质量的作用机理和影响效应，进一步提升科学技术产品的产出水平，主动适应和引领经济发展新常态，打造经济发展新动能形成新经济增长动力，进而实现中国经济高质量发展具有重要意义。积极推动“互联网+”战略被认为是供给侧结构性改革的一项重要举措，有利于促进互联网与实体经济的深度融合，同时也顺应党的十九大报告提出的构建网络强国和制造强国而加快建设现代化经济体系的要求。唯有把握数字化、网络化、智能化融合发展的契机，积极抢占科技竞争和未来发展制高点，我们才能把创新主动权、发展主动权牢牢掌握在自己手中，实现经济的高质量发展。

1.2.1 理论意义

(1) 立足“互联网+”视角，将科技资源分解为科技人力、财力、物力、信息资源，将经济结构分解为产业结构、劳动力结构、投资消费结构、国际收支结构，通过熵值法理论构建核心指标，避免因核心变量的衡量方式误差影响研究结果的可靠性，相对更全面地扩充了“互联网+”背景下科技资源配置与经济结构的评价指标。

(2) 逐步厘清“互联网+”背景下科技资源配置与经济结构间的影响机制，有利于丰富两者关系的内涵，加深对科技资源合理化配置促进经济结构优化过程及经济结构优化保障科技资源配置水平提升过程的科学认识，有利于我国科技资源合理化配置与经济结构优化升级的理论深化。

(3) 通过建立“互联网+”背景下我国科技资源配置与经济结构的重心模型、耦合协调度模型和系统动力学模型，量化科技资源配置与经济结构的耦合协调关系，拓展了关于科技资源配置与经济结构间相互作用关系的理论研究。

(4) 明晰了科技资源配置对经济增长的作用路径。以往的学者研究大多从科技资源配置效率测算入手，采用随机前沿（SFA）分析、数据包络（DEA）模型、标准现行比较优势指数（NRCA）等方法，考虑的均是单向的因果关系。本专著则先通过机理分析，梳理科技资源配置效率的提高对经济增长效率的影响路径，分为互联网技术配置效率提高、科研经费配置效率提高、互联网基础设施配置效率提高对经济增长效率的提升路径和机理，然后构建 GMM 回归模型运用 STATA 软件实证研究三种科技资源配置效率提高对经济增长效率的提升作用。

(5) 通过实证和模拟验证了科技资源配置对经济增长的作用。在构建的 GMM 模型实证研究之后，进一步深入分析科技资源冲击对各个宏观经济变量的动态效应，从而进一步探究科技资源对经济的影响，为我国经济转型期转换经济发展动力并提高经济发展质量提供理论上的阐释和借鉴。结合基于 MATLAB 平台的 Dynare 软件对所构建的模型进行数值模拟，通过方差分解说明各个冲击对经济变量波动的解释程度，并变动各种冲击的系数进行比较性分析，分析所设定的模型稳定性。

(6) 分析了科技资源配置对经济增长的动态效应和传导机制。基于 Dynare 软件的数值模拟结果与脉冲响应图分析结果，进一步探讨"互联网+"背景下互联网技术、科研经费、互联网基础设施三种冲击对我国宏观经济各个变量的动态效应，从而总结出以互联网技术冲击、科研经费冲击、互联网基础设施冲击对我国宏观经济的动态影响，为我国经济政策制定和决策部门提供理论上的指导。同时，也为"互联网+"背景下科技资源的优化配置理论这一研究领域添砖加瓦。

1.2.2 实践意义

(1) 通过分析我国科技资源配置现状、特征及存在的问题，经济结构现状、演变的影响因素及存在的问题，"互联网+"背景下科技资源配置与经济结构相互影响的路径、耦合的演进历程及耦合机制，为科技资源配置水平的提升和经济结构的优化升级提出有效的对策建议。

(2) 通过构建"互联网+"背景下我国科技资源配置与经济结构的重心模型和耦合协调度模型，分析科技资源配置与经济结构的重心迁移路径和时空耦合状态，依据结果找出我国各省域中科技资源配置系统与经济结构系统协调发展的代表性地区，并将其协调状态与其他地区对比，力图发挥优势性地区的正向扩散作用，达到促进各省域经济结构共同优化升级的目标。

(3) 通过构建"互联网+"背景下我国科技资源配置与经济结构耦合发展的系统动力学模型，分析科技资源配置与经济结构耦合的复合系统，并对相关的投资政策进行仿真模拟，为制定科学的区域科技资源配置政策，提高科技资源配置效率并促进我国经济结构优化升级提供借鉴。

(4) 运用 DEA 模型对科技资源配置效率和经济增长效率做了测算，

并通过 GMM 模型对科技资源的配置效率和经济增长效率进行回归，并对相关的数据和测算方法进行了说明。能够丰富科技资源配置效率提高对经济增长效率作用机制的相关研究，为我国经济增长效率的提升提出具有实践意义的指导，明晰自身经济发展应采取的资源配置模式。

（5）实证模拟了科技资源配置对经济增长的作用，通过构建动态随机一般均衡模型，对"互联网+"背景下互联网技术冲击、科研经费冲击、互联网基础设施冲击对我国宏观经济运行具体作用进行分析，丰富和发展了"互联网+"背景下科技资源配置对我国宏观经济增长的意义，为我国经济转型期经济发展动力的顺利转换，进而加速推进我国科技创新发展战略，提供可操作性的对策建议。

（6）利用动态随机一般模型（DSGE 模型）的建模与分析框架，对这一建模框架的理论建模与实践应用深入研究，并通过理论模型求解均衡值，运用现代计算机技术通过 Dynare 软件对模型的均衡值进行计算，丰富了这一领域的建模与实践应用，并通过这些计算机手段与理论分析方法揭示经济运行的原理，为我国经济的稳健运行提供具有建设性的现实依据。

1.3 研究内容、技术路线及方法

1.3.1 研究内容

本专著在明晰"互联网+"、科技资源配置和经济高质量发展等的概念后，再对"互联网+"背景下科技资源配置对经济结构、经济增长效率和经济增长动力的影响路径进行分析。而后分别就"互联网+"背景下科技资源配置对经济结构优化的作用机理和实证分析、科技资源配置对经济增长效率提升的作用机理和实证分析、科技资源配置对经济增长动力转换的作用机理和实证分析进行深入探讨。最后，依据实证结果从科技资源合理化、高效化、高级化配置三方面提出推动我国经济高质量发展的对策建议。具体内容包括以下六个部分：

（1）经济高质量发展阶段对科技资源配置提出的新要求。本专著在已有研究的基础上对"互联网+"、科技资源配置以及经济高质量发展等相关概念进行梳理与界定，通过调查、数据收集等明晰当前我国科技创新资源配置的状况，发现并总结其中存在的问题，并依据当前经济高质量发展的目标，探析对应科技财力、人力、物力等资源配置要点，对我国利用科技资源推动经济高质量发展提出新的要求，为后面内容做出指导。

(2)"互联网+"背景下我国科技资源配置对经济结构优化的作用机制。立足"互联网+"视角，分析了科技资源合理化配置对经济结构优化的影响路径同时探究经济结构优化对科技资源配置的影响路径，以及两者之间的耦合演进历程；运用内生增长模型、Hamilton 函数等数理模型分析我国科技资源配置对经济结构优化的作用机理以及"互联网+"背景下科技资源与经济结构的耦合机制，其中重点推导了刻画"互联网+"背景下，科技资源投入、非科技资源投入、科技资源配置与经济结构的耦合程度对经济结构优化影响的理论模型，同时模拟了科技资源配置与经济结构耦合快速增长、缓慢增长和已达最优时政策强弱对人均有效产出水平的影响；我国科技资源配置对经济结构优化的实证分析，主要包括科技资源配置与经济结构的时空耦合及二者耦合系统的动力学仿真。在时空耦合研究中，重点分析并对比科技资源配置重心与经济结构重心的区位与移动轨迹，测算科技资源配置与经济结构的耦合协调度及耦合协调状态的空间分布；在此基础上，进一步运用系统动力学模型深入研究科技资源配置与经济结构耦合发展的复合系统，重点对"科技资源配置—经济结构"耦合系统的模型结构、系统动力学流图及系统方程式进行分析，在建立系统动力学模型后再进行模型检验与政策模拟分析。

(3)"互联网+"背景下科技资源配置对经济增长效率提升的作用机制。首先，采用内生增长模型解析了"互联网+"背景下科技资源配置对经济增长的作用机理，以验证第3章的作用路径是否符合经济理论。其次，采用 DEA 方法对经济增长效率、科技资源配置效率等变量进行测算，在此基础上，利用系统 GMM 模型实证检验了互联网技术、科研经费、互联网基础设施三种科技资源对经济增长的影响程度。最后，基于 DSGE 模型，进一步分析"互联网+"背景下科技资源配置对经济增长的动态效应及传导机制，选取科技资源中主要的三个变量互联网技术、科研经费、互联网基础设施作为外生冲击，通过数值模拟方法，分析这三个变量对经济增长的动态效应和传导机制。

（4）“互联网+”背景下我国科技资源配置对经济增长动力转换作用机制。首先，从促进科技资源的重新组合、增强科技资源间的共享性和促进科技资源在不同地区、不同部门间的流动三个方面分析“互联网+”背景下科技资源配置与经济增长动力转换的影响关系，再探究科技资源配置对经济增长动力转换的影响路径。其次，基于多产品异质性企业模型，引入“互联网+”战略对资源配置结构的影响，研究“互联网+”的发展通过改善企业间科技资源错配情况进而提高总体科技资源利用效率的作用机理。最后，对“互联网+”背景下科技资源配置对经济增长动力转换的影响展开实证分析，一是利用科技资源错配指数测算模型测算各地区的科技资源错配情况，分析省际间科技资源错配指数测算结果；二是用主成分分析法对“互联网+”发展指数进行测算；三是构建计量模型考察“互联网+”发展对地区科技资源错配的影响；四是运用模型对科技资源再配置效应及经济高质量发展指数进行测算，将“互联网+”发展指数纳入科技资源再配置对经济增长质量提升的分析框架，构建面板固定效应模型、中介效应模型和门槛效应模型等基本计量回归模型，就创新主体间科技资源配置对区域经济增长质量的影响展开分析。

（5）“互联网+”背景下我国科技资源配置推动经济高质量发展案例分析。以前述理论分析与实证分析为基础，从微观企业、中观行业、宏观区域三个维度出发，找寻科技资源合理化配置优化经济结构、科技资源高效化配置提升经济增长效率、科技资源高级化配置促进经济增长动力转换的现实案例，并进行剖析总结。通过案例分析总结，探究“‘互联网+’——科技资源配置——经济高质量发展”这一主线的现实关键节点，从而验证“互联网+”背景下科技资源再配置对经济发展的现实路径与理论分析的一致性，以此支撑理论分析。

（6）“互联网+”背景下科技资源配置推动经济高质量发展的对策建议。以如何实现作为“催化剂”的“互联网+”的价值最大化，从而促使科技资源更好作用于经济高质量发展为中心问题，针对“互联网+”背景下我国科技资源配置对经济结构优化、科技资源配置对经济增长效率提升及科技资源配置对经济增长动力转换的实证分析结果，分别从科技资源合理化、高效化、高级化配置角度提出优化经济结构、提升经济增长效率和促进经济增长动力转换等一系列推动经济高质量发展的对策建议，以促进我国经济进一步健康发展。

1.3.2 研究技术路线

依据上文的研究内容，遵循"从实际问题出发——建立模型——进行实证分析——提出政策建议"的研究思路原则，研究的技术路线如图 1－1 所示。

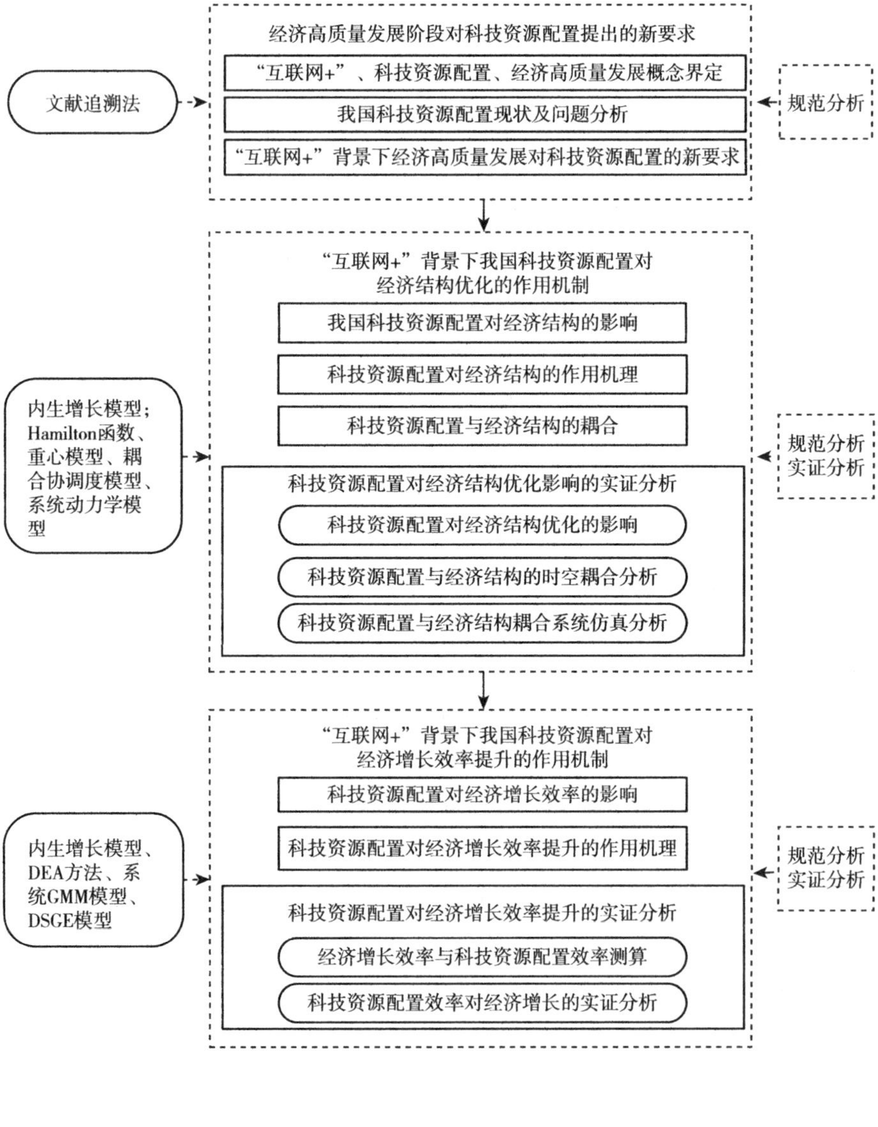

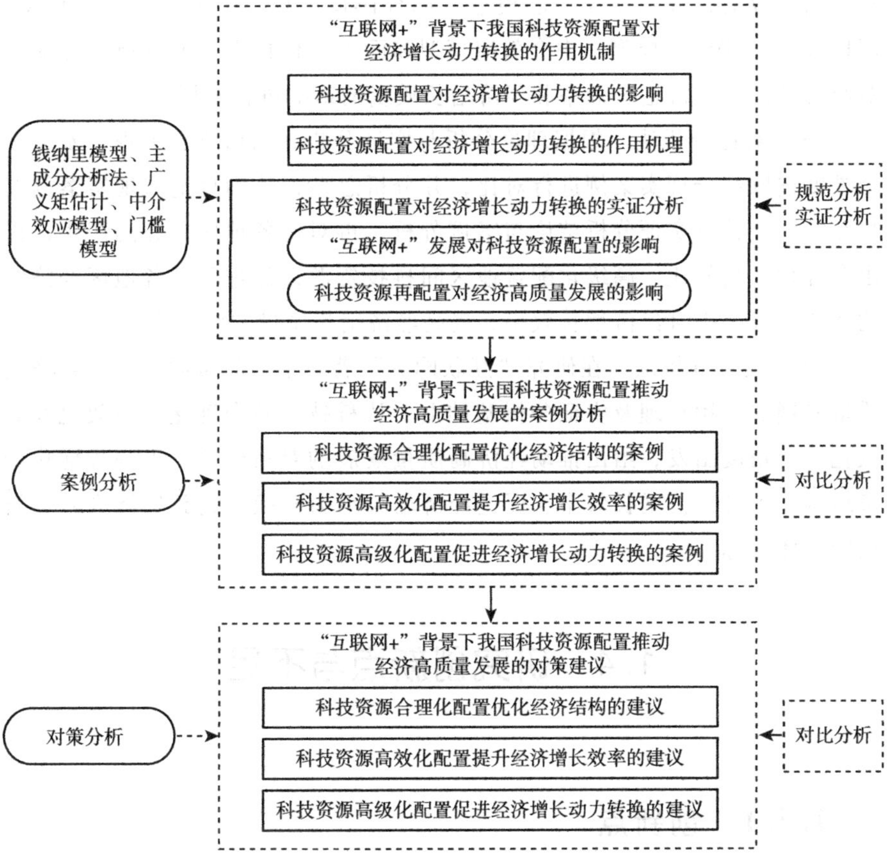

图 1-1　研究技术路线

1.3.3　研究方法

（1）文献追溯法。通过梳理、分析国内外相关文献，对“互联网+”、科技资源配置及经济高质量发展的概念进行界定，总结科技资源配置和经济高质量发展二者现有文献的研究成果，为本专著进一步研究“互联网+”背景下科技资源配置推动经济高质量发展的机制与对策奠定了坚实的基础。

（2）规范分析与实证分析。规范化理论分析，深入研究“互联网+”背景下科技资源配置对经济高质量发展的作用机理，并选取我国各省域的省级面板数据，分别建立重心模型、耦合协调度模型、系统动力学模型、GMM 模型、DSGE 模型、中介效应模型和面板门槛模型，就科技资源配置对经济结构、经济增长效率和经济增长质量的影响进行分析。

（3）对比分析法。根据理论分析与实证分析，从微观、中观、宏观三个维度选取部分现实案例进行对比，并分析总结，达到理论与现实案例的相互印证。针对实证分析结论与案例分析，再对比各地区差异的产生，提出合理化、高效化、高级化配置地区间科技资源，促进我国各地区经济结构优化升级、提升经济增长效率、提高经济增长质量的对策建议。

（4）政策分析法。在研究"互联网+"背景下科技资源配置对经济高质量发展的作用机理及实证分析基础上，从科技资源合理化、高效化及高级化三个角度出发，给出推动经济高质量发展的对策建议，进一步优化经济结构、提升经济增长效率、促进经济增长动力转换，达到经济高质量发展的总体目标。

1.4 研究创新点与不足

1.4.1 创新点

（1）研究视角创新。首先，鉴于"互联网+"对科技资源配置及经济高质量发展均产生了诸多影响，科技资源配置与经济高质量发展二者之间同样存在着相互作用的辩证关系，因此本专著基于"互联网+"视角，深入探讨科技资源配置与经济结构的耦合路径及耦合机理，运用数理模型全面分析科技资源配置与经济结构的互动关系。其次，基于"互联网+"视角研究科技资源配置对经济增长的作用机理，从互联网技术配置、科研经费配置和互联网基础设施配置三个方面展开其对经济增长的研究，并通过 GMM 模型实证检验科技资源配置效率对经济增长存在正向的促进作用，还运用面板模型检验了 GMM 模型回归结果的稳定性。最后，已有关于资源配置文献中，鲜有从错配视角和再配置视角综合研究科技资源的配置问题，本专著尝试从这两个角度解释我国科技资源投入产出效率低的问题。

本专著将“互联网+”融入科技资源配置的研究框架，并将目光进一步锁定在“互联网+”发展背景下的科技资源配置问题进行深入研究，并从不同时间维度和不同区域划分就“互联网+”发展对科技资源错配、科技资源再配置对区域经济增长质量的影响效应进行实证检验。

（2）研究方法应用创新。首先，互联网时代我国科技资源配置水平逐年提高，经济结构不断优化，科技资源配置与经济结构的耦合性日益增强，耦合协调关系是决定“科技资源配置——经济结构”耦合体由发展步调不一致趋向和谐共生的重要机理。分别建立“互联网+”背景下科技资源配置与经济结构的重心模型和耦合协调度模型，在系统分析科技资源配置与经济结构的重心演变轨迹及时空耦合状态后，再运用系统动力学模型深入地对科技资源配置与经济结构耦合发展的复合系统进行仿真模拟分析。其次，从“互联网+”的视角切入，研究科技资源这一稀缺资源的配置效率对经济增长效率的作用路径和作用机理，同时结合 DSGE 模型数值模拟研究了互联网技术、科研经费、互联网技术设施对经济增长的动态效应和传导机制，发现互联网技术冲击、科研经费冲击和互联网基础设施冲击对经济增长存在正向的冲击。最后，本专著尝试通过简单的数理模型就“互联网+”对科技资源配置以及科技资源配置对区域经济增长质量的影响机理进行阐释。从资源错配的视角出发，借鉴传统二元资源错配模型，利用我国省际数据，测算我国省际科技资源错配情况。利用主成分分析法对我国省际间“互联网+”发展水平进行统计测度，在此基础上，利用系统 GMM 模型对“互联网+”的发展对科技资源配置的影响机制进行了实证分析。借鉴钱纳里模型对我国科技资源再配置水平进行了测度，并在此基础上通过中介模型和面板门槛模型对科技资源再配置对区域经济增长质量的影响机制进行了实证分析。通过理论与实践相结合，实现理论模型与现实案例相印证，并探讨主线的现实关键节点上的具体现实路径，以此为提出科技资源再配置促进经济高质量发展的对策建议奠定基础。

（3）研究结论的创新。首先，在对“互联网+”背景下科技资源配置与经济结构的时空耦合进行研究后，发现我国“科技资源配置——经济结构”系统始终处于较高水平的耦合阶段，但系统耦合协调度总体水平不高。在设定增加信息服务业投资和固定资产投资等三个方案来模拟不同投资政策对科技资源配置水平的提高效果时，发现固定资产投资比例是影响科技资源配置水平提高的主要因素，并据此提出合理化科技资源配置及优化经济结构的政策建议。其次，本专著通过不同工具即实证和模拟相结合验证科技资源配置对经济增长的影响是否存在差异，结果证明了 GMM 模型结果和 DSGE 模型分析结果是一致的。再次，本专著从省际视角出发，将"互联网+"、科技资源配置以及经济高质量发展纳入统一的研究框架，将研究对象按照东、中、西部进一步划分，对"互联网+"背景下科技资源再配置推动经济高质量发展的动力转换机制进行了实证检验。研究发现科技资源错配现象普遍存在且存在显著的路径依赖，"互联网+"的发展可以有效改善科技资源错配情况，且东部地区的改善效应比其他地区要高。科技资源配置对经济增长质量影响的中介效应和门槛效应存在显著差异，只有在"互联网+"配置科技资源水平较高的情况下，科技资源再配置才能显著提升区域经济增长质量。最后，以理论分析为指引，以案例分析为支撑，通过理论推导与实践分析并举的方式提出科技资源再配置推动经济高质量发展的针对性建议——在区域科技资源配置范围上做"加法"，深挖资源溢出效应潜力；加强新技术研发与试验，建立强劲的经济发展增长极；以"用"为本，"育""用"并举，将人才资源开发放在科技创新优先位置等。

1.4.2 不足之处

（1）科技资源配置和经济结构都是开放的复杂系统，其综合测度值受到众多影响因子的共同作用，其中不可避免地存在部分无法量化的影响因素，本专著还需完善评价指标体系的构建。"互联网+"背景下科技资源配置和经济结构的重心迁移及时空耦合的演进方式变化的原因，这将是今后需进一步完善的方向。

（2）"互联网+"发展水平的量化和表征始终是学界众所周知的难题，高频数据难以获取，统计指标滞后情况也较为严重。出于数据问题原因，本专著对于科技资源种类仅选取了狭义的科技资源中具有代表性的互联网技术、科研经费、互联网基础设施作为基本的要素展开研究，可进行更加细致和全面的分类。

（3）数据获取难度大，部分行业区域数据存在缺失情况，本专著在对科技错配情况进行测算时只采用了宏观层面可获取年份的数据，并未采用中微观层面的数据做进一步验证。同时在对科技资源错配指数做测算时，无法避免可能存在一定的测算偏差。且在具体测算时可按照行业进一步细分，进而考察各个行业科技资源错配情况。

2 文献综述

“互联网+”背景下，需要全面认识“互联网+”的资源整合能力及其催生的共享经济对科技资源配置的影响，本节首先对“互联网+”与科技资源配置、“互联网+”与经济高质量发展以及科技资源配置与经济高质量发展这三方面展开文献回顾梳理与评述，而后对经济发展相关的理论概念进行梳理与界定。

2.1 文献回顾

梳理、分析国内外相关文献，对“互联网+”、科技资源配置及经济高质量发展的概念进行界定，总结科技资源配置和经济高质量发展二者现有文献的研究成果，为本专著进一步研究“互联网+”背景下科技资源配置推动经济高质量发展的机制与路径奠定了坚实的理论基础。

2.1.1 “互联网+”与科技资源配置

互联网已在社会生活的方方面面，对人类社会的发展产生深刻的影响，一是互联网影响了人们的消费模式，促进居民消费的升级。消费模式在该背景下呈现出新的特点，如消费需求互动性、消费结构合理化、消费范围无边界性等特点，为我国消费模式的转型升级带来了历史性战略机遇（杨继瑞等，2015）[5]。赵树梅等（2017）认为零售商通过互联网技术、新思维，以一种全新的面貌与消费者接触，使消费者随时都可以在最短的时间内买到自己所需商品[6]。还有学者将视角转向农村居民消费。苏岚岚等

(2020) 认为互联网金融市场参与对农民网络购物决策具有正向促进作用[7]。周应恒等(2021)发现互联网改变了农村居民的消费环境，促进农村家庭的各类消费[8]。二是互联网实现了产业的转型升级，对产品生产环节进行了信息化改造。互联网有助于形成了总量导向型、结构导向型、总品质导向型的线上交易业态，为平抑农产品价格波动、提升农业供给水平、倒逼农产品质量安全等方面带来积极作用(周振，2019)[9]。因此，互联网技术激发了我国制造业的创新活力，提高了制造业供应链上下游企业之间的信息分享意愿(王可等，2018)[10]。企业可以通过互联网技术收集、整理和加工相关信息，实现商业模式的再造(孙岩等，2017)[11]。Li等(2020)发现在互联网模式下，农业产业链将形成全新的商业模式，实现农业生产技术升级、农业规模化推进、农产品质量安全[12]。三是"互联网+"已经成为社会发展的一种新态势，对政府治理的改善起到积极作用。互联网技术更是被广泛应用到税务领域，为实现税收现代化提供了重要的技术支撑(刘建徽等，2015)[13]。得益于互联网技术的迅猛发展，为政府在社会治理思维观念上和治理方式上带来了巨大的挑战，认清这些挑战关系到政府能否适应"互联网+"这一新的生态环境，在新一轮的竞争合作中占据主动和优势地位(张锐昕等，2016)[14]。

如今，无处不在的互联网技术在30年的发展历程中，已经成为现代社会不可缺少的组成部分，各界学者对互联网技术和资源配置展开了多方面的研究。首先，有不少学者发现科技资源偏离帕累托最优状态，存在科技资源错配的情况。郭淑芬和张晋楠(2020)借鉴Hsieh & Klenow的做法，运用理论最大化理论通过基于山西省23个工业行业2014~2017年面板数据实证分析可知，山西工业行业科技资源存在错配现象，进而认为改进科技资源的行业错配有利于区域的创新效率[15]。李梅和毛维娜等(2020)通过对京津冀科技资源配置主体、配置规模和轻度等方面的对比分析，认为京津冀科技资源配置存在诸如配置主体空间分布不平衡、配置结构失衡和配置方式不尽合理以及配置渠道受限等问题[16]。杨传喜(2021)将视角转向农业，研究发现我国农业科技资源存在结构性错配情况[17]。其次，科技资源的有效利用对于创新驱动发展具有重要意义，不少学者进行了深入探究，Ana R和Aguila-Obra等(2013)认为基于科技资源的可利用性，企业规模的不同阶段采用互联网技术的程度不同[18]。卓乘风、邓峰

(2019)多方面考察了互联网发展对我国制造业高水平"走出去"的影响，发现互联网技术改善资源配置效率同时在空间上发挥互联网扩散效应能够助推中国制造业高质量"走出去"[19]。陈怀超等（2021）等发现企业、高校、科研机构中的人才配置冗余和资金配置不足均对省域创新效率提升有正向促进作用[20]。最后，科技资源的配置是学界和业界的关注焦点，基于科技资源配置的方式，国内外许多学者对科技资源配置的方式、模式进行了探讨。如 Nelson Edward（1986）最早选取全球 15 个代表性国家，对各国科技资源配置方式、科技政策内涵等进行比较[21]。Scholefield（1994）打破以往基于经营绩效的研发资源配置的模式，提出依据技术杠杆和商业杠杆原则紧密联系企业战略的研发资源配置模式[22]。郭斌（2016）立足科技资源耦合视角，对都市圈科技创新的共生机制进行分析，并借鉴日韩首都圈的科技协调创新模式提出一系列深入推进京津冀都市圈科技协同创新的政策建议[23]。对于科技资源配置的效果，国外许多学者从不同角度对科技资源配置的效果做出了分析，Sternberg（1996）运用一系列研发的统计指标，对比五国的科技资源配置效果[24]。Leoncini 和 Riccardo（1998）对所采集的科技体系的资料进行研究分析，结果显示德国和意大利两国的科技制度和政策对技术演进产生不同的影响，从而产生了差异化的技术体系[25]。Seung（2004）指出公共研发支出增加对私人研发支出有直接影响[26]。Joseph Peyrefitte 和 Jeff Brice Jr（2004）对 13 个产业 204 个公司进行实证分析，指出边际研发资源配置是由研发活动的效率决定的，而不由短期风险业绩决定的[27]。Yasuda 和 Takehiko（2005）以该国制造业企业为研究对象，证实企业科技资源配置行为受企业规模影响[28]。

科技资源配置现存问题及应对策略。国内外学者均对科技资源区域配置不均衡、效率低等问题进行了深入分析，如 Malecki（1982）对美国政府研究与开发经费的区域分布进行分析后发现，美国政府的 R&D 经费区域分配极不均衡[29]。近年来，我国科技资源配置能力不断提升，但科技资源空间分布不均衡、市场配置失灵、配置效率较低的问题依然存在（范斐等，2012）[30]。资源空间分布结构的不合理是导致我国区域不均衡发展的重要原因之一（刘贯春等，2017）[31]。就科技资源配置存在的问题学者们提出了一些应对策略，许多学者强调要借助互联网平台来实施科技资源共享策略。张治栋等（2021）研究发现互联网产业集聚能通过促进产业协同集聚，提高劳动力和资本的流动质量，进而缓解劳动力错配和资本错配[32]。贾君枝和陈瑞（2018）借助网络调研与文献调研的方法，深入研究了科技资源共享模式与平台建设的情况，并进一步分析了科技资源共享中存在的问题[33]。施炳展（2016）指出在互联网这一信息平台上，交易规模的扩大、交易成本的降低、资源配置水平的提高均成为可能[34]。

"互联网+"与科技资源都是较热的研究话题，有学者对两者影响关系展开了研究。从互联网技术推动经济社会变革和发挥互联网积极作用两个层面将"互联网+"理解为一种全新的发展范式，"互联网+"是一个集互联网技术、经济社会、文化于一体的耦合系统，利用新一代的信息处理技术即互联网技术，构建包含经济和社会各方面的物理系统，形成优化生产服务和资源配置方式的新战略。同时，互联网凭借强大的存储性和交互性的技术改造，为科技资源的存储和传播提供了可能性。此外，在互联网技术的应用下建立有效的数字资源配置新模式能够实现互联网技术对传统产业集群的改造，实现商品与消费的最佳匹配。特别是"互联网+"科技资源共享平台的兴起。在各种资源中，科技资源是推动科技进步和技术发明专利的基础，在科学技术的创新中起到了至关重要的作用。而随着互联网技术的不断进步、科技资源数量的不断涌现和合作科研形式的出现，由此，各级政府纷纷开发了科技资源共享平台。科技资源共享平台已成为国家和地区集聚科技资源、创新服务需求的重要载体，培育和提升平台集成服务能力，是发挥科技资源共享平台创新服务支撑作用与杠杆效应的有效途径和战略选择（李玥等，2021）[35]。因此，贾君枝和陈瑞（2018）认为，科技资源共享平台通过科技资源供需信息的双向整合、按需定制服务模式的建立、市场运行机制的完善能够很好地提升科技资源经济效益[33]。李佳和王宏起等（2018）运用演化博弈理论研究了区域间科技资源共享行为的动态演化过程，认为区域之间的科技资源共享平台互补性越大、平台的科技资源配置水平越高、运用先进技术的能力越强、共享成本越低越有利于促进科技资源的共享[36]。李长云和张悦（2018）认为，区域科技资源共享平台为创新活动提供专家咨询、资源集成等个性化、多维度的共享服务，形成复杂的创新系统，实现科技资源再配置和再利用，促进技术创新环节有效衔接与整体优化[37]。近年来，越来越多的学者将焦点放在"互联网+"对科技资源配置方式的影响上，互联网技术和智能制造将资源从独占变成共享，资源的整合方式也由此发生改变，科技资源共享的影响因素主要包括市场、政策、系统、意识与环境等方面（杨培芳，2017；孙彦明等，2017）[38][39]。何大安（2018）指出由于互联网应用不断扩张，资源配置机制随之发生变化，互联网资源配置机制出现在经济运行过程中[40]。易宪容等（2020）运用大数据网络技术来克服传统经济中的信息约束，推动一种新的资源配置方式的形成，即平台经济[41]。

国内学者中，胡鞍钢和熊义志（2008）指出一个国家的国际科技刊物论文数、个人电脑用户数、互联网用户数、研究与开发支出等战略性科技资源总量占世界总量的比重可以用来衡量其科技总实力[42]。钱明辉等（2017）以信息资源产业的重要构成内容作为研究对象，分析了数字出版业的行业结构现状[43]。熊励等（2018）以科技、资本等为要素，建立了互联网背景下城市竞争生态网络模型[44]。顾海峰和杨立翔（2018）通过实证得出互联网金融对银行风险承担产生不同影响，信息处理的影响程度高于资源配置和支付清算的结论[45]。

通过文献梳理可以发现，国内外关于科技资源配置、互联网发展的研究较为广泛，且研究比较深入，科技资源配置方式以及互联网对资源配置的影响方式、作用形式已有丰硕成果，但并未对"互联网+"发展背景下科技资源配置机制进行深入研究，也即大多只考虑科技资源配置单方面，尚未有基于"互联网+"视角，且没有给出一个特别明确的影响机理分析，也缺乏数据支撑的定量分析。此外，将分析视角进一步聚焦于"互联网+"发展背景下科技资源再配置的研究也并不多见，这都需要进行进一步的深入探究。

2.1.2 "互联网+"与经济高质量发展

2.1.2.1 "互联网+"对宏观经济增长的影响研究

"互联网+"对经济增长的影响路径主要是通过互联网经济实现，通过革新和赋能传统经济，实现传统经济的转型升级，打造经济发展的新引擎，创造新的经济发展新模式，实现基于互联网的经济发展新形态。

首先，"互联网+"创新并升级了传统经济运行模式。国外关于"互

联网 +”和经济增长的相关研究起步较早，分别从电信基础设施、互联网渗透率等多方面对经济增长的影响进行了大量的理论和实证方面的研究（Czernich 等，2011；Changkyu 等，2009）[46][47]。Harris（1998）将互联网视为一种通用技术（GPT），认为其显著降低了经济活动中的交易成本且消除特定类型服务的流动障碍，从而促进信息、知识、观念的广泛传播[48]。Allee（2008）对约旦经济发展模式中互联网的影响进行了详细探讨，发现互联网在过渡经济发展模式中扮演了重要角色[49]。互联网以其基本特征等微观组成部分，如数据共享、基础设施、区块链技术等的广泛应用，促进了经济的发展。Richter 和 Slowinski（2019）认为基于互联网所产生的数据共享经济为经济发展提供了更高的透明度和公平性，互联网能够通过一种可行的自我监管模式参与其中[50]。Teigland 等（2019）则从互联网的应用层面研究了其对经济的影响，发现物联网和区块链技术有利于共享经济的应用[51]。Wang 等（2021）发现随着网络信息技术的进步，以网络经济为代表的新发展模式不断涌现，对绿色经济增长产生了正向影响[52]。刘生龙（2010）认为互联网基础设施的建设推动信息化水平的提升，而信息技术的广泛应用显著促进经济增长[53]。也有学者从整个互联网视角来探讨对宏观经济变量的影响。郑世林等（2014）研究发现互联网对经济增长的贡献存在显著差异性[54]。郑小碧（2017）阐述“互联网 +”对分工结构的聚裂变效应，并采用超边际法分析各行各业中“互联网 +”的分化和聚合效应[55]。田光宁和王德（2014）认为互联网经济是信息化时代产生的一种新经济，其创新了以信息服务、在线电子商务为代表的多种产业，打破了传统经济活动中最核心的交易模式，催生处理新的商务模式和服务业态[56]。何勤、程雅馨和邹建刚（2015）探讨互联网经济创新了企业劳动雇佣关系，认为企业需要构建“人力资本价值共创、共享、共治”的管理新模式[57]。Li 等（2021）认为互联网发展能够提高企业的能源效率，达到节能效果[58]。

其次，“互联网 +”赋能传统经济，助力传统产业实现转型升级。Tiwana（2013）认为互联网已经渗透到消费者、企业和政府等各个主体，这些主体的网络活动明显增长，同时互联网也助力农村经济[59]。Tholen（2002）通过研究亚洲各国的半导体产业，发现政策主导下的技术战略的贯彻落实加速了信息技术的转移、扩散和吸收，进而推动传统服务业的转型升级，最终实现经济的高质量增长[60]。Sato 和 Hawkins（2001）发现互联网企业能够打破银行、保险等传统金融部门对客户信息的垄断，通过互联网能够提供比传统金融部门更加优质便捷高效的服务[61]。Pisano 等（2015）研究发现基于互联网平台的分享经济模式能够实现传统服务供需的高效精准匹配，实现传统服务业的个性化、精准化发展[62]。Emiliano（2018）认为"互联网+"思维促进传统产业转型升级，激发更多传统产业通过互联网赋能实现创造性发展[63]。赵立昌（2015），王鹏（2020）探讨了互联网促进产业转型升级的机制和路径，提出了促进产业转型升级的政策建议[64][65]。辛晖（2017）发现"互联网+"的发展能带动农业现代化、农业产业化的加速实现[66]。陈堂（2021）发现数字化转型对产业结构升级具有显著空间效应[67]。

最后，"互联网+"提升了宏观经济效率。20 世纪 90 年代，Solow（1957）提出了著名的"生产率悖论"，其认为大规模的 IT 投资并未有效地提高经济效率[68]，众多学者对其所提出的理论进行了验证（Strassman，1990；Brynjolfsson 和 Hitt，1996；Lin 和 Shao，2006）[69][70][71]。但是随着互联网技术自身不断地创新发展、生产环境改变、经济发展模式更替，互联网对经济效率和劳动生产率的提升逐渐得到了更多实证研究的证实（Oliner 等，2007；Jorgenson 等，2008）[72][73]。Dewan 和 Kraemer（2000）运用 36 个国家的信息技术投资与国家生产率的相关数据，发现投资结构回报率在发达国家和发展中国家存在显著的差异性，而信息技术投资能显著提升发达国家的生产率[74]。郭家堂和骆品亮（2016）认为"生产率悖论"的误判系由于忽视了"互联网+"对经济的作用机理，并通过实证分析证明了互联网的发展对中国全要素生产率有显著的促进作用[75]。Sari 等（2021），程名望等（2021）实证研究发现互联网发展可以促进劳动生产率的提高[76][77]。

2.1.2.2 "互联网+"对中观产业的影响研究

现有关于"互联网+"对中观产业的影响的研究，主要集中于以下几个方面：第一是互联网对产业经济结构变迁的影响。国外许多学者就产业经济结构变迁的规律、机制等进行了大量的阐述。结构变迁是经济增长过程中经济活动的跨部门转移（Herrendorf 等，2011）[78]。Simon（1957），

Chenery 等（1960）较早对产业经济结构变迁的规律进行分析，他们发现在经济增长过程中，存在农业产值和就业份额相对下降，工业与服务业产值和就业份额相比上升的经验事实[79][80]。Dekle 和 Vandenbroucke（2012）模拟了劳动力流动障碍和政府的作用，通过一个两部门模型对引起中国结构变迁的因素进行了定量评价[81]。另外也有许多学者从需求侧和供给侧对结构变迁的影响因素进行研究，首先是从需求侧探讨结构变迁的代表性文献，Kongsamut 等（2001），Comin 等（2015）运用非位似偏好研究需求侧的收入效应[82][83]。其他学者借助等级偏好效应函数分析产品品质升级与结构变迁的关系（Foellmi 等，2008；Buera 等，2011）[84][85]。从供给侧研究结构变迁的文献指出，各部门间生产函数的异质性体现在全要素生产率、要素密集度和要素替代弹性的差异上，因此，各部门之间产品的相对价格产生波动，致使各部门之间资源与要素的重新分配，并产生结构变迁这一最终结果（Ngai 等，2007；Acemoglu 等，2008；Alvarez - Cuadrado 等，2017）[86][87][88]。

国内学者也就互联网对产业经济结构变迁的影响进行了大量的研究，张伯伟等（2013）认为，信息技术正逐步渗透并改造其他行业，推动传统产业向新兴产业转变[89]。滕超和叶蜀君（2016）立足互联网金融视角，指出互联网金融工具能够影响金融结构，使直接融资体系得到长足发展[90]。也有许多学者运用实证分析法探究二者的相互关系，如徐伟呈和范爱军（2018）构建产业结构变迁模型，实证分析互联网技术进步对产业结构调整的影响[91]。叶初升和任兆柯（2018）在说明了互联网对产业结构调整的作用机制后，使用部分地级市层面的数据做出了因果推断分析[92]。汤才坤（2018）利用一系列互联网和农村消费经济结构的数据，分析“互联网+”和我国农村总消费之间的关系[93]。邓志英等（2021）构建面板回归模型，分析探究互联网技术发展如何影响我国农业经济结构变化[94]。

第二是“互联网+”促进产业经济结构的优化升级。近年来，越来越多的学者聚焦于互联网对我国经济结构优化升级的正向促进作用。“互联网+”通过结构优化、市场优化、业态优化推动中国经济转型升级，互联网+改革推动共享经济发展将成为主旋律（姜奇平，2015）[95]。云计算和互联网等技术的运用催生了共享经济模式，将对传统企业带来职能转换、服务升级、生产变革等颠覆性影响（刘根荣，2017）[96]。互联网促进跨区域产业网络分工下正反馈循环机制的形成，新经济结构下，这是实现规模报酬递增的新路径（张旭亮等，2017）[97]。左鹏飞等（2020），陈静等（2021）发现互联网应用对产业结构优化具有持续性正向促进作用[98][99]。也有部分学者实证分析了互联网对产业结构优化升级的影响，如徐伟呈和李欣鹏（2018）在利用多种方法对互联网技术进步率进行测算后，进一步分析了互联网技术进步与我国产业结构升级的关系[100]。郭朝晖和靳小越（2017）借助主成分分析法探讨“互联网+”行动对产业结构变迁的正向促进作用[101]。崔寅等（2021）建立向量自回归模型，研究中国互联网基础设施与产业结构优化之间的相互影响关系[102]。

2.1.2.3 “互联网+”对微观企业的影响研究

有关“互联网+”对微观企业的影响主要从组织结构、企业成本、企业创新等多方面开展。从组织结构看，“互联网+”对企业的渗透融合改变了企业的运作方式，增加企业有形和无形的企业价值，倒逼企业自主进行企业组织结构变革。从外部环境出发，而为了适应经济发展模式的改变，建立更加灵活的组织管理模式成了必然要求（Townsend，2001）[103]。与此同时，从内部的组织协调机制出发，为了适应信息技术对组织的技术性嵌入，企业也必须进行相应组织变革（何建佳等，2006）[104]。李雪锋等（2016）从管理体制和运营机制角度提出能源企业体制机制创新思路，并从业务层面、能源企业层面和国家层面对能源企业体制机制创新实现路径提出改革建议[105]。朱富强（2016）指出百度、淘宝、京东等互联网公司产生机制，并强调“互联网+”在其中的决定性作用[106]。程立茹（2013）对互联网经济下的企业价值网络制度创新模式、架构与路径进行探讨，并对互联网的正反馈机制进行梳理，将其分成了软件创新与硬件创新的正反馈机制、企业创新与产业地位的正反馈机制、节点创新与网络价值的正反馈机制三类[107]。

关于“互联网+”对企业成本的影响，众多国内外学者也进行了大量的实证研究。Clemons等（1992）发现互联网信息技术的广泛使用可以显著降低企业的中间交易成本，进而提升企业通过市场交易的意愿，进一步缩小企业的边界[108]。同时，互联网技术的完善进一步拓宽了企业的信息收集渠道，显著降低企业的交流成本和搜寻成本，进而促进企业贸易规模的提升和发展（Anderson 等，2003；Fink 等，2005）[109][110]。Meijers 等（2014）发现了互联网的迅速发展能够减少企业的贸易成本，进而改善企业的收入结构，提升企业的出口规模和质量[111]。施炳展（2016）发现互联网作为信息平台可以降低交易成本、扩大交易规模、优化资源配置水平[34]。

关于“互联网+”对企业创新的影响。Kafouros（2006）提出互联网能够显著提升公司的研发水平[112]。Glavas 和 Mathews（2014）研究发现，互联网的渗透可以提高企业的创新性和主动性，对企业创新产生积极影响[113]。Cui 等（2015），Lyytinen 等（2016）证实了互联网对企业创新能力的正向作用，企业获取互联网创新收益存在显著差异，效率较高、吸收能力强的企业更容易获得创新收益[114][115]。王可和李连燕（2018）研究发现互联网的使用推动了我国企业的创新活动，提高了制造业供应链上下游企业之间的信息分享意愿，进而提高了企业绩效[116]。Ying 等（2021）研究发现智能制造通过提高数字化知识吸收能力、网络化知识重组能力、智能化知识创造能力推动企业创新[117]。

通过文献梳理可以发现，互联网与经济发展之间关系密切，国内外就“互联网+”对宏观经济、中观产业和微观企业影响的相关研究均展开了深入的研究，也有丰硕成果，提供给本专著编写组研究方向，并结合我国经济高质量发展这一时代内涵，探究“互联网+”对实现经济高质量发展的影响机制，但鲜有在“互联网+”视角下从科技资源配置切入并深入分析科技资源配置实现经济高质量发展的机理，基于这一机理提出的科技资源配置优化策略的研究也并不多见。

2.1.3 科技资源配置与经济高质量发展

2.1.3.1 科技资源配置研究

（1）科技资源的内涵。

如何实现资源的有效的配置一直是经济学的一个重要研究主题，从马歇尔的局部均衡理论、瓦尔拉斯的一般均衡分析、福利经济学等完全竞争理论，到张伯伦、罗宾逊的垄断竞争理论，再到鲍莫尔等的可竞争市场理论，无数知名学者对如何实现资源的最优配置展开了前赴后继的探索，基于不同的研究视角就资源配置理论机制等问题做出了相应的解答。事实上，由于政府行政干预、垄断因素、资源自由流动的限制，市场分割等因素的存在，现实中资源错配显现普遍存在，经济运行往往偏离帕累托最优状态。科技资源作为第一生产要素，许多学者从概念界定、要素分类等角度对其展开了许多研究。关于科技资源的概念内涵，Bessarabov 等（2012）认为科技资源就是指创新活动所涉及的全部要素，是创新生产活动的基础[118]。牛方曲和刘卫东（2012）认为科技资源是一种要素的整合，包括科技人力、物力、财力和信息资源，是创新活动赖以发展的物质条件[119]；张永安和李晨光（2010）从创新要素形态出发，指出科技资源包括一系列可以开发利用的物质形态和非物质形态的资源，如技术资源、人力资源等[120]。

关于科技资源的分类主要包括广义和狭义两类。部分学者从广义内涵定义科技资源，包括参与创新活动相关的各类要素资源，如 Hall 等（2014）指出创新资本、人力资本、创新政策和创新基础设施等是科技资源的重要组成部分，而科技资源是区域创新驱动的重要推动力[121]；刘凤朝和徐茜等（2011）基于 OECD 国家数据，研究全球科技资源的分布特征与空间差异，认为科技资源是指地区参与知识生产活动的要素禀赋，包括创新过程中的人力资源、知识、技能和机器设备等[122]；刘剑（2014）认为创新资源是决定区域创新能力高低的重要因素，创新资源主要包括创新资金、人力资本、创新促进政策以及创新基础设施等[123]。白永亮（2021）采用广义科技资源范畴，即能够促进科技创新活动的社会经济资源的总和，其包含科技人力资源、科技财力资源、科技物力资源和科技信息资源四个方面[124]。部分学者从狭义角度来分析科技资源，指出科学仪器与设备投入和信息资源等虽然是创新投入，但其与资金投入具有高度的相关性，因此创新要素一般仍指人才创新要素和资本创新要素（王欣亮和刘飞，2018）[125]。

（2）科技资源配置效率。

科技资源配置效率差异是解释地区间生产率差异的重要学术贡献，关于科技资源配置效率的研究，国内外主要集中于对科技资源配置效率的测算。Hsieh 和 Klenow（2009）建立规模报酬不变的 C－D 生产函数以及定义产出扭曲和资本扭曲，形成了生产率缺口估算的理论框架[126]。Collard

Wexler 等（2011）对 33 个发展中国家的资源错配以及 TFP 差异进行测算，发现 61% 的产出波动是由资源错配造成的，而国家之间 1/4 - 1/3 的 TFP 的差异可以由产出波动解释[127]。Aoki（2012）构建一个简单的跨部门均衡模型实证发现资源错配在所有导致美国和日本之间生产率差异原因中占比 9% 左右[128]。而 Brandt 等（2013）将地区和所有制结构差异因素引入模型，考察中国 1985 ~2007 年非农部门不同地区、国有和私有企业间由于要素错配而导致的 TFP 损失，认为要素错配导致了 20% 的效率损失，其中超过 10% 的 TFP 损失源于国有企业和私有企业之间要素错配[129]。Ziebarth（2013）发现当美国与中、印处于同一发展阶段时，确实存在相同程度的资源错配，但是美国并不存在中、印所具有的制度和政策影响，因此资源错配影响因素可能更为广泛[130]。Bollard 等（2013）利用印度大型制造业数据具体研究了资源错配变动对其 TFP 增长的影响，结果表明资源错配变动对该国 TFP 影响有限，更多是因为企业自身 TFP 的增长所致[131]。Ryzhenkov（2016）发现乌克兰制造业存在严重资源错配而使生产效率较低，如果能实现美国或欧盟的配置效率，产出水平可以翻倍[132]。Liu 等（2021）考虑到“环境污染”和“创新失败”，利用改进的 SBM - DEA 模型来衡量中国高科技产业集群的绿色技术创新效率[133]。

国内学者对科技资源配置效率问题也进行了相关探讨。龚关和胡关亮（2013）放松 HK 模型规模报酬不变的限制后，采用 LP 半参数法发现如果资源配置得到改善则 TFP 大约只能提高 29%[134]。杨震宇（2015）将研发资本纳入生产函数考察研发资本、物质资本和劳动三者相对扭曲对研发的影响[135]。金祥荣等（2016）发现纠正各省内部的错置可使中国的 TFP 提高 124% ~164%，纠正省际间的错置可使中国的 TFP 提高 4% ~18%[136]。靳来群（2018）利用 HK 模型及 1992 ~2015 年省级层面数据对中国地区间的资源错配程度进行了具体测算[137]。秦宇等（2018）测算发现科技资源错配导致的产出缺口在 20% 左右，且呈现逐年缩窄的趋势[138]。杨传喜等（2019）对农业科技资源的错配及科技产出损失进行相关测算，发现不同行业及地区农业科技资源投入对农业科技产出的贡献率存在显著差异，农业科技资源错配导致近 20% 的农业科技产出缺口[139]。李欣泽等（2019）利用 1998 ~2013 年工业企业数据对行业内资源错配程度进行测算，研究发现当行业内的资源配置达到效率最优水平，总体经济效率将至少会提高

115% ~156%[140]。马玉林等（2021）采用Dagum基尼系数、核密度估计方法分析科技资源配置效率的区域差异和分布动态，研究发现各省域科技资源配置效率存在明显差异[141]。

（3）科技资源配置的影响因素。

现有研究表明，科技资源配置受诸多因素影响。已有关于科技资源配置影响因素的研究主要集中于不合理的税收政策和产业政策、要素市场扭曲、国际贸易壁垒和不完全信息等方面。

不合理的税收政策和产业政策。Hopenhayn和Rogerson（1993）基于产业均衡模型，发现"解雇税"是造成企业之间劳动力资源配置差异的重要因素，设定不合理的经验税值可能导致5%左右的总量TFP损失[142]。而Lagos（2006）通过均衡匹配模型揭示了失业保险和就业政策对TFP通过选择效应的影响路径[143]。Guner等（2008）发现企业规模存在一定的阈值，政策只在企业规模超过阈值时生效，政策制定的规模标准每降低20%会导致产出下降超过8%[144][145]。Peek和Rosengern（2005）指出不合理的产业政策比如"债务延期"导致普遍存在的"僵尸企业"就是一种典型资源错配现象[146]。"僵尸企业"指的是在经济下行时期，商业银行为满足资本充足率的要求和顺应政府减缓"信贷紧缩"压力的意图进行债务展期和延期，进而形成的这么一类生产率较低、亏损本应破产和被市场淘汰的企业。Caballero等（2008）具体分析了日本的"债务延期"政策对日本经济发展的影响，发现僵尸企业的存在压制了行业的工作机会且降低了企业的生产效率，导致僵尸企业和一般企业之间的生产率差距被逐渐拉大[147]。Zhang等（2020）研究发现税收优惠对矿业企业的能源和环境效率产生积极影响[148]。

要素市场扭曲。一是金融市场扭曲。资本作为关键生产要素，在企业进行科技研发生产活动中起着举足轻重的作用，企业融资成本、信贷市场的发达程度都直接影响到资本在异质性企业之间的配置效率。Banerjee和Duflo（2005）认为信贷约束和制度性失灵导致的资本错配是跨国生产率差异的重要原因[149]。Buera等（2011）也对信贷市场扭曲对TFP的影响进行相关验证，证实了信贷市场扭曲对TFP的负面影响[85]。至于企业是否可以采取相关行动克服信贷约束，Moll（2014）研究发现企业可以通过自筹资金克服信贷约束，纠正相应的金融资源错配[150]。另外一些学者从金融摩擦角度进行相关研究，Jeong 和 Townsend（2007）通过研究泰国 1970～1990 年 TFP 的增长发现 70% 的增长是通过金融部门的发展来实现[151]。Wang 等（2021）研究发现金融摩擦对中国的 TFP 有负面影响，同时金融市场的摩擦也会导致要素扭曲[152]。金融摩擦一方面导致了企业之间资本错配，另一方面扭曲了企业家进入和退出选择，致使企业家的才能出现错配。Amaral 等（2010）和 Greenwood 等（2013）对金融摩擦的长期影响进行相关定量研究，发现金融摩擦是导致 TFP 损失的重要成因[153][154]。Midrigan 和 Xu（2014）发现韩国和哥伦比亚均存在较为严重的金融摩擦，过半企业面临金融约束且存在超过 5% 的外部融资溢价，这分别造成两个国家 2% 和 1% TFP 损失[155]。Franciscoe 等（2013）认为改革触发资源有效分配将使经济收敛到新的稳态，金融摩擦改善后的投资率和全要素生产率得到相应的提升[156]。简泽等（2018）基于中国 12 个代表性产业企业层面的数据，验证了金融市场的不完全对企业间资本配置的扭曲和总量全要素生产率之间的关系[157]。二是劳动力市场的扭曲。劳动力市场的扭曲指的是劳动力因各种因素无法自由流向生产率最高的地方，导致劳动力在空间上错配。Hayashi 和 Prescott（2008）发现日本 1885～1940 年劳动力市场扭曲导致的资源错配导致了经济低速增长且发现如何消除农业部门劳动力转移制度的阻碍，至少能使战前日本人均 GNP 从美国的 1/3 上升到 1/2[158]。而 Munshi 和 Rosenzweig（2016）利用印度劳动力的相关数据对印度农村和城市之间存在的工资剪刀差和农村男性劳动力迁移不频繁等现象做相应分析，指出这种劳动力错配的根本性原因是以种姓制度为基础的保险网络和城市缺乏正规的保险市场[159]。乔小乐等（2019）基于中国制造业数据，在识别僵尸企业基础上发现僵尸企业导致了严重的劳动力资源错配[160]。

国际贸易壁垒。当前，国际经济形势严峻，经济呈现下行趋势，经济复苏乏力，贸易保护主义抬头。而贸易保护主义的重要标志就是贸易壁垒和关税的加征，贸易壁垒的形成直接阻碍企业之间的自由竞争，导致异质性企业存在不均衡的企业利润率（markups）。Lileeva 和 Trefler（2007）利用加拿大在美企业数据对贸易壁垒与 TFP 之间的关系进行实证研究，验证了贸易壁垒与 TFP 之间的关系[161]。李清如（2016）以 72 个发展中国家为样本，研究发现贸易开放能够给发展中国家带来较高的收益，非关税壁垒是阻碍贸易获益的主要影响因素[162]。

不完全信息。Fuchs 等（2016）将信息不对称引入一个含有资本异质性的两部分分权经济模型中，考察信息不对称对一般均衡的影响，研究发现信息不对称带来逆向选择，导致资源流动和持久的资源错配[163]。David（2019）通过构建一个理论模型，将不完全信息和资源错配联系在一起，利用美国、中国和印度的数据做了相关的验证，研究发现不完全信息也即信息摩擦会对 TFP 和总产出造成明显的负面影响[164]。武康平等（2020）认为劳动雇佣双方的信息不对称，会导致劳动市场资源错配，社会福利损失。这一问题在工人流动性强、缺乏信息传递、劳动力来源分散的农民工劳动市场尤其严重[165]。

2.1.3.2 经济高质量发展研究

（1）经济高质量发展内涵。

学术界关于经济高质量发展的相关研究可以追溯至对经济增长质量的研究。从现有文献来看，经济增长质量的研究起源于卡马耶夫（1983）对经济增长的定义[166]，他认为经济增长是物质生产资源变化过程的总和，不仅包括生产资源和生产量的增加，而且包括产品质量和生产效率的提高。经济增长质量作为发展速度的补充，是构成增长进程的关键性内容，如机会的分配、环境的可持续性、全球性风险的管理以及治理结构等（Thomas 等，2001）[167]。而部分学者认为经济增长质量不仅包括投资率、通货膨胀率等狭义的经济增长指标，还应包括人口健康、收入分配、政治制度、犯罪及宗教等。综合已有文献可以发现，有关经济增长质量的概念界定主要存在两类观点：一种观点从狭义上来定义经济增长质量，将经济增长质量理解为经济增长的效率，主要是指资源要素投入比例、经济增长效果或经济增长的效率，即进行经济活动时所消耗和使用的要素投入与经济活动总成果之间的比较（武义青，1995；俞安军等，2007）[168][169]。另一种观点从广义上来界定经济增长质量，认为经济增长质量是相对于经济增长数量而言，属于一种规范性的价值判断，包括经济协调性、发展可持续性以及社会公平正义等多维度内容（刘树成等，2007）[170]。

随着经济和社会的不断发展，经济高质量发展也呈现出鲜明的特征：（1）以"互联网+"为代表的新一代信息技术与传统经济之间的"交叉融合"。新技术对传统经济实现赋能，将科学技术转化为高效的生产力，使社会生产力出现革命式的发展（冯昭奎，2017）[171]。朱诗怡等（2021）探究区域科技研发及应用转化水平对经济高质量发展的影响效应[172]。（2）数据成为驱动经济高质量发展中重要的生产要素。随着数据的分析和存储利用成本的不断降低，伴随信息化和工业化的不断融合，数据作为新型要素投入设计、生产、销售可以降低交易成本，提高生产效率，产生规模报酬递增的效果。王右文等（2021）认为数字技术是数字化、网络化、智能化的一种新技术形态，促进我国经济生产力和全要素生产率的提高，数字技术产业化已成为推动我国经济新旧动能转换的重要力量[173]。（3）个性化智能制造成为生产的新范式。传统经济的生产范式是批量生产产品，企图通过规模优势扩大生产实现经济增长。个性化智能制造则是让消费者做主导，掌握生产和消费的主导权，进而引导社会实现分工的细化，进而提高经济增长质量（史永乐等，2019）[174]。（4）绿色低耗是经济高质量发展的生产特点。传统经济的生产要素以自然资源为主，其发展繁荣必将带来能源和资源的巨大消耗和生态环境的恶化，加剧人与自然的矛盾。科技资源的高效配置以及科学技术的不断推广有助于缓解传统经济下因化石能源的大量使用而引起的环境污染问题。

（2）经济高质量发展的测度。

经济增长质量的核心测度指标，主要有公共服务指标、生态环境指标和创新能力指标三类。一是医疗教育等社会公共服务指标，有学者对发展中国家构造医疗健康、教育资源等社会效益指标，以衡量增长质量指数QGI（Asongu等，2016；Mlachila等，2017）[175][176]；二是绿色环保等生态环境指标，如魏婕等（2012）构建了包含经济增长的效率、结构、稳定性、福利变化与成果分配、生态环境变化以及国民经济素质共六个维度经济增长质量指数（QEGI）[177]；三是创新能力等创新指标，现有研究主要以创新系统理论为基础，从创新要素、创新主体、创新成效等方面综合设置指标（郑江淮等，2018；刘思明等，2019）[178][179]。

国内经济增长质量的多因素测度，主要体现在狭义的国民经济质量和广义的“五位一体”发展两个方面。一方面，是狭义的国民经济质量。部分学者聚焦于国民经济发展，重点从经济角度分析增长质量。如钞小静（2011）建立了包含经济增长的结构、经济增长的稳定性、经济增长的福利变化与成果分配等11项分项指标、28项基础指标的经济增长质量评价指标体系[180]。另一方面，是广义的"五位一体"发展。如朱启贵（2018）尝试从经济发展、民主法制、文化建设、人民生活和生态文明五个维度构建广义经济质量综合评价指标体系，认为这一套指标体系可以更加全面地反映经济发展质量[181]。

国内学者也基于不同视角构建测度指标对经济高质量发展展开了测度。以"五大发展理念"为逻辑依据，任保平等（2018）系统阐述了创新、协调、绿色、开放、共享与高质量发展的逻辑关系，并构建了五个维度42个指标的中国高质量发展指标体系[182]。在此基础上，张怡康（2018）进一步以新发展理念为指导，设立创新驱动、产业升级、经济活力、绿色发展和共享发展五个方面的指标[183]。从经济增长质量视角出发。刘惟蓝（2018）从产出效益、结构优化、科技创新、开放合作和绿色生态五个方面建立了由30多项指标构成的评价指标体系[184]。苏永伟等（2019）基于高质量发展的内涵和目标，构建出包含质量效益提升、结构优化、动能转换、绿色低碳、风险防控和民生改善六大一级指标，27个二级指标的高质量发展评价指标体系[185]。刘凤朝等（2021）从经济运行、协调、绿色、开放、共享五个方面构建[186]。武云亮等（2021）从"新发展理念"把握高质量发展内涵，分别以综合质效、创新发展、协调发展、绿色发展、开放发展以及共享发展六个维度共选取29个指标来构建经济高质量发展指标体系[187]。基于社会主要矛盾视角，有学者认为高质量发展最终应以满足人民日益增长的美好生活需要为根本目的。魏敏和李书昊（2018）利用熵权TOPSIS法对新时代高质量发展水平进行了测度，构建了涵盖经济结构优化等10个方面的测度体系[188]。如李金昌等（2019）从"人民美好生活需要"和"不平衡不充分发展"的社会主要矛盾的两个方面着手，构建了由经济活力、创新效率、绿色发展、人民生活、社会和谐五个部分共27项指标构成的高质量发展评价指标体系[189]。从宏微观角度看。高质量发展在宏观、中观、微观视角下表现各不相同，所以有学者尝试测度不同尺度下的高质量发展。王一鸣（2018）认为，可以从微观层面的产品和服务质量、中观层面的产业和区域发展质量和宏观层面的国民经济整体质量和效益来考察发展质量[190]。殷醒民（2018）则从全要素生产率、科技创新能力、人力资源质量、金融体系效率和市场配置资源机制五个维度来构建高质量发展指标体系[191]。

基于不同的测度方法，国内外学者关于经济高质量发展的评价方法也不尽相同。一是通过全要素生产率作为替代，二是运用主成分分析等统计方法将各类指标合成为经济增长质量指数。一些学者受 Solow（1957），Jorgenson 和 Griliches（1967）研究的影响[68][192]，通常采用经济全要素生产率进行简单衡量（Zhang 和 Kong，2010；李平等，2017；马金华等，2021）[193][194][195]。还有学者以绿色全要素生产率指标测度经济发展质量（余泳泽等，2019；湛泳，2021）[196][197]。同时，部分学者运用企业中间投入产出率、投资效率等指标衡量经济增长质量水平（沈坤荣和傅元海，2010；唐毅南，2014）[198][199]。此外，也有学者认为增加值率与经济增长质量密切关联，并以此表征区域经济增长质量水平（刘瑞翔，2013；范金等，2017）[200][201]。但是，由于概念误差与度量方法等方面的影响，部分学者认为以全要素生产率衡量经济增长质量水平在可行性和合理性方面存在明显局限性。其中，为探讨金融发展对经济增长质量的影响机制，马轶群和史安娜（2012）从方式质量、过程质量和结果质量三方面入手刻画中国经济增长质量评价体系[202]。Qi（2016）则构建涵盖规模、绩效、结构和协调的经济增长质量测度体系[203]。

（3）经济高质量发展的影响因素。

经济增长质量的影响因素众多，现有文献主要集中于投资与人力资本、生态环境、政策制度、外商投资等研究视角。投资和人力资本是影响经济增长质量的关键因素。投资决定要素扩张和技术进步，有效的资本积累和较高的投资质量是提高经济增长质量的关键所在（郑玉歆，2007）[204]。郝颖等（2014）研究发现经济规模不同的地区的投资对经济增长质量存在差异性影响[205]。其中，中西部区域资本类型和存量规模的差异导致经济增长质量的提升模式大相径庭（何强，2014）[206]。国外有学者指出投资率的提高有利于劳动生产率的提高（Bond 等，2010）[207]，而劳动生产率的提高还依赖人力资本的增长，人力资本也一直被视作经济高质量发展的基础（Lucas，1988；Romer，1990）[208][145]。吴婷等（2019）从人才资源匹配的角度验证了人力资本与经济高质量发展之间的关系[209]。

生态环境也是考量经济发展质量不可忽视的一方面，国内外学者很早就将生态环境因素纳入经济增长质量的研究中，Thomas（2000）从环境污染的角度对经济增长质量进行了考察[210]。詹新宇和崔培培（2016）研究发现绿色发展是经济质量提高的关键因素，并基于2000~2014年中国大部分省份的经济增长质量的相关数据进行了验证[211]。周强等（2021）探究城市环境与绿色基础设施建设投资对经济高质量发展的直接和间接效应[212]。同时，有学者进一步指出应该弱化那些高耗能高污染的投资，并鼓励那些高质量的投资和有效性投资，进而促进产业结构转型进而实现绿色发展（李强等，2019）[213]。

从政策制度角度出发，刘元春（2013）考察了制度变迁对经济增长质量的影响，研究发现以制度变迁为基础的二元经济结构转型带来了资源配置效率的提高，进而实现了经济增长质量的提升[214]。徐盈之等（2020）则基于长江经济带2004~2016年108个地级及以上城市的面板数据，实证检验了官员晋升制度对经济发展质量的影响[215]。

从外商投资角度出发，随着改革开放的不断深入以及全球经济一体化进程的不断推进，外商投资不断涌入中国，外商投资对中国经济增长质量的影响引起了学术界的广泛关注（随洪光，2013）[216]。外商投资带来了资本和一些相关的前沿技术，但与此同时也倾向于将经济附加值较低的低端制造业迁移至发展中国家。但从综合经济增长效率和经济增长可持续性等多方面来看，FDI的扩大对中国经济增长质量起到了正向的影响（江小涓，2002）[217]，戴翔（2015）也基于世界发展中国家数据证实了这一结论的可靠性[218]。与此同时，也有学者发现随着经济高质量发展水平的提高，FDI对经济高质量发展呈现"V"型变化趋势（李娜娜等，2019）[219]。田素华等（2019）研究发现引进和利用外商直接投资，有利于通过竞争效应、联系效应和模仿效应等，提升中国经济质量[220]。现有部分学者发现FDI对经济高质量发展的影响存在地区异质性，具体表现为FDI对中西部地区的经济高质量发展会带来显著的积极作用，然而对于东部地区而言却有相反的作用（周忠宝等，2020）[221]。

2.1.3.3 科技资源配置与经济高质量发展研究

科技资源是引领社会生产发展的第一生产要素，许多学者依据不同要素分类对要素配置问题进行深入研究。蓝乐琴等（2020）从初级、高级要素两方面阐释要素配置变革的演化差异，研究全球要素分工演变逻辑，分析总结出创新驱动经济高质量发展的路径[222]。而高级要素密集型产业创新向初级要素密集型产业转移与扩散，进而促进初级要素密集型产业要素配置优化是创新驱动经济高质量发展的根本体现（韩江波，2019）[223]。刘英基等（2020）从旅游经济高质量发展视角出发，发现要素结构变动能够显著促进旅游经济高质量发展[224]。

也有许多学者从不同视角探讨了科技资源要素配置与经济高质量发展之间的影响关系。王文涛等（2020）从互联网资本的角度探寻民营企业发展路径，研究发现互联网资本有助于提高民营企业创新积极性实现民营企业的高质量发展[225]。薛莹等（2020）研究发现金融科技有助于发挥资源配置效应和创新效应，推动经济高质量可持续发展[226]。吴婷等（2019）发现人才对经济高质量发展更加取决于其他技术、经济、制度等资源的匹配状况[227]。马茹等（2019）研究发现科技人才是人力资本通过提高自主创新能力和加快前沿技术追赶速度来显著提升全要素生产率最主要的发力者[228]。赵丽霞等（2019）将科技资源配置作为科技创新能力的一个评价维度，量化研究科技创新能力对经济高质量发展影响路径[229]。

以科技资源配置产生的新经济是经济高质量发展的重要推动力。新经济能够提高产业基础能力、提高产业链现代化水平、形成高质量增长点（任保平等，2020）[230]。钞小静等（2020）研究发现中国经济高质量发展的可行路径需建立“宏观全要素生产率提升——中观产业结构优化——微观企业效率提高”的三维目标导向[231]。

通过文献梳理可以发现，学术界关于科技资源、经济高质量发展的研究层次比较深刻，对两者的相关研究也已经趋于完善。科技资源配置与经济高质量发展都是目前的研究热点，学术界普遍认为科技资源配置效率的提升能够有效促进经济的高质量发展，已有的相关文献为本专著提供了可贵的研究思路，并为专著研究奠定了理论基础。尽管关于经济高质量发展的研究已有大量研究结论，但关于科技资源配置与经济高质量发展两者的影响关系并形成系统全面的研究成果，基于二者影响机理的实证研究也乏善可陈。

2.1.4 文献评述

通过对国内外文献梳理可见，学术界普遍认为科技资源配置效率的提升能够促进经济高质量发展。同时，通过对我国科技资源配置的现状、经济发展转型路径和发展趋势进行分析，发现科技资源配置效率扭曲导致的全要素生产率不高，是我国经济难以高质量发展的重要原因。

关于科技资源配置，现有文献对其研究主要集中于科技资源配置效率的概念、影响因素、测算方法等。对于科技资源配置的内在机理研究，当前文献一般从市场、政策等角度出发，认为是要素市场的扭曲和制度偏离抑制了要素配置效率，进而对全要素生产率产生负面影响。所以，在一定程度上，科技资源配置与经济高质量发展之间存在一定关系，国内不少学者也对这两者之间的关系从理论和实证上做出了一定分析。以上这些都为本专著奠定了深厚的研究基础。但是仍存在以下不足：第一，现有文献对科技资源配置、经济结构、区域经济高质量发展、"互联网+"发展水平的指标构建不统一且较多采用单项指标；第二，现有对科技资源配置的研究，大多只考虑科技资源配置单方面，尚未有基于"互联网+"视角，定量分析其与经济结构、区域经济增长质量、区域经济增长效率之间的相互影响关系的研究；第三，缺乏对科技资源配置与经济结构两系统间耦合发展路径的探讨，对二者之间影响机制的理论分析不足，并无文献将二者看做一个综合系统，分析其耦合协同发展状况；第四，缺乏将经济结构划分为产业结构、劳动力结构、投资消费结构及国际收支结构四个方面，深入进行经济结构与科技资源配置的耦合作用的研究。

在"互联网+"发展背景下，科技资源的投入是如何配置到各个创新主体，科技资源是如何进行动态调整？科技资源配置又是如何通过"互联网+"且以何种路径影响到区域经济发展质量的？科技资源配置实现经济高质量发展的过程中，"互联网+"扮演了怎样的角色？"互联网+"背景下科技资源的合理化、高效化和高级化配置对经济结构的保障机制，对经济增长效率的提升机制以及对经济增长动力的转换机制是如何得以实现的？科技资源配置如何从经济增长结构、经济增长效率和经济增长动力三个维度实现经济高质量发展？在科技资源存量调整的基础上，科技资源配置结构和经济结构之间是如何动态协同演化，进而促进经济高质量发展？这在时空表现上有何异同？目前学界对上述问题的思考尚显不足。而这些问题又是回答当前我国巨量的科技资源投入与科技资源配置效率低下、科技成果转化能力弱这种低效产出不匹配现象的关键。鉴于此，在"互联网+"

发展的背景下，探究“互联网+”通过科技资源配置实现经济高质量发展的内在机理，剖析科技资源配置效率提升对区域经济高质量发展的作用，成为本专著的研究方向。

与以往文献相比，主要在以下方面做出拓展：（1）采用熵值法、主成分分析法等方法对“互联网+”背景下科技资源配置、经济结构、区域经济高质量发展、“互联网+”发展水平进行综合测度；（2）引入系统耦合思想，对“互联网+”背景下科技资源配置与经济结构耦合系统的协同关系做深入研究；（3）基于“互联网+”视角，探究科技资源配置与经济结构的耦合发展关系，量化科技资源配置对经济结构优化升级的影响，并深入分析二者的空间耦合效应；（4）考虑“互联网+”背景下科技资源配置与经济结构耦合发展的系统动力学模拟并分析相关政策仿真效果；（5）运用DSGE模型在分析不同科技资源冲击对宏观经济波动的影响，探讨“互联网+”视角下科技资源冲击对宏观经济的动态效应和传导机制；（6）将“互联网+”的发展、科技资源配置和经济高质量发展纳入一个统一的分析框架，构建动态面板模型，检验“互联网+”的发展对科技资源错配的线性和非线性效应，并构建中介效应模型和面板门槛模型检验“互联网+”发展背景下科技资源配置的经济增长动力转换机制。

2.2 理论基础

本小节主要是对创新驱动、内生增长、复杂系统、耦合理论、协同学理论以及系统动力学经济理论进行梳理和探究，为后续主体内容“互联网+”背景下科技资源配置对经济结构优化、经济增长效率以及经济增长动力转化研究提供理论支撑。

2.2.1 创新驱动理论

创新驱动理论最早由美国管理学家迈克尔·波特（Michael Porter，2012）提出，其根据不同国家的发展过程和经济驱动趋势将经济发展划分成四个阶段（如图2-1所示）：一是生产要素驱动，该阶段经济主体的经济增长主要依靠劳动力、土地等传统生产要素的投入，是经济发展的初级阶段；二是投资驱动，这一阶段的经济增长依赖低消费率和高投资率实现；三是创新驱动，这一阶段经济增长的引擎是企业进行自主研发生产，通过创造知识推动经济增长；四是财富驱动，这一阶段的经济增长主要依靠国家当前的财富积累，通过实业投资向金融投资的转变[232]。在这四个阶段中，前两个阶段是依靠增加要素投入拉动经济增长的过程，而后两个阶段是依靠技术进步、知识溢出和财富驱动经济增长的过程，前者更加注重经济增长数量的增加，后者则侧重于经济增长质量的提高。

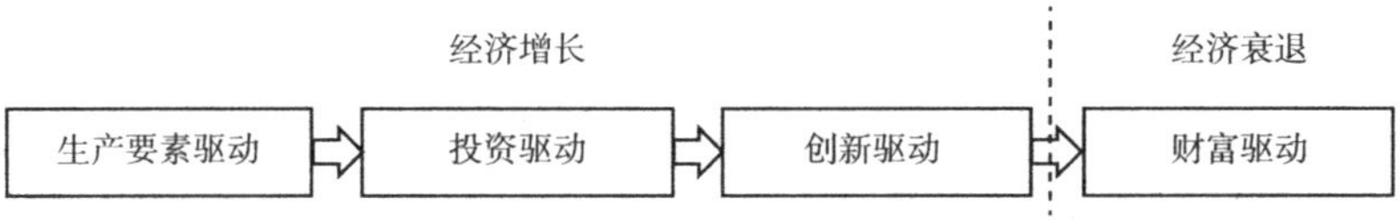

图2-1　国家竞争力发展的四个阶段

这四个经济发展阶段中，创新驱动增长是国家经济发展的核心阶段，而创新驱动依赖于科技资源的有效配置和高效利用。创新驱动的实质就是通过改善科技资源配置，提高科技资源利用效率，形成更加合理的科技资源配置机制，促进创新成果的有效产出和商业转化，从而形成新的经济增长动力，实现更高质量的经济增长。当前我国正处于提质增效的经济转型关键时期，以科技资源配置为核心的创新驱动机制是实现经济高质量发展的关键一环。基于此，对"互联网+"发展背景下科技资源合理化配置对经济增长结构的保障机制、高效化配置对经济增长效率的提升机制和高级化配置对经济增长动力的转换机制作进一步探讨。

2.2.2　内生增长理论

内生增长理论是基于生产率变动或技术进步的内生化研究，我国科技资源配置优化是否能带来新的经济增长动能？怎样的科技资源配置才能实现经济的高质量发展？基于此，从科技资源配置的视角探究经济增长和生产率变动的内在动力机制，验证内生的科技创新活动是否为推动生产率增长和经济增长质量提高的决定性因素。科技资源配置和经济增长质量的关系可以描述为：企业追求垄断利润→科技资源配置→实现技术创新→企业生产高附加值的创新产品→生产率提高→经济增长质量提高。企业为实现垄断利润投入科技资源，研发成功的企业可以选择出售创新产品（专利）或利用新技术进行创新产品生产获取技术创新带来的垄断收益，而企业收益水平的提高又将促使企业追求更多由技术创新所带来的垄断利润，如此反复持续和正向循环，将会给经济整体带来新产品和新产业，而这一过程又将促进生产率的增长，产生新的经济增长动力实现经济高质量发展。

内生增长理论最早是由 Romer（1990）提出的水平创新内生经济增长模型，其将技术进步解释为生产者所使用的中间产品品类的扩张[208]。随后学者们对 Romer 模型进行补充和深化，Grossman 和 Helpman（1991），Aghion 和 Howitt（1992）提出了垂直创新内生经济增长模型[233][234]。而针对无法解释的规模经济问题，Pretto 等（1998）进一步扩展为同时包含水平创新和垂直创新的内生经济增长模型[235]。

2.2.2.1 水平创新内生经济增长模型

Romer（1990）将不完全竞争引入生产的中间产品环节，将技术进步视作中间产品数量的增加，企业能够从创新中获得垄断的租金补偿[208]。该模型涉及研发部门、中间产品部门和最终产品部门，研发部门通过投入科技资源发明设计新产品；中间产品部门向研发企业购买新产品设计方案的专利权，用以生产中间产品；最终产品部门利用中间产品并结合劳动要素生产最终产品以满足消费、投资和研发活动的需要。

具体而言，垄断利润主要来源于规模报酬递增，而规模报酬递增主要来源于创新过程中的专业化水平的提高和溢出效应。具体的创新生产函数为：

$$\widehat{N} = \delta L_N N \tag{2-1}$$

式（2-1）表明，创新生产取决于知识存量 N 和劳动投入量 L_N，且技术创新的边际产出与知识积累成正比，反映出创新活动的溢出效应。这可以理解为知识是一种非竞争性和部分排他性的产品，每个研发人员都可以存取和使用已有的知识成果并利用其直接参与新知识的生产。而知识专利保护系统的完善直接决定了中间产品生产企业是否能够通过垄断定价获取超额利润，这也是企业的科技资源投入的内在激励机制。

中间产品生产过程有着固定的生产成本，这一部分不随中间产品数量的变化而变化，因此中间产品的种类越多，获得的利润也就越大。具体的利润表达式为：

$$\pi = \frac{1-\alpha}{\alpha} rx \tag{2-2}$$

结合以上设定，可以得到均衡状态下的经济增长率等于技术进步率。也即：

$$g = \delta L_N = \frac{(\alpha\delta\bar{L} - \rho)}{(\alpha + \sigma)} \tag{2-3}$$

2.2.2.2 垂直创新内生经济增长模型

垂直创新是指技术创新以产品质量提升的方式显现，基于熊彼特“创造性破坏”的思想，Aghion 和 Howitt（1992）提出了质量提升型内生增长模型[234]。具体而言，创新以泊松概率 λn 出现，λ 为技术创新效率，n 为参与创新活动的劳动力人数，假设第 t 次创新获得的预期收益贴现值 V_t 为之前垄断厂商获得的利润减去其被更新创新者所替代的期望资本损失。创新收益函数表达式为：

$$V_t = \frac{\pi_t}{r + \lambda n_{t+1}} \tag{2-4}$$

结合中间企业利润最大化的一阶条件，可以得到稳态下科技资源投入规模和经济增长率的决定方程：

$$\frac{\lambda\gamma(1-\alpha)(L-\hat{n})}{\alpha(r+\lambda\hat{n})} \tag{2-5}$$

$$g = \lambda\hat{n}\text{In}\gamma \tag{2-6}$$

其中，γ 为质量提升幅度，n 为科技资源投入，L 为劳动力总供给，r 为利率。式（2-5）、式（2-6）表明，经济增长率的大小由科技资源投入数量决定。质量提升幅度和研发部门创新效率可以促进经济增长，而劳动力总供给的增加和资金利率的减少可以通过促进科技资源投入提高经济增长率。

与此同时，Aghion 和 Howitt（1992）还考虑了知识的正向和负向两种外部效应，其中正向外部效应是指创新所产生的知识可以被未来的研发者所使用，为后续研发提供科研基础[234]。负向外部效应是指私人创新的垄断租金小于该创新所实现的全部社会创新收益。因此，两种外部效应的存在使得完全自由市场经济状态下，科技资源投入会偏离最优科技资源投入水平。利用效用最大化条件，可以得到社会最优研发水平和最优经济增长率的方程式：

$$\frac{\lambda(L-n^*)}{\alpha(r-\lambda n^*)}=1 \tag{2-7}$$

$$g^*=\lambda n^* \text{In}\gamma \tag{2-8}$$

2.2.2.3 二元创新内生经济增长模型

为了克服水平创新内生经济增长模型和垂直创新内生经济增长模型中未能解释的规模经济问题，Peretto（1998）提出了同时包含水平创新和垂直创新的二元内生经济增长模型[235]。该模型的基本框架为：最终产品由一系列不同种类、不同质量的中间产品生产：

$$Y=\left[\int_0^N (A_i X_i)^{1/\sigma}\mathrm{d}i\right]^\sigma \tag{2-9}$$

在式（2－9）中，中间产品种类 N 的规模取决于人口数量 $N=\phi L_i(0<\phi<1)$，中间产品种类的增长率等于外生人口增长率。A_i为中间产品的质量，X_i为第 i 种中间品的投入量，每一单位劳动力生产一单位的中间产品。垂直创新产出依赖于研发劳动力投入数量和现有的知识存量，也即：

$$\dot{A}=\theta L_{A_i}A\left(A=\int_0^N (A_i/N)\mathrm{d}i\right) \tag{2-10}$$

当经济处于 BGP（平衡增长路径）时，可以得到经济增长率为：

$$g=(\sigma-1)n+\theta\phi^{-1}s^* \tag{2-11}$$

该模型表明，经济增长率是由劳动增长率 n 和研发活动中的劳动力份额 s^* 共同决定，对规模经济问题做出了进一步的解释。

2.2.3 复杂系统理论

1937 年，美国生物学家冯·贝塔朗菲（L. V. Bertalanffy，1987）创立一般系统理论[236]，而后其广泛应用于不同学科的方方面面，逐渐成为人们研究问题并解决问题的基本方法论。伴随着人类社会发展进步，人们逐渐意识到一般系统理论在解释和分析日益庞大和复杂的系统问题时的不足，运用传统的“系统论”和“信息论”等研究方法不能使问题得到有效解决。系统在不断发展和演变的过程中，逐渐与外部环境进行各种“物质流”和“信息流”的动态交换，复杂综合的系统由此产生。20世纪80年代开始，国内外许多学者将研究领域转向复杂系统研究，学者们认为这是一个将对社会各领域均产生深远影响且充满活力的领域。1984年，圣非研究所的中心议题之一就是关于复杂性的研究；1990年，我国杰出学者钱学森、于景元等也将目光聚集于此，在他们的论文中明确提出开放的复杂巨系统的概念[237]。

复杂系统理论体系主要包括以下四个理论：第一，研究非平衡系统自组织演变问题的“耗散结构论”；第二，研究系统由失衡状态向平衡状态转变问题的“协同论”；第三，研究处于临界状态系统突变问题的“突变论”；第四，研究影响系统内部发展不确定性问题的“混沌论”。复杂系统理论将研究的对象或问题看做一个统一的整体，其认为系统由相互依赖、相互影响的许多要素组成，并表现出一定的形态结构。组成系统的各要素或子系统相互耦合、综合作用决定系统整体的结构、发展及功能，这也是其复杂特性之所在。同时，由于系统和外部环境之间存在各种动态信息交流，致使复杂系统还拥有多元性、开放性、动态性等诸多特征。因此，复杂系统理论常被学界用来探究问题及对象的本质所在，其重要性不言而喻。

基于国内外相关研究，本专著将复杂系统理论引入“互联网+”背景下我国科技资源配置与经济结构的时空耦合及仿真研究中，将其视作研究的理论基础。科技资源配置系统与经济结构系统均是由许多要素或子系统构成的复杂巨系统，其中，科技资源配置系统可分为科技人力、财力、物力、信息资源子系统；经济结构系统可分为产业结构、劳动力结构、投资消费结构、国际收支结构子系统，两系统内部诸多要素之间相互影响、相互依赖，促进复合的复杂系统进一步演化发展。

2.2.4 耦合理论

耦合是一个物理学概念，最初探讨的是电路元件及电网络之间相互作用，进行能量传输的现象。可以按耦合的强弱顺序区分公共耦合、控制耦合、数据耦合等多种耦合。伴随着学科的发展与研究水平的提高，耦合的概念逐渐被广泛应用在其他学科中，其在不同延伸领域也有不同的含义，但本质均是指两个及以上的研究对象间相互作用、相互影响，形成联动效果的现象。系统或研究对象相互作用的程度即为耦合效果，以此为标准可将耦合划分为不良耦合和良性耦合，前者指两系统或研究对象相互抑制彼此的发展，而后者则指两系统或研究对象相互配合、相互促进。

常用“耦合度”或“耦合协调度”来度量两系统或研究对象的耦合程度，这两个度量指标有着本质的区别，耦合度只能说明两系统或研究对象间相互作用的程度，而耦合协调度还能说明两系统或研究对象的协调状况，即该关联作用是否是良性循环的。因此本专著同时使用“耦合度”和“耦合协调度”这两个指标来度量“互联网+”背景下我国科技资源配置系统与经济结构系统的耦合程度。

系统耦合是指具有因果反馈关系的系统相互作用、相互影响，从而形成一个新的系统，最早被应用于生态系统，而后逐渐被推广于经济社会等其他系统的分析中。系统耦合具有以下特点：系统在耦合运行时的可能障碍之一就是系统相悖，这也是释放系统生产潜能的要点之一；系统生产力伴随着生产潜能的释放而提高，系统耦合所形成的新结构的合理性是系统生产力得以提高的关键；能量作为系统耦合的驱动力，可使系统在复杂的自然环境中拥有更好的缓冲及适应能力。复杂系统理论、协同学理论、控制论、系统动力学等系统科学理论均是系统耦合理论的基础。

2.2.5 协同学理论

20世纪70年代，哈肯（Haken，1977）基于一般系统论提出协同学理论[238]，该理论认为系统内部不断发展演变的过程中，各子系统以及外部环境之间相互作用，不断“交流”，向着协调一致的方向发展，最终可能达到系统平衡状态，实现质的飞跃，该“协同”过程广泛存在于开放系统中，系统在临界状态时能否由无序向有序转变取决于系统内部的协调作用和协调程度。

协同学理论主要有如下基本内容：（1）序参量。序参量是影响巨系统发展进程中的根本因素，系统中各序参量之间的正向促进或相互抑制作用决定了系统是否能由失衡向平衡转变，可以借助耦合协调度来度量序参量之间的协同作用。(2) 自组织理论。系统自组织是指以序参量的耦合协同作用为基础，系统自身能够从失衡向平衡状态转变的能力。序参量不断变化和作用的结果是下一次系统状态变化的原因，如此循环往复，与外部环境发生各种交换，以形成与以往不同的系统结构。(3) 涨落原理。"涨落"用来评价系统发展水平的序参量偏离其平均值的状态，一般在系统的自我调节机制下不影响系统的整体性，但在一定诱因下影响系统有序结构的形成，伴随外部环境的变化随机生灭，幅度不定。倘若外部环境向着消极方向改变，涨落便可能会伴随着自我调节机制的失效而得到放大，原有系统失衡，进一步导致原有系统越过临界状态形成新的系统。(4) 动态协调放大原理。当复杂系统中的多个个体均对总体目标产生积极影响时，其作用将被放大。复杂系统在与外部环境进行交流的同时产生竞争或合作，致使序参量涨落，此为系统功能放大的外因；系统内部各子系统之间存在着线性或非线性关系，某子系统的变化引发其他子系统相应改变，此为系统功能放大的内因。在外因和内因的作用下复杂系统呈现多可能性、多方向性和突变性等特点，子系统可能朝着或消极或积极的方向发展，系统会同步将这些功能放大。为了促进子系统间发展的同步性，应该借助科学的协调手段，将发展差异控制在合理的区间范围内。(5) 自催化作用原理。自催化作用是系统内各序参量相互催化，系统进行自我动态协调而快速演变到有组织有高度的水平，并且朝着积极的方向不断发展。(6) 支配原理。支配原理是指序参量的差异性和不平衡性在系统处于临界状态时对系统产生支配和约束作用。可以根据处于临界状态序参量的数量多少、对系统的支配作用大小将其分类为快驰序参量和慢驰序参量，前者变化快且数量多，对系统的发展变化影响较小；后者数量少但主导系统的发展变化状态和过程，并在一定程度上影响和支配前者的变化。

协同学理论是解释"互联网+"背景下我国科技资源配置与经济结构耦合协调发展内在作用机理的重要理论基础与基本思路，也是分析科技资源配置与经济结构系统动力学仿真模拟过程的理论支撑，因此，本专著引入协同学理论，深入分析"互联网+"背景下我国科技资源配置系统与经济结构系统的时空耦合及二者共同运行的动力过程。

2.2.6 系统动力学理论

2.2.6.1 系统动力学原理

系统动力学（System Dynamic）的创始人为美国麻省理工学院的福瑞斯特（Forrester，1961）教授，应用领域涉及经济和企业管理，最初名为工业动力学，而后更名为系统动力学。系统动力学通过研究系统内部各变量间的繁琐结构关系来分析系统的整体行为，其核心在于在已确立的系统边界内通过对内部结构的因果分析建立系统整体流程图，以情景模拟为手段进行仿真分析，并进行政策设计与评估[239]。另外，系统动力学借助图形曲线和数学公式直观地说明系统的结构及因果反馈关系，便于模型的分析与观察研究。按照系统动力学的建模思想，能够运用系统动力学解决的问题存在两个基本特征：一是系统本身是动态变化的；二是系统应具备结构内部的自生性。系统动力学创立至今，被推广于社会、资源、经济等诸多复杂的巨系统研究中。

2.2.6.2 系统动力学的特点

系统动力学基于历史资料和数据，综合专家学者们丰富的知识经验，为建模后系统的仿真模拟与政策分析打下良好的基础。系统动力学有如下四大特点：

一是系统动力学可从宏微观两个层面上对多变量、非线性、多反馈、高阶次的社会、经济和环境等复杂系统问题进行综合研究。

二是系统动力学同时运用定性和定量的方式分析问题，主要对系统的结构和功能进行探讨和推演，并基于此进行模型的建立及仿真模拟。

三是系统动力学是以计算机为基本的工具，进行政策仿真分析的实验，在 VENSIM PLE 等软件的支持下运用合理规范的数学模型研究大型复杂系统的运行规律。

四是系统动力学强调系统的动态反馈机制决定了系统内部的发展、联动与演化，并不断与外部环境进行“交流”，总体上为开放的大型系统。

2.2.6.3 系统动力学建模步骤

(1)系统综合分析。首先明确系统动力学要解决的主要问题是研究系统的结构和预测系统将来的行为，为政策分析打下基础；然后对系统相关统计数据资料进行调查和收集；接着辨析系统的主要变量及影响因素，明确系统边界；再考虑系统行为的参考模式。

(2)模型结构分析及指标变量设置。对系统进行综合分析后，再细致研究系统内部隐含的因果反馈关系，确定系统结构与子模块指标变量的设置，明确每个变量的内在含义及其所属变量类型，形成层次清晰、关系明确的反馈回路。

(3)建立系统动力学模型。系统动力学模型的建立大致分为三个部分：考虑模型成立的假设条件；绘制反映系统结构的动力学流图；设置相关变量间的函数关系方程式。

(4)模型检验和修正。对模型进行一系列可信度检验，具体包括直观检验、稳定性检验、历史性检验和灵敏性检验等，据此对模型的参数、结构等进行修正，得到稳定的系统动力学模型再进行下一步仿真分析。

(5)动态模拟和政策分析。最后调整参数对模型进行动态模拟，得到各方案下的对比结果，提出不同政策下的合理建议。

系统动力学建模步骤如图2-2所示。

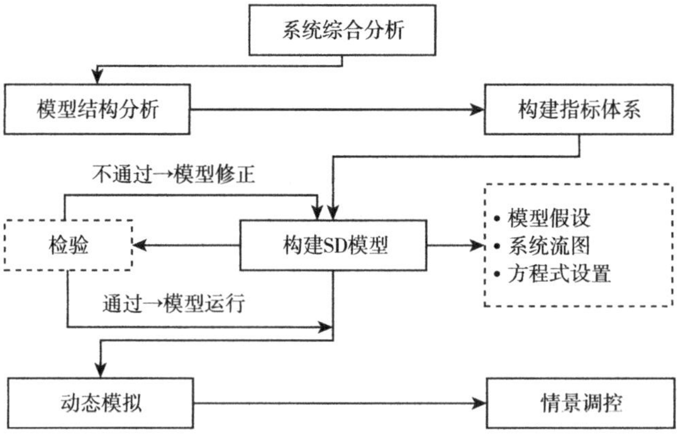

图2-2 系统动力学建模步骤

目前，学术界多运用耦合协调度模型、灰色关联分析、哈肯模型、重心模型、VAR 模型、结构方程模型等方法展开对协同发展状态的研究，通过对复杂系统理论、重心模型、耦合理论、协同学理论和系统动力学理论的回顾，构建了研究“互联网+”背景下我国科技资源配置与经济结构时空耦合及仿真的基本理论框架。

3 “互联网 +”背景下经济高质量发展对科技资源配置的新要求

随着我国发展进入社会主义新时期，原有以资源投入、环境牺牲换取的“速度”型粗放发展模式已经不再适应于当前经济社会的发展趋势。同时，人民日益增长的物质文化需求与当前发展不平衡不充分的矛盾凸显。为进一步解决上述发展主要矛盾，党中央提出“创新驱动”的大发展战略，强调以科技创新为引领，带动经济社会持续高质量发展。众所周知，区域科创能力主要取决于各类科技创新资源的配置状况，优化科创配置，提升科创转换能力，成为当前经济高质量发展所不能避开的重大命题。因此，明晰当前我国科技创新资源配置状况，发现其存在的问题，并依据当前经济高质量发展的目标，探析对应的科技资源配置要点，对我国利用科技资源推动经济社会高质量发展具有重要的理论与现实意义。

3.1 相关概念的界定

3.1.1 “互联网 +”

早在 2012 年，易观国际的 CEO 于扬就率先提出了“互联网 +”这一概念，但并未形成系统论述。随后，马化腾在“两会”上提出，“互联网 +”以互联网信息通信技术设施为基础，推动行业跨界融合。综合已有文献对“互联网 +”的研究可以发现，学者们对“互联网 +”概念的理解还是较为统一的，认为“互联网 +”借助信息通信技术将传统行业与互联网融合，发挥互联网在优化资源配置过程中的作用，形成新的生产力和经济状态（刘湖和张家平，2015；潘向东和刘娟秀，2015；李景海和林仲豪，2016）[240][241][242]。在"互联网+"过程中强调移动互联网、大数据、云计算等新一代信息技术的重要性，这些技术在经济社会各领域和各部门应用并扩散的过程改变了行业的发展路径，推动了技术进步和产业发展效率的提升，对人类社会产生深远影响（张兆安，2015；周衍鲁，2017）[243][244]。同时也指出"互联网+"是发展中国家追赶发达国家并提升国家综合竞争力的关键所在，使国际分工发生重大变化（李晓华，2016；张卫华和梁运文，2017）[245][246]。

随着新一代互联网信息技术的不断更新换代，产业经济的数字化、网络化、智能化蓬勃发展，世界经济信息化转型势头不可逆转。互联网基础设施的长足发展与互联网需求的快速增加，催生了共享经济、知识经济等新的经济模式，反过来又为互联网技术的发展造就了赖以生存的环境。互联网信息技术的发展带来了"创造性破坏"，这不仅仅是新旧技术的更迭，更是极大推进了生产方式、生产关系的变革。"互联网+"伴随着互联网在社会各领域中的扩张，出现在新一轮信息技术变革带来的"高点抢占期"、产业发展"转型调整期"、新兴网络产业"生长勃发期"，时机成熟，成为引领社会发展的全新理念。基于宏观视角，"互联网+"代表了互联网在全球各国整体地位的提升，也代表了在世界范围内以互联网为核心的网络秩序的正式形成；微观视角来看，"互联网+"以互联网为基础的产业设施和创新要素促使与经济社会发展的创新融合，催生出新的经济业态和发展模式，为经济社会的发展提供重要平台支撑。

实质上，"互联网+"是创新2.0下的互联网发展的新业态，是知识社会创新2.0推动下的互联网形态演进及其催生的经济社会发展新形态。"互联网+"是互联网思维的进一步实践成果，推动经济形态不断地发生演变，从而带动社会经济实体的生命力，为改革、创新、发展提供广阔的网络平台。"互联网+"内涵丰富，从理论发展的逻辑来看，"互联网+"是一个时代性范畴，是对新一代信息技术与当代经济社会发展关系的界定与认识，互联网融入社会经济的各个领域，融入产品设计、生产、配送等整个过程，以此为基础对原有的产业模式和产业要素进行配置。从发展的呈现方式来说，"互联网+"是推动社会经济的互联网化，是互联网与传统行业的融合，通俗地说，"互联网+"就是"互联网+各个传统行业"，但这并不是简单的两者相加，而是利用信息通信技术以及互联网平台，让互联网与传统行业进行深度融合，实现了社会发展驱动力和发展模式的创新。从实践的层面来讲，"互联网+"是作为一种新的经济形态和文化形态，即充分发挥互联网在社会资源配置中的优化和集成作用，将互联网的创新成果深度融合于经济、社会等各个领域中，提升全社会的创新力和生产力，形成更广泛的以互联网为基础设施和实现工具的经济发展新形态。不论从哪方面理解，"互联网+"都展现出巨大的包容性和发展性，具有较为宽泛的内涵和外延。"互联网+"是对创新2.0时代新一代信息技术与创新2.0相互作用共同演化推进经济社会发展形态的高度概括。

由上述"互联网+"含义的变化发展、内涵与外延的理解等的梳理，本专著采用2015年《国务院关于积极推进"互联网+"行动的指导意见》中对"互联网+"的释义，即"充分发挥互联网在生产要素配置中的优化和集成作用，将互联网的创新成果深度融合于经济社会各领域之中，提升实体经济的创新力和生产力，形成更广泛的以互联网为基础设施和实现工具的经济发展新形态"。结合本专著的研究，对于"互联网+"的定义更为强调，首先，"互联网+"是一种有利于经济发展和产业转型的新理念，在这一理念的指引下，推动互联网技术与各产业间相互融合，从而产生了以共享经济、知识经济、数字经济等为代表的新经济模式；其次，"互联网+"是一项推动经济发展与产业转型的国家战略，在《关于积极推进"互联网+"行动的指导意见》的战略引领下，推动互联网、大数据、人工智能和实体经济深度融合，培育新的增长点、形成新动能；最后，"互联网+"是一种基于互联网信息技术的经济形态，在新一代信息技术的推动下，形成诸如电子商务、物联网、共享经济等新兴经济业态。从本专著对"互联网+"的重新界定可以发现，在新的时代发展背景下，互联网已经超越了工具或载体的范畴，成为引领社会变革的新驱动。"互联网+"表面上体现了互联网与其他行业的深度融合，但在融合过程中重新配置了生产关系，促进了经济社会的创新发展。本专著对于"互联网+"概念进一步梳理可知，含义范围较为宽泛，适用于对现代制造业、生产性服务业的影响，也适用于对国家经济社会发展的影响，能够为本专著的研究起到支撑作用。

“互联网+”有利于产业结构的去中心化、经济活动数据化和社会生活的物联网化，在高度发达的经济体中互联网已经成为经济活动主体能力的衍生，市场主体通过高速普及的互联网将产品和服务的生产、运输和消费等环节融合，形成新的发展理念和思维；2015年7月4日，国务院印发《关于积极推进“互联网+”行动的指导意见》，由此“互联网+”成为国家战略，这是一种通过高速发展的互联网提升产业发展水平，增强各行业创新能力，构筑经济社会发展新优势和新动能的战略举措；产业结构高级化、协同化发展，促进“互联网+”经济形态的形成，从而形成以互联网经济为核心框架、区域共享经济平台和跨区域共享联动机制共同协作的经济形态。

本专著从三个方面界定“互联网+”概念，分别是新理念、国家战略和经济形态。而对科技资源的界定则分为科技信息、科技财力和科技物力资源，由于技术本身就是一种信息，因此对于科研信息则选取互联网技术作为主要研究变量；科技财力主要以科研经费为主，因此采用R&D经费总量作为后续DSGE模型数值和GMM模型回归的研究变量；科技物力资源则体现在“互联网+”背景下经济发展的硬件支撑，因此选取互联网基础设施作为这一层面下的变量。

3.1.2 科技资源配置

经济学研究的是在有限资源约束下，最优化配置资源的一门学科。科技资源是以新发展理念为指导，以实现经济高质量发展为目标进行创新活动或作为创新活动支撑条件推动创新的相关资源和能力的组合，包括科技人力资源、科技财力资源等。而所谓资源错配，指的是资源约束下现实经济体中的资源配置方式偏离理想经济体中资源最优配置的状态。正是现行经济体系中资源错配的存在，尤其是科技资源错配的存在导致创新驱动发展的动力不足，影响经济结构优化、科技资源合理化、高效化配置以及科技资源高效化配置促进经济增长动力转换，因此，为了实现经济高质量发展，推动创新驱动发展战略，科技资源配置是十分必要和紧迫的。

分析科技资源配置，首先需要明确什么是科技资源。科技资源是科技活动的基础，是创造科技成果，进而推动整个经济和社会进步的要素集合。科技资源要素种类丰富，具有代表性的有"三要素论""四要素论"和"五要素论"。"五要素论"将科技资源称为科技人力资源、科技财力资源、科技物力资源、科技信息资源以及技术资源等要素的总和，它是由科技资源各要素及其次一级要素相互作用而构成的系统。其中，科技人力资源是最具创新力的要素，能够直接支配其他要素，主要指从事科技活动的人员，包括专业技术人员、科技活动服务人员等，在本专著中主要选择R&D人员全时当量来衡量；科技财力资源主要指为科技活动提供资金支持的科技活动经费投入，通常用R&D经费内部支出、科研经费支出等表示；科技物力资源主要指开展科技活动所需的各类大型科研仪器和设备，包括基础设施、各类实验室、科研器材、设备等物质性条件，通常用科研机构数、互联网基础设施等表示；科技信息资源主要指以信息形态表现的各种科技创新与科技研究的产出和成果，包括科学技术研究活动所提供的信息情报图书资料、数据库等，通常用专利申请数、发表论文数等表示；科学技术资源则主要指开展科技活动、加快科技成果转化可采用的技术手段，包括仪器技术、科技评估监测技术、研发创新技术等。本专著基于"互联网+"研究背景，从科技信息、科技财力、科技物力、科技人力和科学技术五个方面界定科技资源，但在此基础上，根据不同的研究内容和对象，本专著着重选择几种具有代表性的资源要素进行深入分析。本专著认为在"互联网+"背景下科技资源包括以互联网技术为主的科技信息资源，这是因为技术本身就是一种信息，在与具体生产工具结合的基础上转化为指导生产的科学技术；以科研经费为主的科技财力资源，主要体现为R&D经费总量；以互联网基础设施资源为主的科技物力资源，"互联网+"背景下的基础设施作为产业经济发展的基础性支撑，尤其在当前国家大力加速"新基建"进程的背景下，显得尤为必要。基于这三层含义，展开本专著的研究。

互联网技术早在"互联网+"概念提出来之前就已经存在，传统上互联网技术指的是在计算机技术的基础上建立的一种信息技术，它使用不同的网络设备通过计算机网络或者广域网相互连接，连接在互联网络中的每一个主体可以相互获取信息。而本专著中所用互联网技术变量则在上述互联网技术的基础概念上进行扩展，认为现如今我国的互联网技术是在国家"互联网+"战略推动下，主要体现在互联网技术信息，如各种技术专利、科学技术图书情报信息和各类技术数据库等；而关于互联网基础设施，它包括互联网的端口数、光纤及电缆的长度；而对于科研经费，本专著根据已有定义选取 R&D 经费代表科研经费。

近年来，以“互联网+”为代表的新一代互联网信息技术对人们的生产方式、生活模式的影响在不断深化，而这种变化一定程度上反映了资源尤其是科技资源的重新配置，因此，就有学者提出了互联网对实现科技资源配置的重要作用。互联网能够通过改变生产的组织方式和供应链的流通模式对资源进行整合，并且“互联网+”背景下的跨界经营能够真正实现规模报酬递增的正反馈循环。在这一基础上，“互联网+”通过结构优化、业态优化、市场优化有力推动了中国经济转型升级，因此“互联网+”改革推动共享经济发展将成为新时代产业发展的主旋律。那么问题是传统经济学把信息服务当作工业产品，而信息服务一旦蜕变成新型生产力，生产方式、成本特征、企业性质、运营模式甚至经济规则都将发生重大变革。已有文献中，资源错配主要体现在：配置结构不合理、市场配置低效、配置能力低下等，因此应根据经济高质量发展的要求重新定义科技资源配置的含义。“互联网+”背景下的科技资源配置指的是，基于新一代互联网信息技术，依托不断完善的科技体制，以激发创新动能为目的，对互联网技术、科研经费、互联网基础设施进行市场化分配和调控的过程。通过科技资源合理化、高效化配置以及科技资源高效化配置促进经济增长动力转换，实现科技资源配置形成新动能为经济高质量发展续航。

3.1.3 经济高质量发展

本专著对经济高质量发展的概念进行界定前先对经济结构的概念进行界定。目前，国内外学者们尚未形成统一的对经济结构概念的界定（如图 3-1 和图 3-2 所示），根据前辈学者相关研究可以总结出，经济结构主要从两方面对社会经济组织的构成进行区分：一方面，用生产关系、生产力、经济制度等没有确切数量关系的表述说明经济结构的构成；另一方面，用产业结构、劳动力结构、投资消费结构等有确切数量关系的表述说明经济结构的构成。本专著将经济结构的概念界定为经济系统中各要素之间在时间和空间上的数量对比关系。根据研究的具体内容，选择能反映确切数量关系的产业结构、劳动力结构、国际收支结构等来刻画"互联网+"背景下经济结构与科技资源配置的耦合关系。

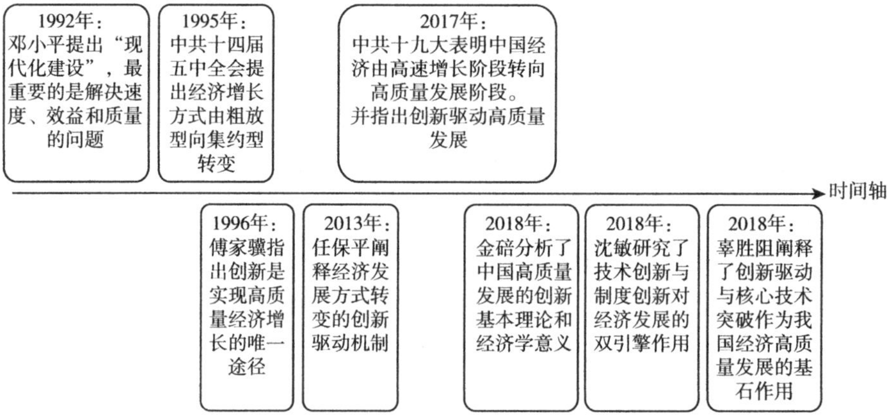

图3-1　国内经济高质量发展理论的发展演变

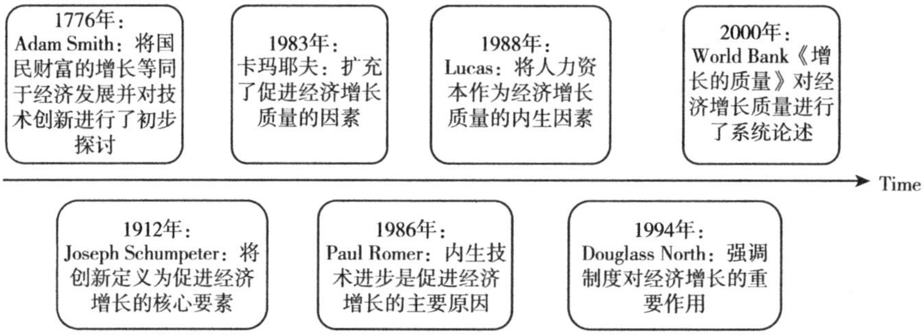

图3-2　国外经济高质量发展理论的发展演变

经济高质量发展是高质量发展中最重要的一环，经济高质量发展是创新驱动型经济的增长方式，是创新高效节能环保高附加值的增长方式，是智慧经济为主导、高附加值为核心、质量主导数量、GDP无水分、使经济总量成为有效经济总量、推动产业不断升级，推动经济建设、政治建设、文化建设、社会建设、生态文明建设五位一体全面可持续发展的增长方式，是现代化经济体系的本质特征和供给侧结构性改革的根本目标。迄今为止，经济的高质量发展并未形成一个公认的统一概念，基于研究视角的不同和理解的差异，主要从五大发展理念、宏中微观等视角对经济高质量发展的概念内涵进行了全方位的探索。

（1）基于五大发展理念。经济高质量发展是以创新为第一动力、协调为内生特点、绿色为普遍形态、开放为必由之路、共享为最终目标的经济发展状态。因此，经济高质量发展是我国经济步入新时代发展的必然要求，也是高效、协调、可持续发展的集中体现。因此可以将经济高质量发展的内涵归纳为五点：一是要依靠创新，创新是引领经济发展的第一动力，是提高生产力的重要引擎。实现经济高效发展转型的两大重要因素分别是技术创新和制度创新，技术创新对提高劳动生产率、加快技术进步、培育经济发展新动能具有重要作用，是通过技术改进实现资源存在约束条件下最大限度地利用以获得最大利益。制度创新则聚焦于资源的分配，旨在通过制度层面的调整调动各类要素资源得到充分利用。二是要实现区域的协调发展，协调是经济高质量发展的重要抓手，经济高质量的发展不只要提高生产力，还要解决区域发展的不平衡。因此，在经济发展的过程中，要确保各区域的资源实现均衡分配，保证有限资源的公平分配。三要实现人与自然的和谐发展，“绿水青山就是金山银山”，保护自然就是保护生产力，保护经济发展要与生态保护辩证统一，实现经济的绿色发展。与此同时，资源具有天然的稀缺性，可持续发展是经济高质量发展的生态概念。过去高能耗、高污染的发展模式已然偏离经济可持续发展的根本需求，集约型的经济可持续发展模式成为经济高质量发展必不可少的组成元素。四要深化改革开放，深化改革开放是实现我国经济高质量发展的必由之路，改革是推动社会主义发展的动力，是破除阻碍发展的重要手段，是社会主义制度的自我完善、自我发展，我国经济高质量发展必须深化改革，打开国门，扩大对外开放力度，以融入世界发展。五要以人民为中心，“以人为本”是中国经济发展的根本出发点，是经济高质量发展的根本要求，经济高质量发展的最终目标就是为了满足人民对美好生活的需要，实现全体人民共同富裕。经济高质量发展推动“以人为核心”的广义资本服务体系、社会保障体系、教育医疗体系等，满足人民对美好生活的不断需求。与此同时，全面深化“放、管、服”改革，实现政府和市场的有机结合，使得二者各司其职、协同发展，相得益彰，从而使资源得到有效配置，进而实现经济的高质量发展。总之，经济高质量发展就是要实现生产要素投入少、资源配置效率高、资源环境成本低、经济社会效益好、产出成果共享多的可持续发展。

（2）基于微中宏观视角。微观层面的产品与服务质量提升、中观层面的产业与区域发展质量提升、宏观层面的国民经济整体与生产力质量提升是经济高质量发展三个层面的发展状态。高质量的产品与服务是经济高质量发展的内在要求，精益求精、不断提高产品与服务质量是世界工业化进程的规律和趋势。产品和服务质量是经济高质量发展的本源性质量组成成分，新时代经济高质量发展最基本的要求就是不断向消费者提供高质量的产品和服务。现代化产业体系是现代化经济体系的核心内容，建设现代化产业体系，应以提高产业与区域发展质量为方向，重点从调整产业结构、促进产业转型升级和发展战略性新兴产业着手，推动产业价值链向中高端迈进，加快发展先进制造业，推动互联网、大数据、人工智能同实体经济深度融合。经济高质量发展不仅是指某一种产品或服务标准符合国际先进水平，而且是整个国民经济与生产力体系都要有活力、有效益与有质量。目前全球生产力发生着巨大的变革，在新技术革命和新产业革命背景下新生产力要素中的信息技术成为当前世界经济发展中促进经济发展的主要生产力力量。

基于此，本书认为经济高质量发展应注重强调：一要速度与质量并举发展；二要追求产业结构优化发展，切勿片面"唯高端"发展；三要"实虚共进""以实为重"发展；四要进行高层次"打开国门"发展。总结下来，本专著在现有研究的基础上给出经济高质量发展的概念定义：经济高质量发展是我国经济发展的升级版本，是以创新成为第一动力、协调成为内生特点、绿色成为普遍形态、开放成为必由之路、共享成为最终目标这五大发展理念为指导，以质量变革、效率变革、动力变革为着力点，是集经济效益、生态效益和社会效益三者协调的发展模式，最终体现在经济结构转型升级、经济增长效率提高和经济增长动力转换的经济发展状态。

3.2 我国科技资源配置概况分析

3.2.1 我国科技资源配置现状

随着我国科技资源投入的持续增长，科技资源配置的不断优化，我国自主创新、建设创新型国家发展战略不断落实。在此，从我国科技资源的配置机制演变、科技财力、人力等资源的投入配置以及我国科技成果的产出与转化的角度来展开分析我国科技资源配置的现状。

3.2.1.1 我国科技资源配置机制演变

我国科技资源配置机制历经建国初期的计划体制，到1985年的科技体制改革以及21世纪以后的新型创新体系建设，再到深化科技体制改革，我国科技资源逐步由政府统一调配向市场化配置演进。本小节将详细梳理我国科技资源配置机制演变过程，为深度探讨“互联网+”背景下科技资源配置机制，为进一步改善科技资源错配实现经济高质量发展做准备。

(1) 我国科技资源配置机制的变革。

我国科技资源配置逐步由政府计划向市场配置方向转变。原先科技资源由政府根据国家需要进行统一支配、严格把控，政府是科技资源配置的唯一主体，科研机构依据国家的发展规划和科研需要向政府部门申请研究经费。而这样一种科技资源配置模式符合当时我国经济高速发展的需求，但与当下科技创新发展的需求形成落差。在“互联网+”发展背景下，科技资源完全按计划划拨的弊端暴露无遗，科技资源无法按照市场所需流向各个部门，各个研发主体之间科技资源配置不均衡，致使产生严重的科技资源错配情况，进而造成科技产出损失，损害经济发展质量。

而针对这一现状，我国实施科技体制改革，将科技资源配置的自主权下放至各个科研机构，科研机构获得了一定程度上科技资源（包括人力、物力、财力等资源）的分配权力，国务院等相关机构也顺应国家市场经济的发展趋势，逐步简政放权并鼓励产学研用的深度合作，鼓励企业提高自主创新能力，强化科技体制向市场调节方向转变。随着我国科技体制改革的不断深入，市场在科技资源配置中的决定性作用不断加强，我国科技资源按照市场所需，逐步打破科技资源自由流动的壁垒，实现科技资源依据帕累托法则向创新效率更高的部门流动的转变。

(2) 我国科技资源配置的影响因素。

作为一个长期处于发展中的国家，政府干预（税收、补贴等政策性措施）、地区分割（地方保护主义）、垄断是造成我国科技资源错配的主要因素，政府“有形之手”和市场“无形之手”都对科技资源配置起着不可忽视的影响作用。基于此，本专著将我国科技资源错配的影响因素分为两类，一类是政府因素，由于产业政策导向、异质性的税收待遇等形成的科技资源错配。另一类是市场因素，由于信息摩擦、交易成本差异产生的信息优势而形成的资源配置扭曲问题。

从不同的研发主体角度看，政府财政手段的实施会产生不同的政策效果。从企业角度看，政府通过政策性引导，设置异质性的税收和补贴对不同行业以及行业内不同性质企业进行选择，导致不同企业得到偏向性的扶持。相对而言，对国有企业的偏向性政策选择使得国有企业科技资源使用成本拥有相对优势，进而形成了科技资源的扭曲性配置。从科研机构角度看，政府无法及时获悉科研机构的创新产品研发情况，信息不对称使得创新效率低的科研机构获得较多的科技资源从而造成了科技资源配置扭曲。从高校的角度看，政府偏向有边际科技产出的高校使得科技资源呈现出集中化的发展趋势，科技资源在不同高校的非均衡配置也是科技资源错配的重要成因。

科技生产活动具有准公共物品的属性，而这一属性使得市场化导向的资源配置机制受到抑制。信息不对称、信息传递效率低等市场固有性质，使得具有信息优势的企业可以形成资源垄断和资源流动壁垒，市场无法按照帕累托法则实现最优化配置。可以预见，科技资源，特别是科技财力资源因为不完善的市场机制无法流向那些科技资源利用效率高的企业部门，而相对而言，那些更加需要科研资金的小微初创企业，他们有着更高的创新活力和动机却难以获得相匹配的科技资源，这是科技资源配置扭曲的重要因素。除此之外，一些其他因素如贸易摩擦，也是科技资源错配的重要成因。近年来，贸易保护主义抬头、地缘政治形势以及国际关系日渐复杂，有些技术先进的国家选择对技术落后国实施技术封锁，抑制了创新溢出效应的产生，使得科技资源不能遵循市场导向正常流动。科技资源的投入是维持企业竞争力的重要组成元素，企业加大科技资源投入不可或缺。异质性企业对外资的吸引力和企业自身盈利能力差异，导致了科技资源偏向性流动形成科技资源错配。

3.2.1.2 我国科技资源配置特征事实

(1) 科技财力资源配置现状。

随着我国综合国力的不断增强，科教兴国、建设创新型国家等战略的逐步落实，我国科技财力资源的投入呈现出逐年稳步递增的趋势。科技财力是科技进步的保障，是使科学技术加快向现实生产力转化，为经济社会发展提供强大支撑的基础。在此，主要利用 R&D 经费支出来反映科技财力资源的投入，根据数据的获得性，能动地选择 1999 ~ 2018 年的相关数据。

近 20 年来（1999 ~ 2018 年），我国科技财力资源保持着年均 20.08% 的增长速度，剔除价格指数等因素的干扰，我国也有 17.52% 的年均增长速度。如图 3 – 3 所示，1999 年我国 R&D 经费支出 678.91 亿元，到 2018 年我国经费投入 19678 亿元，居全球第二位，同时我国 R&D 强度从 1999 年的 0.75% 增长到 2018 年的 2.14%，增长较为明显。

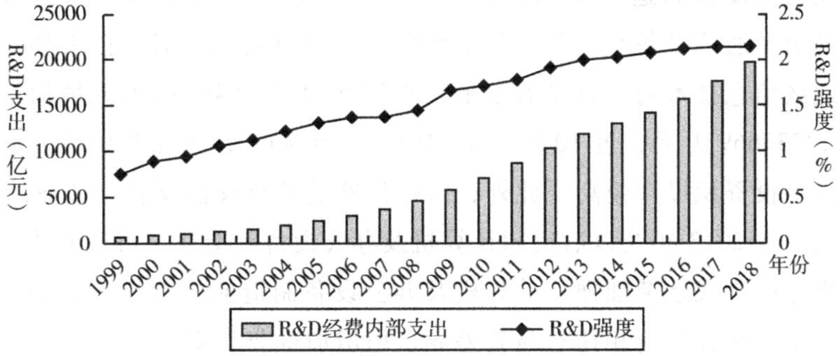

图 3 – 3　我国科技财力资源投入情况①

科技财力资源在各个区域分布是有差别的，如图 3 – 4 所示，尽管我国科技财力资源投入呈现稳步增长趋势，但在这个过程中显现出科技财力资源配置不均衡的特征，可以观察到，2018 年，东部地区 R&D 经费内部支出 13189.92 亿元，而我国中、西、东北部地区仅有 3287.27 亿元、2490.64 亿元、710.1 亿元，四大区域科技财力资源排序为，东部 > 中部 > 西部 > 东北部，我国东部地区科技财力资源投入远远大于其他三个地区的投入。

① 数据来源：EPS 数据平台〈中国科技数据库［年度（全国）］– 研究与试验发展（R&D）经费内部支出、R&D 经费与国内生产总值之比原数据，及其折算所得数据〉，考虑到数据的可获得性，主要选择 1999 ~ 2018 年的数据。

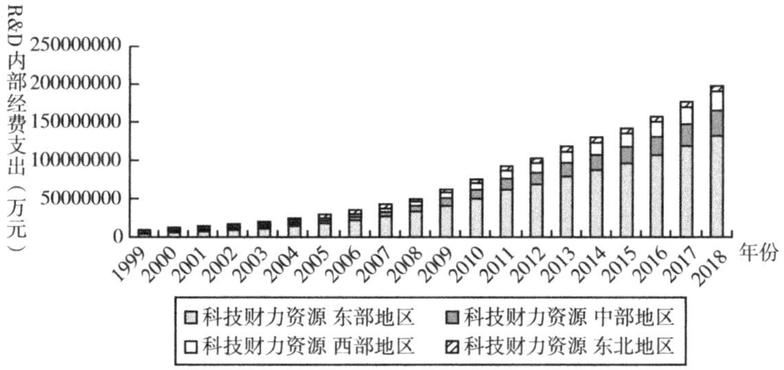

图3-4　各地区科技财力资源分布情况①

高科技产业群是科技财力资源投向最为密集的产业，如图3-5所示，电子及通信设备制造业是四大高科技产业中科技财力资源投入最多的产业，电子及通信设备是互联网基础设施发展的重要贡献者，能够体现一国或一地区信息技术的综合发展水平，从2009年的4548486万元增加到2018年的22733669万元，近10年的平均增速达到40%，可见我国在互联网基础建设上投资积极性极高。此外，医疗仪器设备及仪器仪表制造业的R&D经费支出在2013年及以后反超计算机及办公设备制造业，可以看出我国对医疗事业的重视逐渐加强。计算机及办公设备制造业虽然科技财力投入与其他三个高科技行业相比有显著差异，但增加也非常明显。

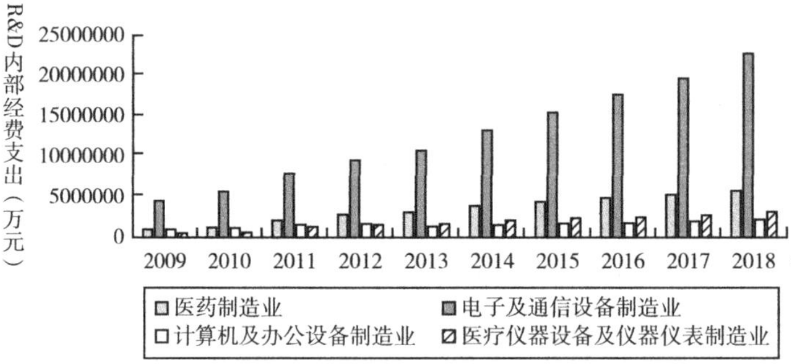

图3-5　我国高科技产业科技财力资源分布情况②

① 数据来源：EPS数据平台〈中国科技数据库[年度(分地区)]-研究与试验发展（R&D）经费内部支出原数据〉，考虑到数据的可获得性，主要选择1999~2018年的数据。

② 数据来源：国家统计局〈2010~2019年《中国统计年鉴》-科学技术原数据，及其折算所得数据〉，考虑到数据的可获得性及有效性，主要选择2009~2018年的数据。

装备制造业是国之重器，是我国实体经济的重要组成部分，中车集团作为全球规模最大、品种最全、技术领先的交通装备供应商，不断推出新技术、新产品，来推动创新发展。如图3-6所示，中车集团2012年研发投入30.7亿元，2019年研发投入达122.65亿元，中车研发投入保持着年均37.44%的增长速度，但其研发资金投入强度不高，在2019年也仅有营业收入的5.36%。

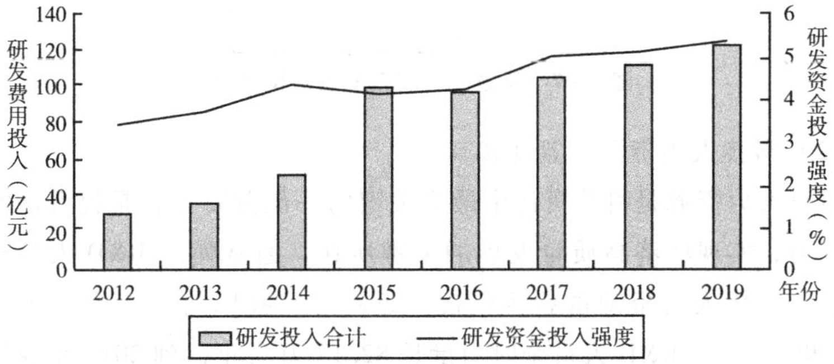

图3-6 中国中车集团研发费用投入情况①

依据资金用途，科研经费按照其目的、任务和方法的不同可分为基础研究、应用研究和试验发展三类，科技财力资源也按此分类方法在各个部门之间划拨。

由图3-7可知，我国实验发展研究经费支出占总投入的比重常年在50%以上，占比相对过高，而与之相对的基础研究经费支出和应用研究经费支出占总投入的比重过小，其中应用研究经费支出甚至呈现出逐年下降的趋势，这说明我国科技成果转化能力较弱，尽管近些年我国在基础研究的投入比例有所增长，但较多的科技资金未能实现科技成果的转化和落地，更多停留在了实验开发环节。实验发展和应用研究呈现的剪刀差发展趋势，反映出市场导向的科技财力资源需求未能得到充分落实，针对性需求的应用研究未能得到足够的重视。因此，我国必须牢牢把握住“互联网+”背景下科技资源配置的需求特点，积极改善科技财力资源配置情况，依托互联网平台的信息配置优势，进一步加强科技资源的合理分配，保障科研成果的有效转化，最大限度地发挥科技财力资源效能。

① 数据来源：中国中车集团官网〈2012~2019年《年度报告》原数据，及其折算所得数据〉，针对数据的可获得性，选择了2012~2019年的数据。

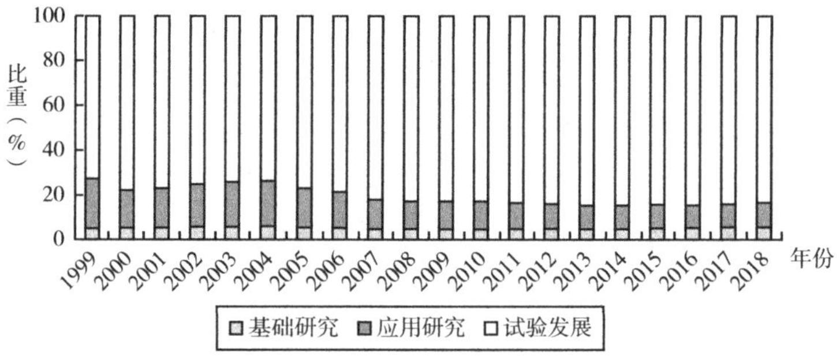

图3-7 科技财力资源配置结构情况①

（2）科技人力资源配置现状。

科技人力资源是科技资源中最为关键的一部分要素，是提升国家自主创新能力，实现经济高质量发展的关键所在。通常使用R&D人员全时当量来表示科技人力资源的投入情况。近些年，我国科技人力资源持续增长，1999年我国R&D人员全时当量是82.17万人年，到2018年我国科技人力投入增长到了438.1444万人年，20年来平均增速达21.66%，愈发重视科技人力资源的投入。

我国科技人力资源主要分布在企业、科研机构以及高等院校中，以企业为载体承载了较多的科技人力资源，企业研究人员占总研究人员的比重逐年稳步增长，且近几年呈现出稳定的发展趋势。而科研机构和高校的研究人员占总研究人员的比重则呈现出逐年下降的态势。如图3-8所示，2018年我国R&D人员全时当量中，有78%分布在企业中，规模以上工业企业R&D人员全时当量达298.1234万人年，科研机构与高等院校占比相同大约为11%，企业科研人员占比相对最多，印证了如今企业越来越重视科技创新。

由图3-9可知，我国各区域科技人力资源呈现出稳步递增的特征，截至2018年，我国R&D人员全时当量已超过400万人年，约为1999年5倍多。但近些年来东部地区的科技人力资源增长显现出放缓的趋势，中西部地区的科技人力资源则呈现出较为强劲的增长态势，但总体数量上差距仍是十

① 数据来源：EPS数据平台〈中国科技数据库［年度（全国）］-基础研究R&D经费内部支出、应用类型R&D经费内部支出及试验发展R&D经费内部支出原数据，及其折算所得数据〉，考虑到数据的可获得性，主要选择1999~2018年的数据。

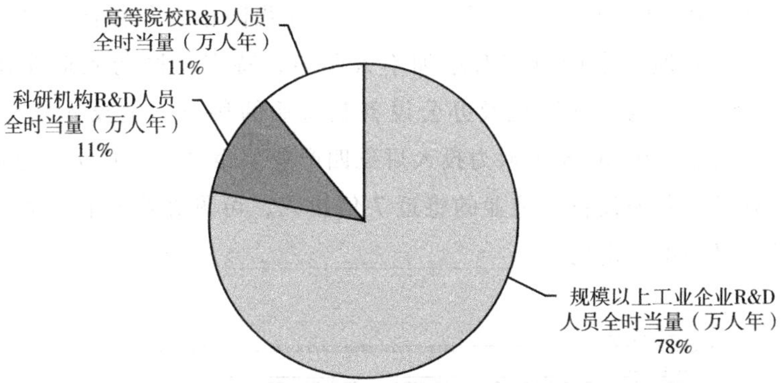

图3-8　2018年我国科技人力资源在各组织主体中分布情况①

分显著的，东部地区人力资源丰富将达300万人年，约占总体的3/4，东北部地区最少不到20万人年，各区域科技人力资源分布呈现出不均衡分布的情况。

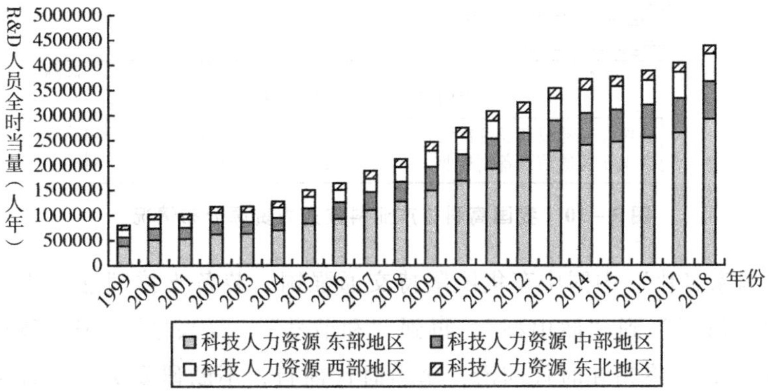

图3-9　各区域科技人力资源分布情况②

高科技产业群中科技人力资源投入相对而言比较高，如图3-10所示，电子及通信设备制造业在科技人力资源上仍是四大高科技产业中投入最多的产业，从2009年的203765人年增加到2018年416806人年，近10年的

① 数据来源：EPS数据平台〈中国科技数据库［年度(全国)］-规模以上工业企业［R&D人员全时当量］、研究与开发机构［R&D人员全时当量］、高等学校科技活动［R&D人员全时当量］原数据，及其折算所得数据〉。

② 数据来源：EPS数据平台〈中国科技数据库［年度(分地区)］-研究与试验发展（R&D）人员全时当量原数据，及其折算所得数据〉，考虑到数据的可获得性，主要选择1999~2018年的数据。

平均增速达到10.46%，增速明显，再次印证我国正在积极部署"网络强国"战略。其他三个产业相对增加不太明显，特别是医药制造业在2014年后是逐渐下降的，计算机及办公设备制造业的科技人员投入稍有波动，且增长不明显。由2018年财力投入可见四产业差距显著，特别是电信制造业是计算机及办公设备制造业的将近7倍投入，可见在高科技产业中人力资源投入仍是不均衡的。

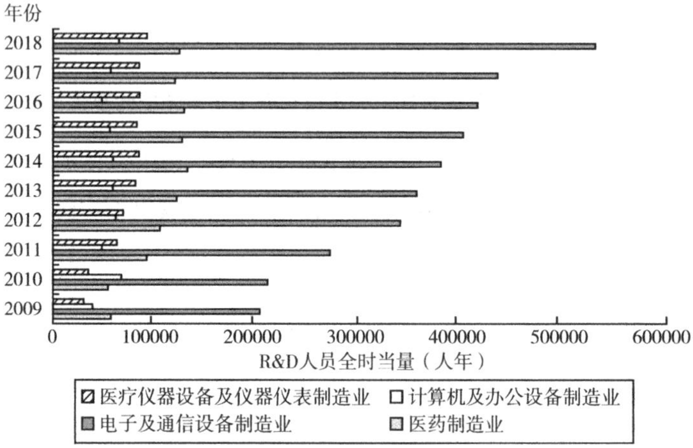

图3-10 我国高科技产业科技人力资源分布情况①

"国家名片"中国中车集团坚持交通强国、装备支撑理念，从"解放型""东风型"到"韶山型"，再到"和谐号""复兴号"，努力践行创新发展战略，始终站在时代前沿，牵引时代前行，不断研发突破新技术，为世界源源不断创造新产品。中车集团能够引领时代得益于其有着较为完善的研发团队，集团内部研发团队近几年维持在35000人左右，其中，2019年研发人数达34842人，占公司总人数的21.03%，中车集团科研人员投入强度很大，为中国形象做最好的"国家名片"而努力奋斗②。

我国1999~2018年基础研究、应用研究和试验发展研究的人员配置情况如图3-11所示，可以观察，我国在试验发展研究层面配置的人员数量

① 数据来源：国家统计局〈2010~2019年《中国统计年鉴》-科学技术原数据，及其折算所得数据〉，考虑到数据的可获得性及有效性，主要选择2009~2018年的数据。

② 数据来源：中国中车集团官网〈2012~2019年《年度报告》原数据，及其折算所得数据〉，针对数据的可获得性，选择了2012~2019年的数据。

最多，其次是应用研究人员，而从事于基础研究的人才相对而言很少，比如2018年我国在试验发展、应用研究以及基础研究上的R&D人员全时当量分别是353.772万人年、53.8817万人年、30.4989万人年，试验发展、应用研究人力资源投入分别是基础研究的11.6倍、1.8倍，我国在基础研究的人力投入上非常少，因此需要适当调整我国的人力资源分配，增加基础研究的人员，这也是我国基础研究薄弱需要大力推进的原因。此外，通过这20年来的科技人力投入发现，试验研究的增长趋势十分明显，基础研究的趋势也较易观察，相对而言应用研究的人员配置增长较小，这也与我国科技研究过程相关，同时也反映了我国科技研究效率不高，科技研究过多停留在试验发展阶段，真正到达应用层面的研究不多约为7.5%。

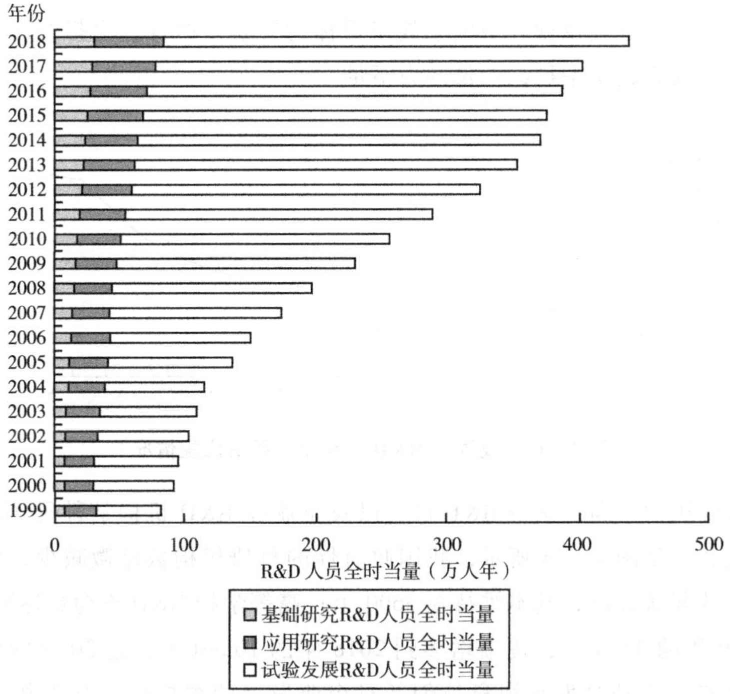

图3-11　科技人力资源配置结构情况①

① 数据来源：EPS数据平台〈中国科技数据库［年度（全国）］-基础研究R&D人员全时当量、应用类型R&D人员全时当量及试验发展R&D人员全时当量原数据，及其折算所得数据〉，考虑到数据的可获得性，主要选择1999~2018年的数据。

(3)科技组织资源配置现状。

科技组织资源主要包括各类科研机构、企业研究机构、高等学校及其研究机构等。科技创新主要是在科研机构、高校、企业中进行，科研机构、高等院校是国家创新体系的重要组成部分，是科技成果的重要供给者，如今，企业也意识到科技创新对企业自身发展的重要性，纷纷在企业发展战略指导下建立各自领域的研究机构。

企业越发重视科技创新，出现越来越多的企业去建立自己的科研机构，主动开发所属领域的新产品、新技术、新服务。如图3－12所示，1999～2008年，我国有R&D活动的企业比重呈现一个下降的趋势，比重基本在10%以下；2009～2017年，有R&D活动的企业比重上升趋势基本呈线性，年平均增长速度达24.8%，增长速度很快，这很可能是由于我国科教兴国，推进建设创新型国家战略目标的影响。此外，由折线图可以看出该比重逐渐趋于平稳，增量潜力不足。

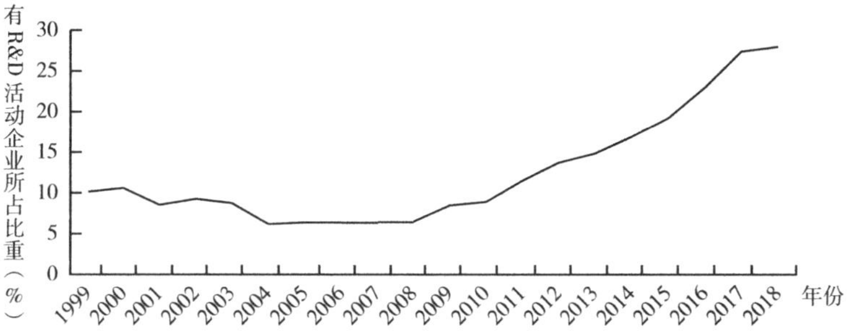

图3－12　我国有R&D活动企业所占比重情况①

科研机构、高等学校R&D机构以及企业办R&D机构是科研活动的主要承担者，如图3－13所示，我国政府性的科研机构数略微减少，没有特别明显的起伏波动，基本维持在3600个；高等学校R&D机构数逐渐增多，由1999年的3124个，逐渐增多到2018年的16280个，近20年的平均增速达21%；企业越发重视科技创新对企业发展的重要性，企业办的R&D机构数由1999年的15200个，快速增加到2018年的833115个，近20年

① 数据来源：EPS数据平台〈中国科技数据库［年度（全国）］－规模以上工业企业［有R&D活动企业所占比重］原数据，及其折算所得数据〉，考虑到数据的可获得性，主要选择1999～2018年的数据。

的平均增速达到269%，增长非常迅速，企业在推动我国科技创新中占据重要地位。

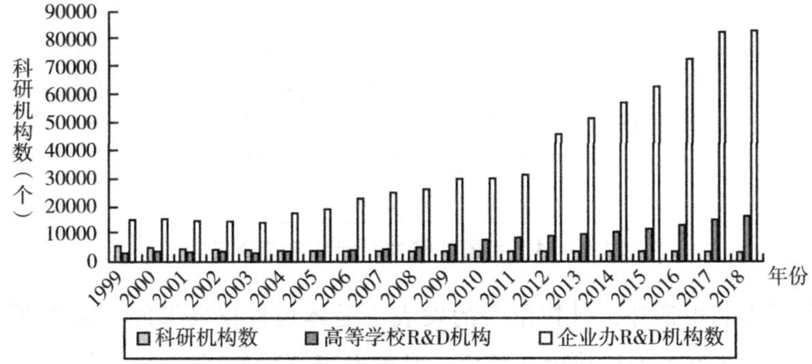

图 3-13 我国各类科研机构数情况①

3.2.1.3 科技成果及其转化现状

(1) 科技产出及成果现状。

随着我国经济的不断扩张，科技资源投入不断加大，如今我国研发投入总规模已经达到了世界第二的水平，在投入规模不断增长的情况下，经过科学研发与技术开发所产生的具有使用价值的科技成果产出不断上升。近20年来，随着我国对科技活动的重视，对加快创建创新型国家的迫切需求，我国的科技成果数据增加明显。

专利申请是体现科技成果状况的一个较为合适的指标，如图3-14所示，国内、外三种专利申请受理数和申请授权数从总体上来看均呈上升趋势，1999~2018年，我国的专利申请受理数增长速度明显，近20年间平均增长速度达156%；专利申请授权数增长也比较显著，但平均增长速度相比专利申请受理数稍慢达117%；可以观察到受理的专利并没有全部被授权，并且受理数与授权数之间的差距也越来越大，最初专利授权占比达74.6%，到2018年授权占比仅有56.6%，专利授权率呈现一个下滑趋势。

① 数据来源：EPS数据平台〈中国科技数据库［年度（全国）］-研究与开发机构［机构数］、高等学校科技活动［高等学校R&D机构］、规模以上工业企业［企业办R&D机构］原数据，及其折算所得数据〉，考虑到数据的可获得性，主要选择1999~2018年的数据。

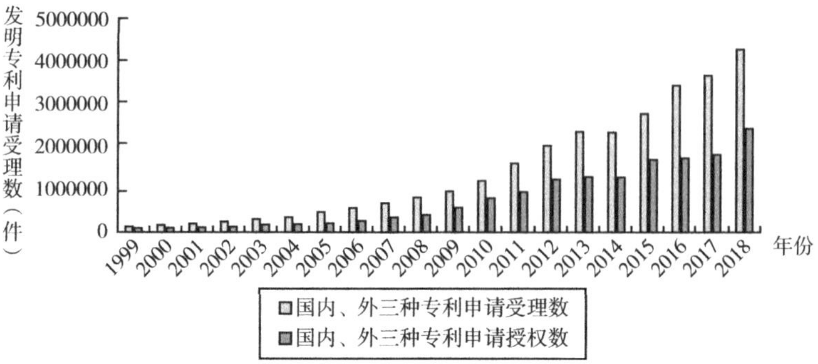

图3-14 我国科技发明专利申请情况[①]

除了专利申请外，科技论文的发表也是体现科技成果的一项重要指标，根据最近5年发表的科技论文篇数，发现发表篇数呈现一个上升的趋势但是每年增加幅度不大，2014年共发表157万篇科技论文，2018年时达到184万篇，近5年平均增长速度约为3.4%[②]，增幅较小。另一种科技产出出版社科技著作，在近五年著作数量也呈现一个上升的趋势但同样增幅不大。

科技成果登记数目是最为直观地体现我国科技产出情况的指标，如图3-15所示，近些年，我国科技成果数目总体上呈上升的趋势，1999~2008年，我国科技成果数目平均每年有31741项成果，平均增速约为1.58%。2009~2018年，我国科技成果数目平均每年有52192项，平均每年增速约为6.99%，可以发现，近10年来我国科技成果增长较快，大力建设创新型国家略有成效。

（2）科技成果转化现状。

科技成果的产出仅代表在科研工作者眼中得到了完成，它离实际应用、离对经济做出实质性贡献还有一段距离，就需要科技成果转化为现实生产力，完成科技创新的"最后一公里"，真正解决科技与经济的"两张皮"问题，实现创新驱动发展的目标。近年来，我国科技资源投入持续增加，企业创新能力不断提高，我国的科技成果转化能力日益增强。

---

① 数据来源：EPS数据平台〈中国科技数据库［年度（全国）］-科技活动成果［国内、外三种专利申请受理数、国内外、三种专利申请授权数］原数据，及其折算所得数据〉，考虑到数据的可获得性，主要选择1999~2018年的数据。

② 数据资料：EPS数据平台〈中国科技数据库［年度（全国）］-科技活动成果［中文科技期刊刊登的科技论文篇数］原数据，及其折算所得数据〉。

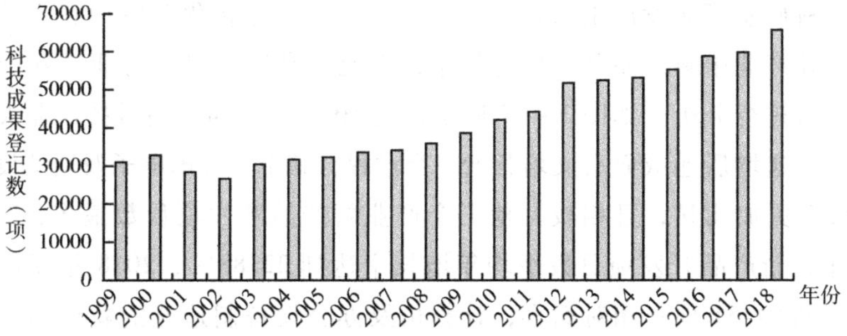

图 3-15 我国科技成果登记数情况①

技术市场交易情况能够作为衡量科技成果转移转化能力的指标，如图 3-16 所示，我国技术市场成交合同数在 1999～2009 年呈现一个起伏波动状态，技术成交数目不稳定，在 2009 年以后技术市场成交合同数经历了一个平稳增长到迅速增长的过程，平均每年增长率达 9.27%，最高增长率达 12.07%；技术市场成交合同金额持续增长且其增长速度越来越快，近 20 年来，其年平均增长速度达到 164%，增长非常明显。一般来说，技术交易更多存在于电子信息、先进制造等高科技领域。

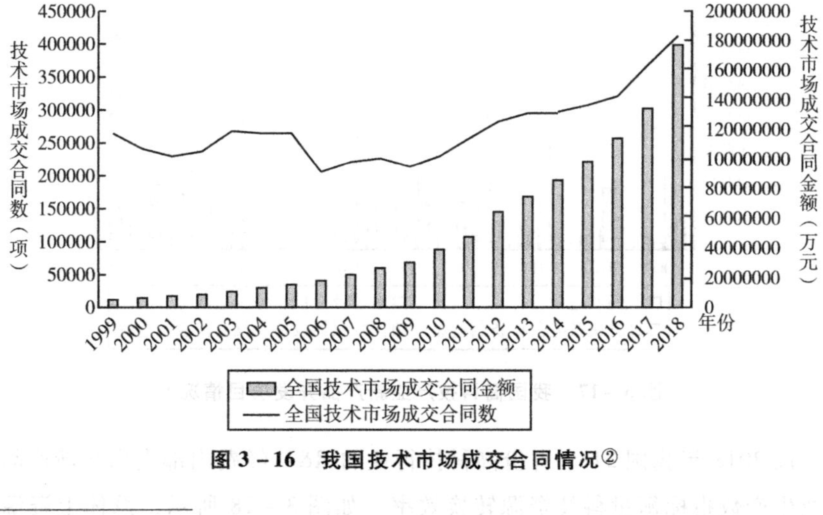

图 3-16 我国技术市场成交合同情况②

① 数据来源：EPS 数据平台〈中国科技数据库［年度（全国）］-科技活动成果［重大科技成果合计］原数据，及其折算所得数据〉，考虑到数据的可获得性，主要选择 1999～2018 年的数据。

② 数据来源：EPS 数据平台〈中国科技数据库［年度（全国）］-科技活动成果［按技术合同成交分全国技术市场成交合同数、按技术合同构成分全国技术市场成交合同金额］原数据，及其折算所得数据〉，考虑到数据的可获得性，主要选择 1999～2018 年的数据。

将科研院所研发出来新技术、新设计等在企业转化开发为新产品，我国高科技产业中新产品开发较为集中，在此，利用高科技行业的新产品开发项目数进行分析。如图 3－17 所示，近 10 年来，四个高科技产业大致都经历着先递增后递减而后又增长的一个过程，其中，我国电子及通信设备制造业波动更加明显，且相较其他三个产业新产品开发项目数最多，2015～2018 年，新产品开发项目数平均年增长率达到 22.88%，2018 年新产品开发数达到 64451 项；相对而言，计算机及办公设备制造业的新产品开发数最少，目前仍没有突破 1 万项大关，这与其科技财力、人力等资源投入呈正相关关系。此外，结合四个高科技产业的科技财力、人力资源投入，医药制造业的近 10 年来的平均边际资本、劳动投入分别为 154.27、5.24，电子及通信设备制造业平均边际投入分别是 313.1、9.24，同样地，计算机及办公设备制造业的边际投入分别为 329.13、11.8，医疗仪器设备及仪器仪表制造业的边际投入分别是 131.23、5.53，可以发现，医药制造业与医疗仪器设备及仪器仪表制造业的边际投入相近，电子及通信设备制造业与计算机及办公设备制造业的边际投入相近。

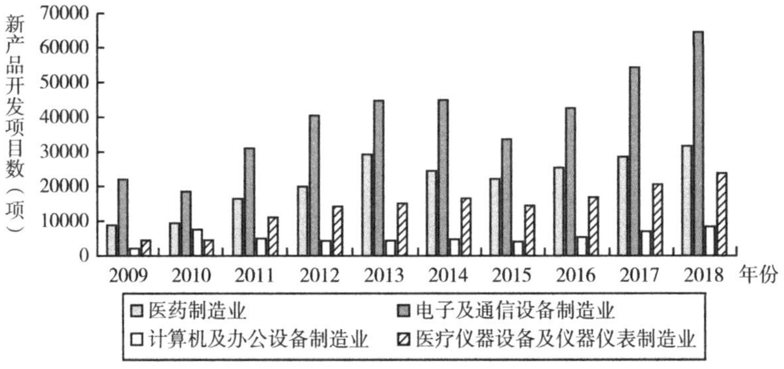

图 3－17　我国高科技产业新产品开发项目情况①

以 2018 年我国 31 个省份高科技行业的 R&D 经费内部支出与新产品开发及生产数指标衡量科技资源转换效率。如图 3－18 所示，总体上资源投入与新产品开发项目数成正比，经济水平高的东部地区高科技行业资源投

① 数据来源：国家统计局〈2010～2019 年《中国统计年鉴》－科学技术数据，及其折算所得数据〉，考虑到数据的可获得性及有效性，主要选择 2009～2018 年的数据。

入较多，相应的新产品开发项目数也高，特别是广东省高科技行业 R&D 经费投入在全国范围内遥遥领先，是排名第 2 的江苏的 2 倍之多，相应地，其高科技行业新产品开发及生产数也远高于其他省份，达到 38526 项。值得注意的是长三角地区各省两指标均居全国前列，特别是浙江省，新产品开发及生产数与 R&D 经费支出的比例比其他省份都要高，表明资源转换效率较高；而福建、湖北、陕西等省份由折线图可知，折线明显高于数柱，表明科技资源转换效率低于一般情况。此外，西部、东部地区在资源投入较小的情况下，科技成果也较少。

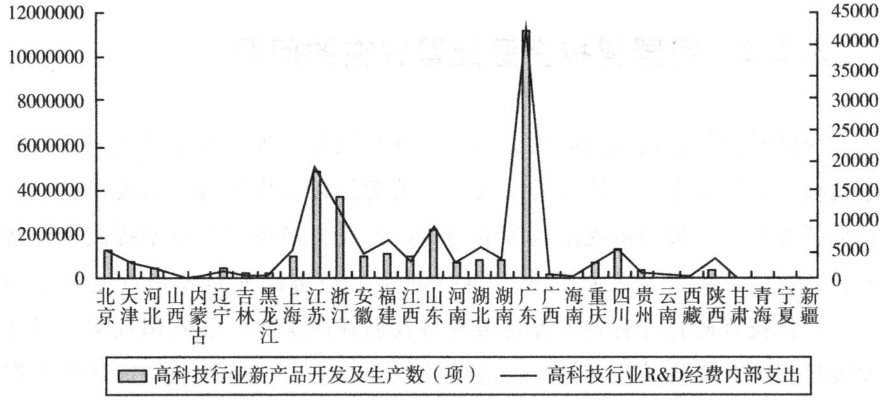

图 3-18　我国 31 个省份高技术行业科技资源转换情况

“互联网+”背景下，科技资源的投入与配置，提高了我国的科技创新能力，对我国经济社会发展产生了重要影响，而科技进步贡献率衡量了科技进步与创新对我国经济增长的贡献份额，在此，利用科技贡献率来反映我国科技成果转化为现实生产力对我国经济产生的影响。如图 3-19 所示，2003～2019 年我国科技进步贡献率几乎随时间呈现线性增长形式，增长幅度平稳，2003 年时我国科技创新能力较弱，科技进步对经济增长的贡献率仅 39.7%，2006 年我国提出自主创新、建设创新型国家战略，该年科技进步贡献率为 44.3%。此后，我国在科技发展规划下，加大科技资源投入，推进国家创新体系建设，逐渐落实科教兴国、建设创新型国家战略，2019 年我国科技进步贡献率达到 59.5%，即将突破 60% 大关，使得更多的经济发展动力依靠科技创新，为我国实现科技创新“三步走”战略奠定基础。

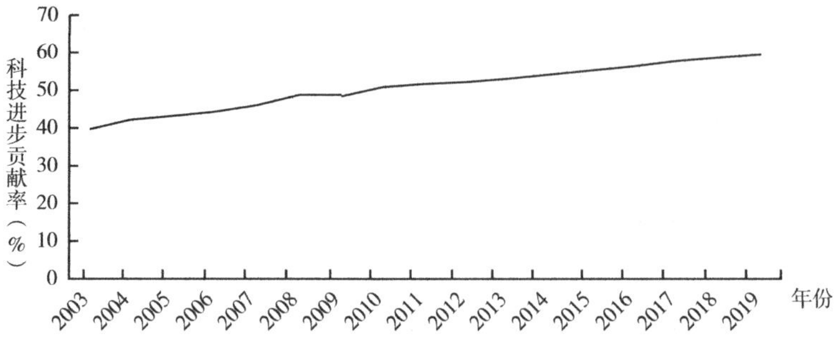

图3-19　我国科技进步贡献率情况①

3.2.2　我国科技资源配置存在的问题

我国经济发展进入新时代，推动经济高质量发展，是保持经济持续健康发展的必然要求。经济高质量发展的关键是以新发展理念为要求，以科技创新为核心，最终体现出经济结构转换升级、经济增长效率提高和经济增长动力转换的经济发展状态。科技创新是经济高质量发展的主要驱动力，而科技资源合理有效配置是实现科技创新的关键。在我国现实的经济发展过程中，经济结构升级、经济增长效率提高、经济增长动能转换都有所优化，但在"互联网+"背景下，这三大变革的真实潜力却没得到应有的发挥，在此，结合我国科技资源投入及配置现状，从科技资源配置角度探究影响三大变革效率发挥的因素，发现我国科技资源配置主要存在科技资源配置失衡、科技成果转化低效、科技资源焕发经济动力不足这三大问题。

3.2.2.1　科技资源配置失衡

我国科技资源配置不合理，科技人才结构性不足，区域科技资源分布不均，使得我国产业结构调整缓慢，人才结构不合理，区域发展结构不均衡，最终制约了我国经济结构的优化升级。

---

①　数据来源：2002~2018年数据来自EPS数据平台〈中国科技数据库［年度（全国）］－最近五年内科技进步贡献率原数据，及其折算所得数据〉，2019年数据来自网址：https://m.huanyakeji.com/news/show-86324.html?from=singlemessage。

(1) 科技资源配置不合理。

科技资源合理化配置对经济结构的优化升级有重要作用，近年来，我国产业结构调整不断，但由于我国科技资源的错配，产业结构调整缓慢。主要原因表现在，一是目前我国还未形成以企业为主的创新体系，2019年在中国企业500强中，平均研发强度也仅为1.6%，投入强度偏低①，科技资源更多由政府掌控支配，且在科技项目监管等微观管理上介入过多过细，影响了市场的自主决策从而无法实现市场化配置来调节供给和需求双方的资源分布。二是科技资源投入分散，资源分配有待改善，目前来看，我国中低端技术产业重复研发建设，高端、顶尖、关键基础新技术与新产品供给不足，甚至有一部分还不能突破。此外，企业规模“马太效应”愈发显著，科技资源更多地流向具有一定规模的大型企业，而忽略了一般性中小型企业的创新发展，使得各产业内未实现协调发展。三是由于我国有一些关键、核心技术或材料始终无法突破，需求结构受到制约，而缺乏社会需求产业无法快速转型升级，就造成需求结构对产业结构的影响非常缓慢，产业的高级化程度达不到。

(2) 科技人才结构性失衡。

我国科技人才资源雄厚，资源总量持续增长，主要分布在科研机构、高等院校和企业中，但人才结构不合理，分布不均衡等问题我国仍然存在。我国科技人才结构不协调主要体现在以下几个方面，一是人才供需结构失衡。我国当前高校培养的人才质量难以匹配产业端的用人需求，没有实现有效对接。首先是现阶段我国高校普遍存在师资匮乏、课程不完善、知识资源滞后等，使得高校人才培养难以快速匹配产业科技发展需求；其次，高科技产业有很高的人才准入门槛，对人才的能力有较高的要求，高校应届生很难匹配企业用人需求，而培养人才费用很高，企业缺乏人力、财力和动力去主动培养人才，造成人才供给与需求不匹配。二是不同层次人才结构的失衡。我国高层次科技人才匮乏，新兴产业科技人才比重小，顶尖、基础研究和创新应用人才不足，比如我国R&D研究人员即具备中级以上职称或博士学位的人员在R&D人员中所占比例偏低，近几年维持在40%左右，高学历科技人才比例低。此外，科技人才流动不畅，很多科

① 数据来源：网址 https://m.huanyakeji.com/news/show-86324.html。

技人才不能到适合自身专业的岗位上去，使得科技人才质和量存在不均衡现象，科技人才效能优势无法充分发挥。

（3）区域科技资源分布不均。

我国科技财力、人力、组织等资源投入逐年稳步递增，但我国东部、中部、西部、东北部研发经费、科技人员、科技组织等分布极不均衡。首先，从科技组织主体上来看，我国规模以上企业主要集中在东部地区，带动了经济发展，东部地区经济发达又带动了更多的科研机构、高校、企业开展科技活动，相反其他地区与东部地区相比科技组织力量薄弱；其次，从科技财力资源投入来讲，我国东部地区科技财力投入充足，2018年东部地区R&D经费总支出达14256.98亿元，分别是中部、西部、东北部地区R&D投入经费的4、5、19倍①，很明显，东部地区经济发达，大中型企业密集，资金投入很大，强度也比较高，相对而言，中、西、东北部地区企业分散资金投入小强度低。此外，在科技人力投入上，东部地区R&D人员全时当量达到2916695.6人年②，远远超过其他三个地区的人才投入，东部发达地区在薪酬福利以及自我价值实现上吸引了大量的高端技术人才，中部、西部、东北部地区吸引力不足导致人才匮乏。大量资源集中在东部发达地区，特别是北上广深地区，局部地区资源过于集中，严重制约了经济的发展，增加了资源优化配置难度。

3.2.2.2 科技成果转化低效

我国科技经费投入力度大但驱动力不足，科技人力资本含量低，质量供给不足，科技成果的供给者与需求者之间缺少"中间转移者"，对接困难，数据资源要素价值未得到充分开发，使得科技资源配置效率偏低，科技成果落地应用比例不足。

（1）科技财力驱动不足。

近年来，我国科技经费投入一直保持着较高水平且投入力度不断增大，目前，我国研发投入总规模已经达到世界第二水平。2019年，我国

① 数据来源：EPS数据平台〈中国科技数据库［年度（分地区）］–研究与试验发展（R&D）经费内部支出原数据〉。

② 数据来源：EPS数据平台〈中国科技数据库［年度（分地区）］–研究与试验发展（R&D）人员全时当量，及其折算所得数据〉。

R&D经费投入达到21737亿元，占GDP比重的2.19%，相比上年增长了10.5%[①]。在资金规模不断增长的情况下，我国科技资源配置能力在不断提升，2010年我国科技资源进步率突破50%，2019年达到了59.5%[②]，但与发达国家的70%的科技资源进步率仍有不小的差距，说明我国的科技财力效率不高，科技成果转化能力偏弱。此外，根据科研经费的用途类型资金分配可以发现，我国实验发展研究经费支出占总投入的比重常年在50%以上，占比相对过高，而与之相对的基础研究经费支出和应用研究经费支出占总投入的比重过小[③]，其中应用研究经费支出甚至呈现出逐年下降的趋势，可见我国的科技资金投入并未得到合理的分配，使得更多的资金停留在试验开发阶段，科技成果的转化和落地未得到充分落实。

（2）科技高质量人才供给不足。

科技人才是科技创新的核心，是推进国家科技事业发展的重要战略资源。我国科技人力资源规模居全球首位，但我国科技人员质量与发达国家还存在一定的差距。一是我国科技人员总量很高，2018年我国R&D人员全时当量达438.1万人年，位居全球第一，但我国每万名就业人员中R&D研究人员在超过10万人年的国家中排名倒数，不足发达国家在这一指标上的1/4，科技人员投入强度偏低。二是我国整体人才密度偏低，有效人才供给不足，在我国科技人力资源供给中，具备中级以上职称或博士学位的人员在R&D人员占比在40%左右，而其他发达国家保持在60%以上，特别是韩国该比例达到81.3%[④]。特别是对于引领科技创新和创业发展的人工智能产业，根据工信部人才中心发布的《人工智能产业人才发展报告(2019~2020)》显示，在北京、上海、广东、浙江、江苏、四川等经济发达地区人工智能不同技术岗位的人才供需均低于0.4，人才供需严重不足，特别是智能语音和计算机视觉岗位人才供需分别为0.08，0.09，人才极度稀缺[⑤]。

① 数据来源：网址 http：//www.eol.cn/news/yaowen/202002/t20200228_1714256.shtml？from = singlemessage。

② 数据来源：网址 https：//m.huanyakeji.com/news/show－86324.html。

③ 数据来源：EPS数据平台〈中国科技数据库［年度（全国）］－最近五年内科技进步贡献率原数据〉。

④ 数据来源：网址 https：//m.sohu.com/a/239702318_749128。

⑤ 数据来源：工信部人才中心发布的《人工智能产业人才发展报告（2019~2020）》。

(3) 科技组织主体无法高效对接。

目前，我国基本构建了以政府、企业、科研院所及高校四角相依的创新体系，高校和科研机构作为国家创新体系的重要组成部分，是科技成果的重要供给侧，企业作为创新体系的主体，既是科技成果的供给者，也是科技成果的需求者、转化者。科技成果的转化是实现从科学到技术、从技术到经济的一个过程，整个过程涉及多个主体部门，《国家科技成果转化2019年度报告》显示，2018年有3200家研发机构、高等院校转让、许可、作价投资转化科技成果，合同项数达11302项，其中有688（21.5%）家单位设立技术转移机构，但只有307家单位认为技术转移机构在成果转化中发挥重要作用①，很明显专业化的技术转移机构普及面不够，并且现有机构仍存在"规模小、服务少、能力弱"的现象。此外，也有很多科研机构并未将科技成果转化纳入科研考核评价体系中，并且把科技成果转化等同于国有资产处置，导致很多科研单位"重学术、轻转化，唯论文"，缺乏将科研转化为新技术、新产品的主动性和积极性，不能完全了解生产单位和部门的真实科技需求，理想设计与客观现实相互脱节、难以对接，企业"接不住、用不了"，科技成果多成为实验室阶段成果，不能走入市场"即时转化"，阻碍科技进步的步伐。

(4) 数字价值未充分发掘。

数据作为数字经济时代最为代表性的要素，贯穿于数字经济发展的全部流程，在经济运转中与其他生产要素不断迭代组合，焕发经济发展动力。但由于隐私计算等关键技术仍没有突破，数字资源共享壁垒很难突破。近年来，Facebook千万用户信息遭泄露，万豪集团客人信息被黑等数据泄露、"阿喀琉斯之踵"隐患频繁发生，使得数据流动过程中普遍存在"不愿、不敢、不能"共享问题，导致海量的数据散落在不同部门机构主体中，形成一个个相互独立、隔离的"数据烟囱"，各部门、机构主体仅掌握数据全集的一部分，使得数字价值无法充分发挥。目前，我国政府数据刚起步开放，截至2019年上半年，我国有82个地方政府推出数据开放平台②，但数据开放规模仅达到美国的11%左右，企业向政府数据资源开

① 数据来源：中华人民共和国科学技术部发布的《中国科技成果转化2019年度报告》。

② 数据来源：网址 https：//www. sohu. com/a/319639577_682144。

放的意愿更低，据统计企业类生产运营的数据来自政府的仅有7%左右[①]，并且数据垄断现象逐渐凸显，开始形成界限鲜明的“百度”“腾讯”“阿里”等数据阵营，而这造成了数据价值不能最大化发挥。

3.2.2.3 科技资源焕发经济动力不足

高端产业低端化，关键、核心技术无法重点突破，数字技术与实体经济深度融合困难，新业态培育道路崎岖，科技管理体制滞后，使技术、业态、模式创新动力不足，经济增长动能转换困难。

（1）关键核心技术突破困难。

我国在一些关键、核心领域技术上没有实现重点突破，导致创新驱动发展动力不足。我国正处于经济动能转换的攻关期，大力发展互联网、人工智能、数字经济等技术成为我国当前发展的重要工作任务。目前，我国的科技创新、技术进步取得了举世瞩目的成就，但仍然存在高端产业低端化，企业规模大整体实力不强的问题，究其原因主要是关键、核心技术的缺失，“心脏病”问题突出。我国核心基础零部件、关键基础材料以及产业技术基础等基础能力比较薄弱，近年来，我国核心、关键技术对外依存度达到一半，而发达国家仅为三成左右。此外，新产品的开发70%靠外来技术，重要零部件80%需要进口，一些关键性芯片甚至可达100%进口[②]，“缺芯少基”现象普遍，而引进这些核心部件和技术成本很高，2018年我国规模以上工业企业引进国外技术经费支出达465.3亿元，占据我国科技经费投入的2.4%[③]。目前甚至由于国际贸易壁垒、贸易保护主义抬头，有些核心技术和产品无法引进，导致许多科技成果不能应用生产，许多技术不具备系统配套条件，以至于现阶段在激烈的市场竞争中企业的竞争压力也没有转化为科技创新的动力。

（2）数字化转型升级困难。

我国数字经济快速发展，2019年，我国数字经济规模达35.8万亿元，占GDP比重36.2%，对GDP增长的贡献率高达67.7%，以其数字化、网

① 数据来源：于施洋等所作《我国构建数据新型要素市场体系面临的挑战于对策》。

② 数据来源：网址 https://finance.huanqiu.com/article/9CaKrnJSx4K。

③ 数据来源：国家统计局〈2010～2019年《中国统计年鉴》－科学技术数据，及其折算所得数据〉。

络化、智能化的作用成为经济发展的重要驱动力。数字产业化和产业数字化是数字经济发展的核心，但目前来看，我国产业数字化水平还处在起步阶段，与实体经济还未实现深度融合，工业、农业数字化转型仍面临较高的壁垒，"不会转""不能转""不敢转"的数字化升级问题仍然十分严峻。农业，其数字化转型力度很弱，2019年农业数字经济增加值占行业增加值的比重仅8.2%，同比2018年提升0.9个百分点，但农业数字化水平很低，数字技术与传统农业还未得到很好的融合；工业数字化转型相对农业数字化快速些，2019年工业数字经济增加值占行业增加值的19.5%①，虽然总体上比农业数字化水平高，但工业数字化转型需求更大，需要更快地实现与数字技术的融合，但目前数字化过程中存在的网络安全问题、"数据孤岛"问题、生态圈融入问题等，都制约着实体经济的数字化升级。

（3）科技管理体制不完善。

目前，国家科技管理工作中还存在诸多与现代科技发展系统性、整体性等要求相悖的地方，没有达到高效统筹的目标。首先是科技资源投入安排不合理，我国对基础研究以及应用研究的投入薄弱，没有达到应有的重视程度。2018年，我国对基础研究、应用研究以及试验发展R&D人员全时当量分别是30.5万人年、53.88万人年、353.77万人年②，试验发展人力投入远远大于基础研究和应用研究的投入；同样，对于财力资源的分配，2018年，我国对基础研究、应用研究以及试验发展的R&D投入经费占比分别是5.54%、11.13%、83.33%，试验发展投入强度非常大③。其次，我国科技成果转移转化薄弱，使很多研究成果无法转化落地，我国出台了不少的成果转化方案实施办法，但仍没能对我国科技转化工作做出准确有力的指导。2017年我国国家财政资助项目成果转化合同数有2709项，2018年有2492项，合同项目数未增反降落8%，科技成果转化效率偏低④，

① 数据来源：中国信通院发布的《中国数字经济发展白皮书（2020年）》。

② 数据来源：EPS数据平台〈中国科技数据库［年度（全国）］-基础研究R&D人员全时当量、应用类型R&D人员全时当量及试验发展R&D人员全时当量，及其折算所得数据〉。

③ 数据来源：EPS数据平台〈中国科技数据库［年度（全国）］-基础研究R&D经费内部支出、应用类型R&D经费内部支出及试验发展R&D经费内部支出，及其折算所得数据〉。

④ 数据来源：中华人民共和国科学技术部发布的《中国科技成果转化2018年度报告》《中国科技成果转化2019年度报告》，及其折算所得数据。

制约了我国科技对经济的促进作用。此外，在科技体制的进一步改革中，科技资源配置主体和客体的市场、竞争、风险等意识并未完全树立，科技管理部门执行力不够、分工和职责不明确，使得科技管理制度并没有对科技创新提供良好的环境。

3.3 “互联网+”背景下经济高质量发展对科技资源配置的新要求

3.3.1 “互联网+”背景下经济高质量发展对科技资源配置总体要求

当前，随着我国经济社会发展逐步由高速增长阶段向高质量发展阶段转变，经济发展的主要矛盾也开始逐步转换。人民日益增长的物质文化需要、对美好生活的需求和当前不平衡不充分的经济社会发展现状之间的矛盾，成为今后很长一段时间需要解决的重点。要处理好这一关键矛盾，就要求我们处理好供给与需求、投入与产出、政府与市场、公平与效率、国内与国外这五大类关系。由于科技创新具有乘数效应不仅可以直接转化为现实生产力，而且可以通过科技的渗透作用放大各生产要素的生产力，提高社会整体生产力水平。因此利用科技创新，从理念、技术、模式等方面合理处理好上述五大关系，推动经济社会增长方式转变，对全面提升我国经济增长的质量和效益具有重大意义。而随着“互联网+”为首的新一代信息技术快速发展，其“高技术、强渗透、泛受众”等特性全面影响着我国国民经济的发展，特别是尖端科技创新类中，高端人才、核心技术、创新模式等科技创新类要素受以“互联网+”为首的新一代信息技术的影响更为突出。因此，合理利用“互联网+”为首的新一代信息技术，促进科技创新各类要素的集聚、配置、转换成为当前我国经济社会顺利迈向高质量发展阶段所不得不面对的一个重大议题。

经济社会的高质量发展，就是要求我们夯实经济发展的技术与物质基础，利用科技创新能力促进产业发展效率与效益提升，进而实现产业发展的生产链、产业链、价值链的共同升华，最终形成高质量、可持续的经济社会发展目标。推动高质量发展，实现高质量发展所体现的"创新、协调、绿色、开放、共享"五大理念，关键就在于实现经济结构的优化、发展效率的提升以及发展动能的转变。而推动过程中，科技创新的引领作用，是其成功的关键。由于科技创新，来源于科技人才、科创资金、科创环境等多重科技创新要素的聚合、协同、转化，进而形成创新能力。因此，一个企业、产业、区域的创新资源的配置状况对于国民经济顺利实现高质量发展具有至关重要的作用。

正是由于科技资源配置推动科技要素聚合、转化形成科技创新能力这一重要作用，新时期下，从经济社会高质量发展的结构、效率、动力"三大"转变关键环节对我国科技资源的配置提出了新的要求。这主要体现在：①经济社会高质量发展，需要从总量发展向结构优化进行转变。这个优化不仅仅是产业结构的优化，也应该包括区域结构的优化、需求结构的优化等。而这需要我国各类科技资源能在各类要素内部结构、产业分配结构、区域分配结构等维度，进行合理化配置。并通过这种要素内、产业间、区域间的合理配置，使得经济社会发展主体的创新能力得到均衡发展。②经济社会的高质量发展，需要切实提升发展效率。发展效率也体现在几个维度，如各类生产要素的组合效率、产业发展的劳动效率、市场组织的运行效率等。这就要求经济发展主体通过创新资源的高效化配置，突出科技创新要素的创新活力，提升科技创新要素的科技转化能力，进而带动经济社会的发展效率提升。③经济社会的高质量发展，需要加快变革内在发展动力。以往依靠"总量取胜""环境覆盖"的粗放型发展模式，已经不再适应于现阶段的经济社会发展。特别是"绿色""共享"的发展理念以及"可持续发展"的目标，都使得经济社会发展动能要有所变换。经济增长动能的转变主要包括，从要素驱动到创新驱动的转变，从旧制造模式到新制造的转变，从投资拉动到消费拉动的转变，从工业主导到服务业主导的转变。通过科技要素的高级化配置，可以使得尖端的科技要素在更高的层面实现聚合转化，形成强大的科技创新实力，进而推动经济社会发展模式、驱动力的变革。"互联网+"背景下经济高质量发展对科技资源配置的总要求如图3-20所示。

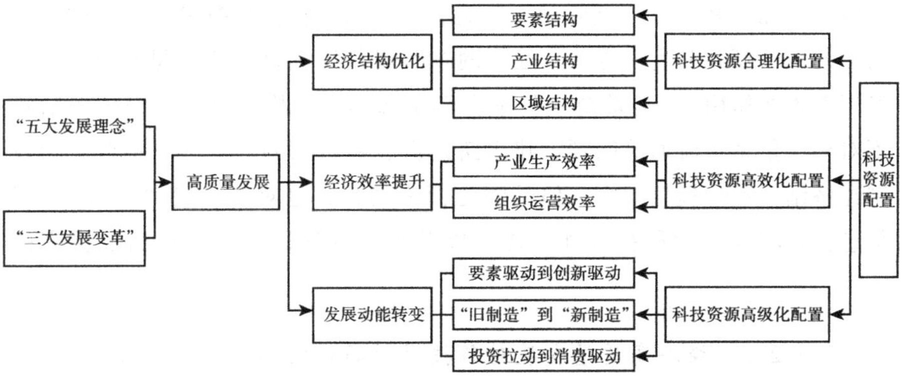

图3-20 “互联网+”背景下经济高质量发展对科技资源配置的总要求

3.3.2 “互联网+”背景下经济高质量发展对科技资源配置具体要求

3.3.2.1 经济高质量发展对科技资源合理化配置的新要求

科技资源合理化配置新要求是要依据不同区域的科技资源配置现状，确定不同类型特征所对应的差别化科技资源配置策略路径，在实际需要的情况下采取不同的科技资源调配方式，实现不同科技资源的有机组合。科技资源的配置主体也即各类科研机构，在创新活动中提供高附加值的创新产品时，对科技资源的配置不仅体现在纵向层次，即对科技资源在时间上、空间上、数量上的分配与利用。同时也体现在横向层次，即科技资源配置方式与自身资源禀赋之间、科技资源配置效率与区域经济增长质量之间的互动与促进。区域科技创新能力的差异，从表面上看似乎是科技资源禀赋的差异，实质上则是科技资源配置结构的问题。这种科技资源配置结构的问题主要体现在科技资源在区域之间的不合理分配以及区域内部不同创新主体间配置的不平衡、不协调、不公平。科技资源合理化配置的原则就是进行科技资源的协调与配备，使科技资源向经济高质量方向流动，目的是改变局部失衡的科技资源配置结构与重复浪费的配置机制，推进区域科技资源的供给侧结构性改革，实现科技资源配置的优化升级，促进区域创新效率的提升，进而提高区域经济增长质量，实现经济的高质量发展。

同时，近几年来，以"互联网+"为代表的新一代信息技术极大地改变了人们的生活模式和生产方式，互联网在实现科技资源合理化配置的过程中发挥着重要作用，"互联网+"平台解决部门、机构间科技资源配置信息不对称、信息不流通等问题，建立跨地区、跨机构的开放共享平台，为我国经济结构优化提供动力，但是随之而来的是，也对新一代"互联网+"信息技术相匹配的科技人才、资本以及平台等软硬件设施提出了更高的要求。

3.3.2.2 经济高质量发展对科技资源高效化配置的新要求

科技资源配置效率指的是在既定的科技产出水平下，追求最小的科技资源投入或者是在既定的科技资源约束下，追求科技产出最大化。而科技资源高效化配置是指科技资源配置主体在分配和利用科技资源过程中所形成的实际配置效果和理想最优配置效果的比值。随着我国经济迈入新的发展阶段，国内外经济形势持续趋紧以及各类科技资源的制约，传统科技发展依赖高投入的发展模式已难以为继，改善科技资源配置结构，提高科技资源配置效率，提高科技资源供给结构对科技资源需求变化的适应性和灵活性。科技资源高效化配置的主要目的是实现国家创新驱动和高质量发展的整体发展战略，通过结合市场参数和政策指令对科技资源配置活动进行方向性的调节。因此，经济高质量发展的背景下科技资源高效化配置是不可或缺的，从某种意义上说，科技资源的高效化配置直接决定着区域科技创新的质量效益，高度关联区域科技创新未来发展的命运。

新时期我国经济高质量发展对科技资源的高效化配置带来了新的机遇和挑战，创新、协调、绿色、开放、共享的发展理念要求资源的配置更加高效、节约，同时高效的科技资源配置体系有助于维持良好的生产生活秩序，化解我国经济发展过程中的各类系统性风险。在科技资源高效化配置逐步实现的过程中，有助于积累中国经验，为公共危机的治理提供中国方案，尤其是面临重大公共卫生事件时的资源配置。高效化科技资源配置展现惊人的中国速度。政企协同加速科技资源的配置，在面临新冠肺炎疫情挑战时我国政府和企业高度协调一致的配合为万千生命赢得了宝贵的时间，而我国面对新冠肺炎时科技部门更是展现了社会担当。统筹调配科技资源实现重大科研项目落地。科技资源统筹调配有助于发挥全国一盘棋、集中力量办大事的显著优势。我国应建立起高效统一的科技资源统一调配和协调系统，实现自上而下的统筹调配促进科技资源跨部门协调配置。“互联网+”赋能强化科技资源高效化配置保障。近年来，我国科技在飞速发展和进步，“互联网+”成为时代热潮，科技资源利用高效的互联网技术能够为供需双方搭建起快速、高效的互通平台，实现科技资源的集中和整合。协同治理提升科技资源配置效能。科技资源错配的改进需要动员市场和社会力量参与，多元化的治理格局能够为多部门间实现科技资源的相互协调配置提供制度上的保障。而在协同治理科技资源错配的过程中还需要进行科学的分工，发挥各个主体的优势。政府应当成立具有权威性的领导机构，并出台相应的政策支持各个主体实现科技资源高效配置目标。处于产业链的上下游企业需要相互配合，实现科技资源互通有无，为我国科技资源高效化配置贡献企业力量。

3.3.2.3 经济高质量发展对科技资源高级化配置的新要求

科技资源的高级化配置指的是科技资源向高效率、高边际产出创新主体的倾斜，目的是完善区域科技资源配置的体制机制，提升区域科技创新能力，掌握科技创新的主动权，充分激发创新主体自主创新潜力，从而有效提升区域经济增长质量，全面支撑和推进创新型国家建设。科技资源高级化配置是科技资源配置中的重要一环，区域科技资源高级化配置不仅是完善区域科技创新体系的基础，更是实现区域经济高质量发展的重要组成部分。要想实现经济的高质量发展，最关键的是加速产业的升级优化，科技资源高级化配置正是为了适应区域产业结构调整的客观需要。而通过供给侧结构性改革推动经济的转型升级，就须要以科技资源的高级化配置为动力，有效破解科技资源利用效率低、资源环境约束等制约经济社会发展的难题。科技资源高级化配置是应对新科技革命和新产业发展深远影响，适应和引领经济高质量发展的客观要求。

经济高质量发展要求进一步实现科技资源的高级化配置，自我国迈入经济发展新常态以来，新一轮的科技革命和产业变革孕育而生，我国科技创新呈现出新的发展态势和特征。与传统意义上的科技资源配置机制不同，传统意义上的基础研究、应用研究、科技成果产业化的边界日渐模糊，以“互联网+”为代表的新一代信息技术正通过信息手段渗透到科技资源市场配置机制中，科技创新活动不断突破地域、组织、技术的界限，演化为创新体系的竞争，科技资源高级化配置在实现经济高质量发展、提升国家综合实力中的地位日益重要。与此同时，促进我国科技资源高级化配置进程能显著提高我国的科技创新能力，实现从"科技大国"向"科技强国"的有效转变。在当前国际形势日趋严峻的形势之下，通过提升我国科技资源的高级化配置水平，构建以自主创新为核心的科技资源高级化配置体系是把握创新驱动发展的战略主动权，实现更多核心技术突破的关键所在。

4 “互联网+”背景下我国科技资源配置对经济结构优化的作用机制

经济进入高质量发展阶段后，增速放缓，科技资源是驱动经济高质量发展的重要资源，科技资源配置对经济结构优化的作用机制的重要性得到加强，“互联网+”也改变了科技资源配置与经济结构耦合机制内部的一些循环路径。“互联网+”背景下科技资源配置系统与经济结构系统多层次的耦合行为构成了二者表现的耦合结构，二者之间存在明确的交互作用关系，科技资源合理化配置促进经济结构优化升级，经济结构优化又对科技资源配置提出新的要求，以上相互促进的发展模式促使内部循环系统之间相互协同，高效互动。本章在分析“互联网+”背景下我国科技资源配置对经济结构优化的影响路径和作用机理的基础上，结合相关理论，进一步实证分析在“互联网+”视角下，我国科技资源配置对经济结构优化的影响。

4.1 “互联网+”背景下科技资源配置对经济结构的影响

4.1.1 我国经济结构演变的影响因素

4.1.1.1 制度变迁

政府主导的制度变迁是我国经济结构演变的主要动力之一，随着“互联网+"的影响进一步深化，我国经济也在不断改革与转型。新中国成立以来，我国经济结构发生了较大的变化，经历了"农、轻、重"比例的改良、经济结构"轻型化"发展、"十五"计划时期经济总体布局战略等多次调整，政府的宏观调控作用影响经济结构的演进。改革开放后，作为重要的经济利益主体之一的地方政府依靠推动制度变迁等方式显示官员政绩、增加自身利益。制度变迁实际上是效率更高的制度对效率相对更低的制度的替代，我国经济体制的改革实质上也是制度的变迁，制度创新和制度变迁是推动我国向社会主义市场经济转型的主要力量。

4.1.1.2 技术进步

技术进步作为影响经济结构演变的另一主要动力，来自内部技术存量的增加与外部技术的外溢和引进。一方面，传统型产业的技术在积极引进国外关键性技术、鼓励加工制造业发展、扶持新能源和新材料等产业先行发展的方式下得到较快改造和更新；另一方面，以人工智能、自动化等为主要技术的信息产业通过技术创新等方式促进产品的生产，其他产业也同步获得改造及更新，经济结构由此得到演进升级。改革开放以来，我国研发能力的提升和产业结构的调整得益于外资的快速增长，外商投资项目填补了我国在一些先进技术和工艺上的空白，外商投资企业的技术溢出效应促进我国产业技术发展。然而，外部引进的技术一般是利润较低或在发达国家没有比较优势的技术，仅依靠这些技术无法长期保持一国的经济增长，还需要自主研发新技术并改变资源配置方式来促进经济结构转换。

4.1.1.3 国际分工

亚当·斯密在《国富论》中将分工分成企业内部与企业间的分工两种形式，而后，大卫·李嘉图等强调分工中的外生比较优势。我国加入世界贸易组织（WTO）后，国际分工格局产生新的改变，同时，新一代高新技术革命和经济全球化促使我国经济结构转型升级，国际产业转移和进出口结构转换促进国际竞争力的提升。早期我国以外资大量进入为主要方式参与国际分工体系，制造业是参与国际分工的主要行业，高科技含量的核心技术均在国外，我国在一些"高端"产业中仅承担较低端的加工装配角色。伴随着全球化生产方式的变革，各国开始综合利用自身的资源禀赋与其他国家的技术力量等比较优势，制造在全球销售的最终产品，以上过程促进发达国家的部分管理经验和先进技术在发展中国家流通，发展中国家的国内生产总值（GDP）和国际竞争力均得到相应提高。

4.1.2 科技资源合理化配置对经济结构优化的影响路径

伴随着科技的进步，原有的科技资源配置方式方法很难满足经济高质量发展目标下社会经济体系的新要求，现阶段，科技资源配置必须适应"互联网+"背景下经济高质量发展的新需求。近年来，科技活动日益密集与频繁，"互联网+"作用于科技活动的多个环节，结束科技资源配置过程的封闭状态，使科技资源配置主体之间通过交流与合作，促使科技资源进行扩散和聚集，促进科技资源按照更加高效集约的方式方法运转，促使科技活动的效率及质量进一步提升。"互联网+"背景下科技资源配置对经济结构的影响路径如图4-1所示。

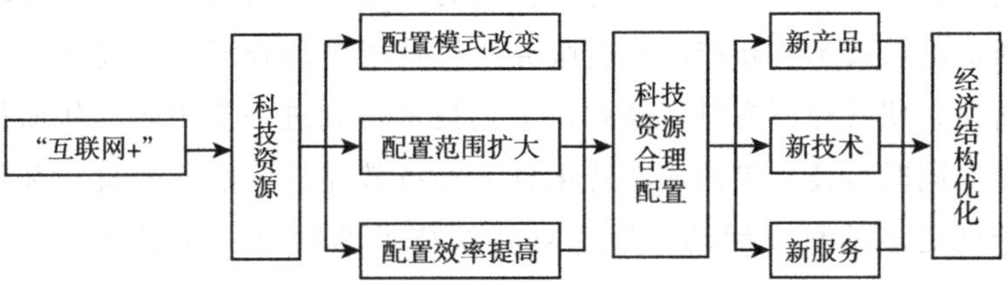

图4-1 科技资源配置对经济结构优化的影响路径

信息科技时代，以"互联网+"为代表的新一代信息技术的运用，改变了传统的科技资源配置模式，打破科技资源配置过程中时间和空间上的限制并减少信息不对称，促使科技资源配置合理化。"互联网+"优化科技资源的配置和使用，让部分有需求的科研机构能更加充分地利用先进检测仪器和试验设备；缩短科技成果转化的时间、增大技术成果交易机会，使市场、科技、商业之间的联系更加便利快捷；打破学科间的严格界限，使得跨学科、跨地域的科技人员更容易聚合在一起，共同解决难题；还可能彻底改变传统的科研活动的组织模式，通过引入外部创新和竞争机制，促使内部创新效率提高。

"互联网+"扩大科技资源配置范围，增加科技资源配置渠道，提升各行各业的信息资源含量，加速经济全球化，将不同区域连接成一个整体。互联网经济下，科技资源的无边界流动和重组使全球企业创新模式发生显著变化，推动以全球范围协同研发、知识产权保护及技术标准合作为特征的开放式创新模式的形成。"互联网+"时代，科技活动主体配置科技资源的方式不同，网络共享平台促进科技资源在区域间流动，有效对接和共享区域内闲置的科技资源和企业创新所需资源，不断降低科技研发成本，满足各环节的资源需求，节约科技资源交易的时间、空间和共同成本，让有需求的公众精准地找到相关的科技产品或可以提供科技产品服务的研究机构，提高科技资源配置效率，为科技资源配置带来跨区域流动的经济效益，促进新型流动性空间经济网络的形成。

综合来看，"互联网+"背景下科技人力、财力、物力及信息资源的合理配置推动经济结构的演进。科技人力资源作为科技活动中的基本核心要素之一，科技活动的进行也必须以其为基础，具有目标导向性的科技活动涉及管理模式的优化、原有科技设备的改进、产品的创新等。科技人力资源利用自身的知识、技能等将科技财力、物力、信息资源等要素转化为市场所需的新技术、新产品和新服务。科技资源的合理配置促进科技成果高效转化，使管理更为科学高效，工艺技术得到进一步更新，从而提升产品质量。同时科技成果的成功转化放大经济效益，激励科研机构和技术性企业开展更多的科技活动，加速对高新技术的吸收，促使经济结构优化升级。

以互联网为基础产生的新技术和新服务在改变劳动力结构的同时，自身也作为平台环境中优化经济结构的关键因素，实现对经济高质量发展的循环促进作用。产业结构升级也是我国经济增长方式转变过程中的重要内容，科技资源配置对产业结构的高级化及合理化均产生影响。高新技术产业具有资金需求量大、风险高等特征，科技财力资源的大量投入是科技产业高效运作的重要支撑，有力推动科技产业全面崛起。科技资源配置系统作为知识技术密集型系统，劳动生产率的提高是开展科技活动的重要动力之一，高新技术是实现科技资源配置系统推动经济结构优化的重要支撑。同时，科技人才在实践中将其知识储备升华并完善，其所学所用的施展带动低技术含量的传统产业进行优化升级，劳动生产率也同步提高。微观个体借助互联网获取投资、消费信息，降低信息获取成本并避免信息不对称，优化投资消费结构。新产品、新技术的扩散更好地满足市场上消费者的需求，经济规模随之扩大，同时也促进高技术企业分工专业化，区域产业链优化升级，推动区域经济结构优化；消费者的潜在需求促使更多新产品、新技术的产生，推动区域产业化分工，提高区域经济质量。

4.1.3 经济结构优化对科技资源配置的影响路径

“互联网+”背景下经济结构的优化或失衡均对科技资源配置产生影响，经济结构优化对科技资源配置的作用路径如图4-2所示。伴随着发展方式和经济结构的调整优化，地区经济基础也逐步增强，科技人力资源的需求层次也不断提高，相应的各类科技资源就会更多地向该地区聚集，这同时又为科技活动提供了优质的外部环境。科技人力资源的集中促使更多技术密集型成果产生，该过程形成积极的正向循环，伴随着循环的积累，科技资源配置水平提升至一个新量级。经济结构优化升级促进政治制度改善，为科技活动营造良好的环境，促进科技资源配置系统中各要素的沟通交流，系统内部及系统间对外开放程度的提高，促使科技资源配置水平进一步提升。经济结构优化升级为科技活动提供优质的物质基础，投资结构的改变为科技活动提供科技物力、财力等关键资源，各种科技资源的完备配置，又将进一步吸引科技人力、信息等资源的集聚，以上良性循环为科技活动提供坚实的物质保障，加快科技资源配置水平的提高，促使经济结构系统进一步发展。

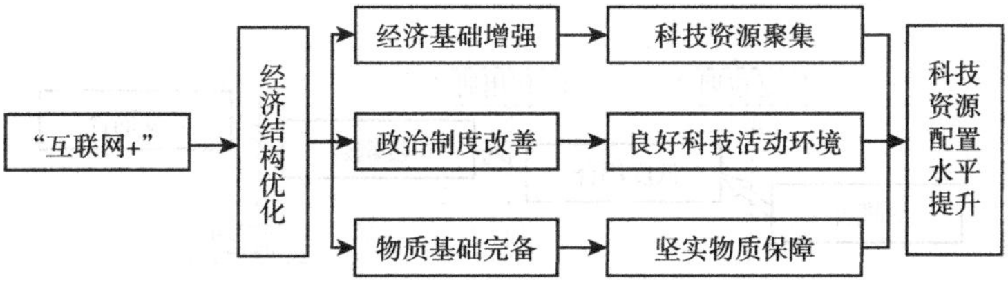

图4-2 经济结构优化对科技资源配置的作用路径

互联网以其强大的存储性和交互性的技术优势，为科技资源配置水平的提升提供了可能性。互联网催生的共享经济促使我国经济结构的调整以科技、信息等创新要素为导向，经济发展方式向质量效率型转变，经济结构得以优化升级。以"互联网+"为代表的新一代信息技术的扩散，促进企业专业化分工，为区域产业专业化指明方向，提高经济发展效率，优化经济发展结构，推动经济结构转型升级。"互联网+"通过改进传统行业的生产及服务方式、思维理念，使传统商业环境发生巨变，对科技资源进行配置，促成跨区域流动效应的形成，降低交易成本并减少时空局限，促使科技资源聚集，最大限度地释放生产力以满足市场需求。

4.1.4 科技资源配置与经济结构耦合的演进历程

"互联网+"视角下，科技资源配置与经济结构均属于经济范畴内的系统，在科技资源配置系统与经济结构系统耦合发展的过程中，每个系统内的要素之间进行物质和信息的"交流"，形成相互作用的网络，系统中存在的各要素通过多种形式实现子系统的互动，科技资源配置与经济结构的耦合是在一定区域、时间内系统中要素的特定组合形态，科技资源配置与经济结构耦合共同体的子系统之间通过要素的流动、传输和融合等方式产生相互作用并实现耦合发展，当两系统耦合发展至一定阶段，两系统开始相互融合，共同向更高级的状态跃迁。科技资源配置系统对经济结构系统的促进作用与经济结构系统对科技资源配置系统的引导作用使两系统不断耦合，最终实现整个系统的完善。科技资源配置与经济结构的耦合呈现一定的阶段性，两系统的耦合大致经历了无耦合、低度耦合、中度耦合、高度耦合四个阶段，不同阶段下耦合系统呈现不同的规律和特征，该耦合系统的演进历程如图4-3所示。

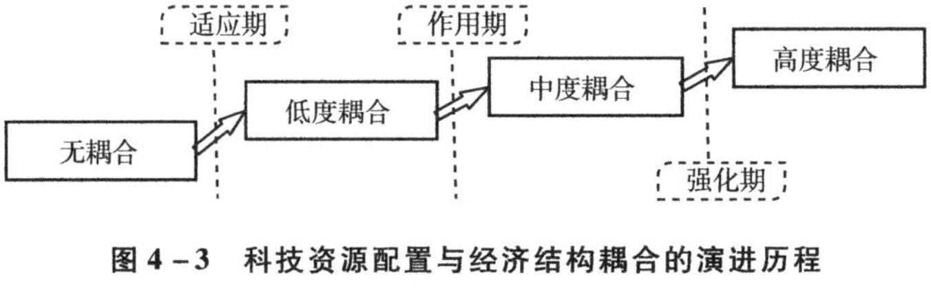

图4-3 科技资源配置与经济结构耦合的演进历程

在科技资源配置与经济结构无耦合阶段，科技资源配置系统发挥较小的作用，科技资源涉及的领域少，往往仅表现为某一类科技资源的配置，无法对经济结构产生影响，两系统发展无序，处于相对不平衡状态；科技资源配置与经济结构低度耦合阶段，两系统的耦合机制开始显现，但双方相互作用程度低，科技资源配置系统初具规模，科技资源配置水平逐步提高，开始为经济结构调整升级提供支持；科技资源配置与经济结构中度耦合阶段，两系统相互耦合作用程度日益加强，科技资源配置系统快速成长，经济结构加速调整，系统内部运作方式趋于有序，科技资源配置为经济结构优化提供更优良的环境；科技资源配置与经济结构高度耦合阶段，科技资源配置系统发展基本完备，经济结构也基本呈现稳定状态，二者的耦合作用十分明显，科技资源配置有效促进经济结构转型升级。综上所述，只有两系统协同并进，系统的功能才能全部发挥，同步实现科技资源配置水平提高与经济结构优化升级。

4.2 “互联网+”背景下科技资源配置对经济结构的作用机理

4.2.1 基于内生增长理论模型的机理阐述

“互联网+”背景下的经济结构是一个有机整体，各行业及部门间相互依赖、相互影响，形成动态且稳定有序的结构。在“互联网+”背景下，经济结构演化的动力是在科技资源合理配置、科技资源配置与经济结构的有效耦合及其他因素共同作用下形成的，科技资源配置是经济结构优化升级的主要影响因素之一，经济结构优化为科技资源配置水平的提升营造良好的环境，二者的交互作用又影响二者的协同演化进程。分析“互联网+”视角下科技资源配置对经济结构的影响机制前，先假设后者的演化不仅依赖于科技资源的投入，还要依靠非科技资源的投入。参考罗默新经济理论，借鉴柯布—道格拉斯（Cob－Douglas）生产函数，将科技资源配置与经济结构的耦合程度视为经济结构演化过程中的一个要素，得到经济结构演化的内生增长模型如下：

$$ES_{it} = A_{it} C_{it}^{\alpha} P_{it}^{\beta} \tag{4-1}$$

其中，用 $i=1$，…，N 表示各个省份，用 $t=1$，…，T 表示时间，ES_{it} 表示经济结构，A_{it} 表示影响经济结构演化的外生技术效率指数，C 表示科技资源配置与经济结构的耦合程度，P 为影响经济结构演化的其他内生因素，α、β 分别表示其弹性系数。在此内生增长模型中，假设技术进步是希克斯中性的。

经济条件、人文环境、战略需要等外部环境影响科技资源配置与经济结构耦合的演进，优质的外部环境，如支持性政策，健全的法律体系、良好的文化环境等均会对科技资源配置子系统与经济结构子系统的耦合产生影响，以提高科技资源配置主体的积极性，增强科技资源的流动性，并推动科技资源配置效率提升，进而促进两系统的良性耦合，带动整个系统向积极的方向发展。反之，科技资源配置和经济结构演变的推动力不足，科技资源配置子系统与经济结构子系统的耦合作用逐渐减弱，就会阻碍整个系统的进步。基于以上分析推得如下表达式：

$$C_{it} = (EC_{it}, CE_{it}, SR_{it}) \qquad (4-2)$$

其中，EC_{it} 表示经济条件，CE_{it} 表示人文环境，SR_{it} 表示战略需要，良好的外部环境促使耦合系统正向发展。另外，许多学者的研究表明互联网技术是众多先进技术中的重要组成部分，"互联网+"的应用成为技术进步的重要体现之一。伴随互联网技术的飞速发展，其不断渗透于经济活动的各个领域，带动科技资源配置方式方法的进步，促成服务业信息化发展趋势，加快经济结构优化升级的步伐。"互联网+"加速科技资源配置与经济结构耦合的局面，促进科技资源配置体系内资源的流动，扩大资源的乘数效应，增加社会资源储蓄量，成为变革生产方式的重要引擎之一。同时，科技资源配置与经济结构之间配合得当的相互作用将进一步加强乘数效应，使两系统彼此促进。基于以上分析，可以得到如下表达式：

$$A_{it} = (I_{it}^{k}, R_{it}^{k}, O_{it}) \qquad (4-3)$$

其中，I_{it}^{k} 表示省份 i 投入的互联网资源，R_{it}^{k} 表示省份 i 投入的除互联网资源外其他的科技资源，O_{it} 表示非科技资源的投入，为了便于研究，假设式（4-3）中的希克斯效率项 A_{it} 是表达形式如下的多元组合：

$$A(I_{it}^{k}, R_{it}^{k}, O_{it}) = A_{i0}(I_{it}^{k})^{\lambda_i}(R_{it}^{k})^{\eta_i}(O_{it})^{\gamma_i} \qquad (4-4)$$

其中，A_{i0} 为初始水平，λ、η、γ 分别表示互联网资源、除互联网资源外其他的科技资源和非科技资源投入对技术效率的影响参数。将方程

(4-4) 代入方程 (4-1)，可以得到如下表达式：

$$ES_{it} = A_{i0}(I_{it}^{k})^{\lambda_i}(R_{it}^{k})^{\eta_i}(O_{it})^{\gamma_i}C_{it}^{\alpha}P_{it}^{\beta} \quad (4-5)$$

对式 (4-5) 取对数可得：

$$\ln ES_{it} = \ln A_{i0} + \lambda_i \ln I_{it}^{k} + \eta_i \ln R_{it}^{k} + \gamma_i \ln O_{it} + \alpha \ln C_{it} + \beta \ln P_{it} \quad (4-6)$$

理论模型 (4-6) 刻画了“互联网+”背景下，科技资源投入、非科技资源投入、科技资源配置与经济结构的耦合程度对经济结构的影响。由于本专著的研究考虑时间因素的影响，为全面反映“互联网+”背景下科技资源配置与经济结构的相互作用关系，将 t 加入式 (4-2) 的希克斯效率项 A_{it} 中，则可以得到如下函数表达式：

$$A_{it} = (I_{it}^{k}, R_{it}^{k}, O_{it}, t) \quad (4-7)$$

与上述式 (4-3) 的假设相同，可推得如下表达式：

$$A(I_{it}^{k}, R_{it}^{k}, O_{it}, t) = A_{i0}e^{\mu_i t}(I_{it}^{k})^{\lambda_i}(R_{it}^{k})^{\eta_i}(O_{it})^{\gamma_i} \quad (4-8)$$

其中，$e^{\mu_i t}$ 表示技术进步的时间趋势，其他同上。根据上述推导过程可得动态的“互联网+”背景下科技资源配置对经济结构影响的理论模型如下：

$$\ln ES_{it} = \ln A_{i0} + \mu_i t + \lambda_i \ln I_{it}^{k} + \eta_i \ln R_{it}^{k} + \gamma_i \ln O_{it} + \alpha \ln C_{it} + \beta \ln P_{it} \quad (4-9)$$

式 (4-9) 中，t 表示时间，i 为各个省份，μ_i 为经济结构演化的时间趋势，λ_i、η_i、γ_i 分别表示互联网资源、除互联网资源外其他的科技资源和非科技资源对经济结构的影响程度。分析式 (4-9) 可知，“互联网+”背景下科技资源投入的增加促使技术进步，对经济结构的演化产生正向影响，同时，非科技资源的投入也会对经济结构产生积极影响。另外，科技资源对经济结构的影响和非科技资源对经济结构的影响在不同省份表示的值不同，说明不同区域间科技资源和非科技资源的配置对经济结构演化的影响存在地区差异。

4.2.2 基于内生增长理论模型的机理阐述——考虑技术溢出效应

考虑互联网技术可以通过科技人才的流动来打破科技资源配置过程中空间上的限制，从而在不同的空间位置上产生作用，以使科技资源配置模式改变、配置范围扩大、配置效率提高。在"互联网+"的影响下，科技资源的投入不仅直接对该区域的经济结构产生影响，同时又以空间扩散的方式向周边区域蔓延，从而对周边区域的经济结构也产生作用。技术溢出通过区域间的学习交流得以实现，假设省份 i 从邻近区域获得的技术溢出为 Z^*，用 $i=1$，…，N 表示各个省份，用 $t=1$，…，T 表示时间，将技术溢出 Z^* 引入省份 i 在"互联网+"背景下经济结构演化的理论模型中，得到如下表达式：

$$ES_{it} = A^*(I_{it}^k, R_{it}^k, O_{it}, Z_{it}^*, t)C_{it}^{\alpha}P_{it}^{\beta} \tag{4-10}$$

其中，A^* 表示技术进步的函数，Z_{it}^* 为省份 i 获得的技术溢出对技术进步的影响，其他假设与上文一样，按照上文的思路可推得表达式如下：

$$ES_{it} = A_{i0}^* e^{\mu_i t}(I_{it}^k)^{\lambda_i}(R_{it}^k)^{\eta_i}(O_{it})^{\gamma_i}(Z_{it}^*)^{\psi_i}C_{it}^{\alpha}P_{it}^{\beta} \tag{4-11}$$

对式（4-11）取对数可得：

$$ES_{it} = \ln A_{i0}^* + \mu_i t + \lambda_i \ln I_{it}^k + \eta_i \ln R_{it}^k + \gamma_i \ln O_{it} + \psi_i \ln Z_{it}^* + \alpha \ln C_{it} + \beta \ln P_{it} \tag{4-12}$$

其中，ψ_i 表示邻近区域空间技术溢出对省份 i 的经济结构的影响，式（4-12）即为"互联网+"背景下科技资源配置对经济结构的影响的空间效应模型。由式（4-12）可知，不同省域间技术溢出对经济结构产生的影响存在差异，科技资源配置与经济结构的耦合程度及空间技术溢出均对经济结构产生正向影响，另外，其他变量的含义与上文一致。

类似地，分析"互联网+"视角下经济结构优化对科技资源配置的作用机制，得到科技资源配置的内生增长模型如下：

$$TR_{it} = B_{it}C_{it}^{\theta}Q_{it}^{\omega} \tag{4-13}$$

其中，TR_{it} 表示科技资源配置，B_{it} 表示影响科技资源配置的外生技术效率指数，C 同样表示科技资源配置与经济结构的耦合程度，Q 为影响科技资源配置的其他内生因素，θ、ω 分别表示二者的弹性系数。假设科技资源配置的外生技术效率除了受互联网资源的影响，还受经济结构的影响，由此推得式（4-13）中的希克斯效率项 B_{it} 有如下表达式：

$$B_{it} = (I_{it}^k, ES_{it}, t) \tag{4-14}$$

为了便于研究，假设式（4-14）中的 B_{it} 是表达形式如下的多元组合：

$$B(I_{it}^k, ES_{it}, t) = B_{i0}e^{\nu_i t}(I_{it}^k)^{\varepsilon_i}(ES_{it})^{\sigma_i} \tag{4-15}$$

其中，B_{i0}为初始水平，ν_i为科技资源配置的时间趋势，ε、σ分别为互联网资源和经济结构对技术效率的影响参数。将方程（4-15）代入方程（4-13），可以推得如下表达式：

$$TR_{it} = B_{i0}e^{\nu_i t}(I_{it}^k)^{\varepsilon_i}(ES_{it})^{\sigma_i}C_{it}^{\theta}Q_{it}^{\omega} \tag{4-16}$$

对式（4-16）取对数可得：

$$\ln TR_{it} = \ln B_{i0} + \nu_i t + \varepsilon_i \ln I_{it}^k + \sigma_i \ln ES_{it} + \theta \ln C_{it} + \omega \ln Q_{it} \tag{4-17}$$

理论模型（4-17）刻画了“互联网+”背景下，互联网资源、经济结构、科技资源配置与经济结构的耦合程度对科技资源配置的影响。将方程（4-9）代入方程（4-17）并化简可推得如下函数关系式：

$$\begin{aligned}\ln TR_{it} = {} & \ln B_{i0} + \nu_i t + (\varepsilon_i + \sigma_i\lambda_i)\ln I_{it}^k + (\theta + \sigma_i\alpha)\ln C_{it} + \omega \ln Q_{it} \\ & + \sigma_i(\ln A_{i0} + \mu_i t + \eta_i \ln R_{it}^k + \gamma_i \ln O_{it} + \beta \ln P_{it})\end{aligned} \tag{4-18}$$

4.3 “互联网+”背景下科技资源配置与经济结构的耦合机制

除上文分析外，由于科技资源配置与经济结构的良性耦合也是发挥发展中国家的后发优势、助力经济增长的重要源泉，因此这里再分析一个包含二者耦合程度的内生经济增长模型，具体考虑企业利用资本和劳动力进行产品的生产及销售，消费者可以持资本进行消费及储蓄。

4.3.1 企业生产行为与消费者行为

企业的生产需要资本K和劳动力L，这里假设技术进步呈现为哈罗德中性，同时将科技资源配置与经济结构的耦合作为推动各生产要素使用效率提升、提高产出水平、促进经济增长的生产要素之一，基于以上分析可推得企业的生产函数如下：

$$Y_t = K_t^{\tau}(A_tC_tL_t)^{1-\tau} \tag{4-19}$$

其中，$\tau \in (0, 1)$，Y_t、A_t分别为企业的产出水平和技术水平，假设A_t的增速为a，即：

$$\frac{\dot{A}_t}{A_t} = a \tag{4-20}$$

企业的产出在个人的投资和消费之间分割，考虑现有资本的折旧，资本积累可表示为如下函数形式：

$$\dot{K}_t = Y_t - CO_t - \phi K_t \tag{4-21}$$

其中，ϕ 表示资本折旧率，$\phi>0$，CO_t 表示消费量，构建式（4-19）的紧凑形式以获取经济增长的动态轨迹中单位有效劳动的资本存量 k 的特征：

$$f(k_t) = \left(\frac{K_t}{A_t C_t L_t}\right)^{\tau} \tag{4-22}$$

于是有：

$$k_t = \frac{K_t}{A_t C_t L_t} \tag{4-23}$$

根据链式法则，求得单位有效劳动的资本存量 k 的变化速率如下：

$$\dot{k}_t = y_t - co_t - (c + a + \phi) k_t \tag{4-24}$$

其中，c 表示科技资源配置与经济结构耦合程度 C 的时间增长率，也即：

$$c = \frac{\dot{C}_t}{C_t} \tag{4-25}$$

另外，$y_t - co_t$ 表示单位有效劳动的实际投资，$(c+a+\phi)k_t$ 表示持平投资。

再分析市场中为企业生产提供劳动力并消费产品的消费者，其将收入合理分配于消费及储蓄，以获取最大效用，基于如上分析构建消费者的效用函数如下：

$$U = \int_0^{\infty} e^{-\varsigma t} u(CO_t)\, dt \tag{4-26}$$

其中，ς 为主观贴现率，表示消费者的时间偏好率，$u(\cdot)$ 表示消费者的瞬时效用，采用相对风险厌恶不变效用表达式，瞬时效用表达式如下：

$$u(CO_t) = \frac{CO_t^{1-\kappa}}{1-\kappa} \tag{4-27}$$

其中，κ 表示相对风险厌恶系数，$\kappa>0$。在上述模型中，假设在经济系统中给定企业生产约束条件，消费者的效用最大化函数如下所示：

$$\max U = \int_0^{\infty} e^{-\varsigma t} u(CO_t)\,dt \tag{4-28}$$

约束条件如下：

$$s.t.\begin{cases} \dot{k}_t = y_t - co_t - (c + a + \phi)k_t \\ y_t = (k_t)^{\tau} \end{cases} \tag{4-29}$$

4.3.2 系统均衡与最优路径

定义 Hamilton 函数为：

$$H = u(co) + \varpi[y - co - (c_t + a + \phi)k] \tag{4-30}$$

其中，ϖ 表示影子价格。分别对 k 和 co 求导得最大化 H 的一阶条件，从而推得：

$$\begin{cases} \dot{k} = y - co - (c_t + a + \phi)k \\ \dot{co} = \dfrac{co}{\kappa}\left[\dfrac{\mathrm{d}y}{\mathrm{d}k} - (c_t + a + \phi + \varsigma)\right] \end{cases} \tag{4-31}$$

最优解时有截断性条件：

$$\lim_{t\to\infty} e^{-\varsigma t}\varpi_t k_t = 0 \tag{4-32}$$

当 $\dot{k} = \dot{co} = 0$ 时，有社会均衡：$\left(\dfrac{\tau}{c_t + a + \phi + \varsigma}\right)^{\frac{1}{1-\tau}}$，$(1 - c_t - a - \phi)\left(\dfrac{\tau}{c_t + a + \phi + \varsigma}\right)^{\frac{1}{1-\tau}}$。

借鉴杨蕙馨等（2016）的做法[247]，将科技资源配置与经济结构耦合的动态变化方程设置成如下形式：

$$\begin{aligned} c_t &= \frac{(C_{t+1} - C_t)}{C_t} \\ &= \frac{(b_1 t + f_0 - 1 + b_1)(b_2 t + f_1 - 1 + b_2)(b_1 t + f_0)(b_2 t + f_1)}{(b_1 t + f_0 + b_1)(b_2 t + f_1 + b_2)(b_1 t + f_0 - 1)(b_2 t + f_1 - 1)} - 1 \end{aligned} \tag{4-33}$$

其中，b_1、b_2 表示收敛速度，即科技资源配置与经济结构耦合的制度安排和推进措施的政策强弱，f_0、f_1 表示作用力的初始水平，并参考其将两化融合加入到 R-C-K 模型中并进行线性化近似处理的方式，现假设科技资源配置与经济结构耦合程度的动态变化呈现三段式特征，设定 $c_t=g_1$，$0<t<T_1$，科技资源配置与经济结构耦合程度 C_t 以较快速度 g_1 增长；$c_t=g_2$，$T_1<t<T_2$，科技资源配置与经济结构耦合程度 C_t 以小于 g_1 的速度 g_2 增长；当 $t>T_2$ 时，$c_t\approx 0$，科技资源配置与经济结构耦合程度的变化接近于0，二者接近于最优耦合这一理想的状态。对 c_t 变化性质进行分析，求得平衡增长路径的三个均衡解，对应了科技资源配置与经济结构耦合快速增长、缓慢增长和科技资源配置与经济结构耦合已经达到最优这三个阶段。

当 $0<t<T_1$ 时，$(k^*,\ co^*)$：$\left(\frac{\tau}{g_1+a+\phi+\varsigma}\right)^{\frac{1}{1-\tau}}$，$(1-g_1-a-\phi)\left(\frac{\tau}{g_1+a+\phi+\varsigma}\right)^{\frac{1}{1-\tau}}$；

当 $T_1<t<T_2$ 时，$(k^{**},\ co^{**})$：$\left(\frac{\tau}{g_2+a+\phi+\varsigma}\right)^{\frac{1}{1-\tau}}$，$(1-g_2-a-\phi)\left(\frac{\tau}{g_2+a+\phi+\varsigma}\right)^{\frac{1}{1-\tau}}$；

当 $t>T_2$ 时，$(k^{***},\ co^{***})$：$\left(\frac{\tau}{a+\phi+\varsigma}\right)^{\frac{1}{1-\tau}}$，$(1-a-\phi)\left(\frac{\tau}{a+\phi+\varsigma}\right)^{\frac{1}{1-\tau}}$。

以上平衡增长路径的三个均衡解所对应的人均有效产出 $y=(k)^{\tau}$ 分别为：

$$\left(\frac{\tau}{g_1+a+\phi+\varsigma}\right)^{\frac{\tau}{1-\tau}}、\left(\frac{\tau}{g_2+a+\phi+\varsigma}\right)^{\frac{\tau}{1-\tau}}和\left(\frac{\tau}{a+\phi+\varsigma}\right)^{\frac{\tau}{1-\tau}}。$$

由以上分析可知，当科技资源配置与经济结构耦合程度的动态变化不发生跃迁时，即二者耦合增长速度保持恒定增长时，科技资源配置与经济结构耦合程度的提高无法使人均有效产出上升，但可使社会总产出上升，这对经济社会的发展有重要的现实意义；当经济系统稳态水平发生跃迁时，人均有效产出相应地上升到更高的水平。另外，科技资源配置与经济结构的耦合在实现对生产要素进行有效配置的过程中发挥了重要作用。

4.3.3 数值模拟

接下来进行数值模拟，参考前人相关研究成果，将上述模型中的资本折旧率设置为0.05（樊纲等，2011）[248]，资本份额设置为0.33，主观贴现率设置为0.02，技术进步率设置为0.2（Reis等，2007）[249]，设定$t=5$为科技资源配置与经济结构耦合快速增长的代表时期值，$t=20$为科技资源配置与经济结构耦合缓慢增长的代表时期值，$t=100$为科技资源配置与经济结构耦合已经达到最优的代表时期值，作用力的初始水平$f_0=4$，$f_1=2$，$b_2=2$（杨蕙馨等，2016）[247]，模拟收敛速度b_1即政策推动对人均有效产出y的影响。

图4-4反映了科技资源配置与经济结构耦合快速增长时期政策强弱对人均有效产出水平的影响。从图4-4中可以看出，这一时期人均有效产出水平在科技资源配置与经济结构耦合的推进政策影响下呈现“U”形特征。当实施较弱的政策措施时，科技资源配置与经济结构耦合的动态变化处于相对较低的水平，经济系统需支付的持平投资相对较低，人均有效产出处于相对较高的水平；伴随科技资源配置与经济结构耦合的政策措施的增强，科技资源配置与经济结构耦合的动态变化快速增加，需支付的持平投资相应增加，故而人均有效产出水平下降；当科技资源配置与经济结构耦合的政策措

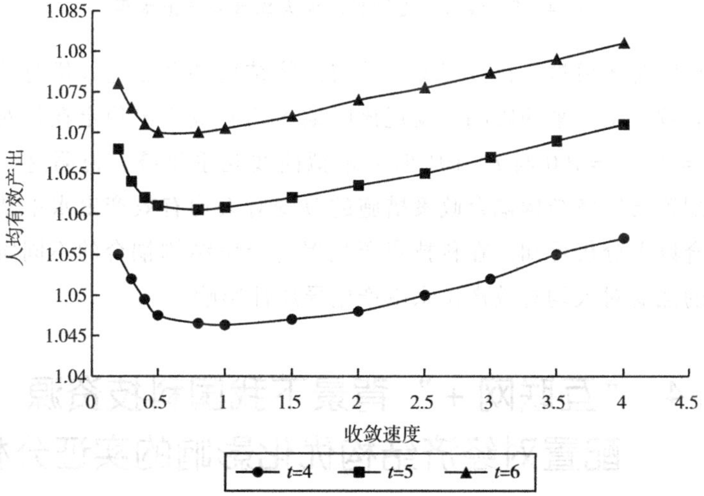

图4-4 耦合快速增长时期人均有效产出水平

施进一步增强时，政策效果便开始促使人均有效产出水平上升。

图4-5反映了科技资源配置与经济结构耦合缓慢增长时期政策强弱对人均有效产出水平的影响。从图4-5中可以看出，这一时期科技资源配置与经济结构耦合缓慢增长，耦合政策措施的变化使人均有效产出持续增长，经济系统需支付的持平投资相对较低，政策措施的增强使经济系统处于更高的稳态水平。

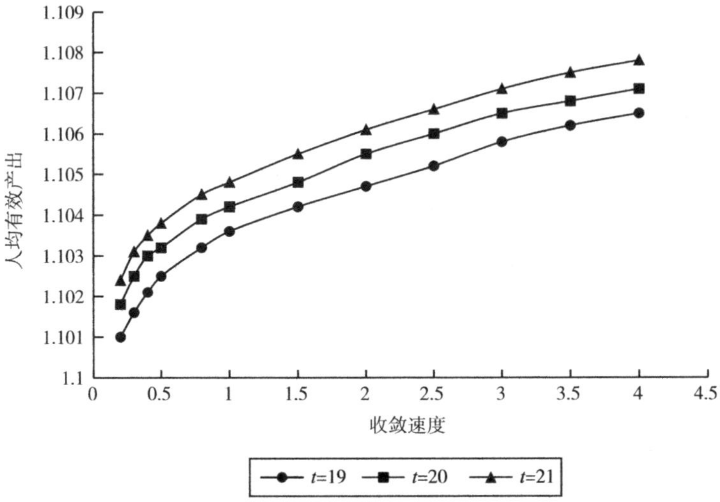

图4-5　耦合缓慢增长时期人均有效产出水平

本章同时还模拟了科技资源配置与经济结构耦合已达最优时政策强弱对人均有效产出水平的影响，发现该时期人均有效产出稳定在相对较高的水平，$t=99$、$t=100$与$t=101$时的模拟曲线几乎重叠，说明这一阶段科技资源配置与经济结构耦合政策措施的改变对人均有效产出水平几乎无影响。综合以上分析可知，在科技资源配置与经济结构耦合的不同阶段，政策措施的强弱对人均有效产出水平产生异质性影响。

4.4　“互联网+”背景下我国科技资源配置对经济结构优化影响的实证分析

本节在分析“互联网+”背景下科技资源配置对经济结构优化的影响

机制及二者的耦合机制的基础上，分别进行面板回归模型、时空耦合及系统仿真的实证分析。其中，重点研究并对比科技资源配置重心与经济结构重心的区位与移动轨迹；测算科技资源配置与经济结构的耦合协调度；分析二者耦合协调状态的空间分布。并进一步运用系统动力学模型深入研究科技资源配置与经济结构耦合发展的复合系统，重点对"科技资源配置—经济结构"耦合系统的模型结构、系统动力学流图及系统方程式进行分析，在建立系统动力学模型后再进行模型检验与政策模拟分析。

4.4.1 我国科技资源配置对经济结构优化的影响

4.4.1.1 变量选取与数据来源

本节选取省市自治区第三产业占 GDP 的比重（产业结构）这一指标作为被解释变量，来描述我国经济结构的优化状况，用 R&D 人员全时当量来评价科技人力资源配置的状况，用 R&D 经费内部支出来评价科技财力资源配置状况，用科技机构数来衡量科技物力资源，用互联网宽带接入端口来衡量科技信息资源，利用这五个指标来研究"互联网+"背景下我国科技资源配置与经济结构优化的关系。

本节选取了我国 31 个省市自治区 2007~2016 年的面板数据[①]，构建面板数据模型来测算"互联网+"背景下我国科技资源配置与经济结构优化的长期效应。数据来源于《中国统计年鉴》。为研究科技资源配置对经济结构优化的影响，以 IS 代表产业结构，以 RDR 代表科技人力资源，以 RDC 代表科技财力资源，以 KJJG 代表科技物力资源，以 I 代表科技信息资源。由于数据的自然对数变换不改变原来的协整关系，并能使其趋势线性化，消除异方差现象，所以对各变量分别进行自然对数变换，取 LnRDR、LnRDC、LnKJJG、LnI 为自变量，LnIS 为因变量。

4.4.1.2 面板回归模型的构建

（1）单位根检验：对时间序列单位根的检验实际上就是对时间序列平

① 由于数据的局限性，部分指标缺失 2017 年及以后数据，因此本节实证研究数据仅能选取至 2016 年。

稳性的检验，在进行回归分析之前要先对变量的数据进行单位根检验，避免出现伪回归。与时间序列数据不同的是，面板数据其单位根检验的方法有很多种。一般情况下可以将面板数据的单位根检验划分为两大类：一类为相同根情形下的单位根检验，检验方法包括 LLC（Levin – Lin – Chu）检验、Breitung 检验；另一类为不同根情形下的单位根检验，检验方法包括 Im – Pesaran – Skin 检验、Fisher – ADF 检验和 Fisher – PP 检验。本专著利用 Eviews7.0 软件分别对变量 Ln*RDR*、Ln*RDC*、Ln*KJJG*、Ln*I* 和 Ln*IS* 进行了单位根检验，分别检验五个变量原始序列的平稳性，通过对原始序列的单位根检验，发现大部分检验都不能拒绝有单位根的原假设，故判断其为非平稳过程，经过多次尝试发现，以上变量的一阶差分序列的单位根检验，大部分检验拒绝原假设，故而判断其为平稳序列。根据单位根检验的结果生成新的平稳序列数据。

（2）Hausman 检验（W 统计量检验）：在构建面板数据时，另一任务是要进行固定效应与随机效应的模型选择，检验的思想一般为：先建立随机效应模型，然后检验该模型是否满足个体影响与解释变量不相关的假设。如果满足，则将模型设定为随机效应模型；否则，为固定效应模型。为检验固定效应与随机效应，Hausman 于 1978 年提出了一种行之有效的统计检验方法[250]，因为又叫 Hausman 检验，检验结果如图 4 – 6 所示。

Correlated Random Effects - Hausman Test
Pool: POOL1
Test cross-section random effects

Test Summary	Chi-Sq. Statistic	Chi-Sq. d.f.	Prob.
Cross-section random	33.114891	4	0.0000

Cross-section random effects test comparisons:

Variable	Fixed	Random	Var(Diff.)	Prob.
RDR?	0.421566	0.429213	0.000002	0.0000
RDC?	0.001295	0.002968	0.000002	0.2260
KJJG?	0.002136	0.002374	0.000000	0.6323
I?	-0.002039	-0.003798	0.000000	0.0000

图 4 – 6　Hausman 检验

从图 4 – 6 可以看出，所构造模型的 Hausman Test 统计量（W 统计量）是 33.114891，p 值是 $0.0000 < 0.05$，故拒绝原假设，认为随机影响模型中个体影响与解释变量相关，模型可设定为固定效应模型。

（3）F 统计量检验：面板数据模型有很多种分类，在建立模型之前需要确定被解释变量与截距项和系数的关系，从而确定模型的形式。因此，分别建立变系数模型、变截距模型、混合回归模型。

a. 变系数模型：

Effects Specification			
Cross-section fixed (dummy variables)			
R-squared	0.999856	Mean dependent var	0.429155
Adjusted R-squared	0.999714	S.D. dependent var	0.090341
S.E. of regression	0.001528	Akaike info criterion	-9.822663
Sum squared resid	0.000362	Schwarz criterion	-7.954376
Log likelihood	1677.513	Hannan-Quinn criter.	-9.075801
F-statistic	7011.513	Durbin-Watson stat	2.163161
Prob(F-statistic)	0.000000		

图 4-7 变系数模型结果

b. 变截距模型：

Effects Specification			
Cross-section fixed (dummy variables)			
R-squared	0.997397	Mean dependent var	0.429155
Adjusted R-squared	0.997075	S.D. dependent var	0.090341
S.E. of regression	0.004886	Akaike info criterion	-7.698967
Sum squared resid	0.006565	Schwarz criterion	-7.277095
Log likelihood	1228.340	Hannan-Quinn criter.	-7.530320
F-statistic	3099.185	Durbin-Watson stat	0.424792
Prob(F-statistic)	0.000000		

图 4-8 变截距模型结果

c. 混合回归模型：

Dependent Variable: IS?
Method: Pooled Least Squares
Date: 06/07/20 Time: 09:11
Sample: 2007 2016
Included observations: 10
Cross-sections included: 31
Total pool (balanced) observations: 310

Variable	Coefficient	Std. Error	t-Statistic	Prob.
C	0.744452	0.013303	55.96033	0.0000
RDR?	0.468808	0.004200	111.6121	0.0000
RDC?	0.007335	0.003048	2.406046	0.0167
KJJG?	0.005078	0.002619	1.938907	0.0534
I?	-0.010255	0.001221	-8.401660	0.0000

R-squared	0.982915	Mean dependent var	0.429155
Adjusted R-squared	0.982691	S.D. dependent var	0.090341
S.E. of regression	0.011886	Akaike info criterion	-6.010971
Sum squared resid	0.043087	Schwarz criterion	-5.950704
Log likelihood	936.7005	Hannan-Quinn criter.	-5.986879
F-statistic	4386.695	Durbin-Watson stat	0.154302
Prob(F-statistic)	0.000000		

图 4-9 混合回归模型结果

F 统计量的计算公式为：

$$F_1 = \frac{(S_2 - S_1)/((N-1)k)}{S_1/(NT - N(k+1))} \sim F[(N-1)k, N(T-k-1)] \quad (4-34)$$

$$F_2 = \frac{(S_3 - S_1)/((N-1)(k+1))}{S_1/(NT - N(k+1))} \sim F[(N-1)(k+1), N(T-k-1)] \quad (4-35)$$

上式中，S_1 是变系数回归模型的残差平方和，S_2 是变截距回归模型的残差平方和，S_3 是混合回归模型的残差平方和，统计量 F_2 中第一自由度为约束条件的个数，即 k 个解释变量系数和常数项都与个体无关满足 $N-1$ 个等式，F_2 中第二自由度为变系数模型中样本容量与回归变量个数之差，统计量 F_1 中第一自由度为约束条件的个数，即 k 个解释变量系数与个体无关满足 $N-1$ 个等式，F_1 中第二自由度为变系数模型中样本容量与回归变量个数之差。$N=31$，$T=10$，$k=4$。在假设 H2 下统计量 F_2 服从自由度为 $[(N-1)(k+1), N(T-k-1)]$ 的 F 分布，计算 F_2，若 $F_2 > F_\alpha[(N-1)(k+1), N(T-k-1)]$，则拒绝假设 H2，继续检验假设 H1，否则将模型设定为混合模型。

在假设 H1 下统计量 F_1 服从自由度为 $[(N-1)k, N(T-k-1)]$ 的 F 分布，计算 F_1，若 $F_1 > F_\alpha[(N-1)k, N(T-k-1)]$，则拒绝假设 H1，将模型设定为变系数回归模型，否则将模型设定为变截距回归模型。

从以上的变系数模型、变截距模型和混合模型的估计结果中，得到相应的残差平方和 $S_1=0.000362$、$S_2=0.006565$ 和 $S_3=0.043087$，计算得到的两个 F 统计量分别为：$F_1=22.1332$，$F_2=121.9590$。

在命令窗口输入“=@ qfdist(*d*, *k*1, *k*2)”可得到 F 分布的临界值，其中，d 是临界点，k_1 和 k_2 是自由度。在给定 5% 的显著性水平下（$d=0.95$），得到相应的临界值为：

$$F_\alpha[(N-1)k, N(T-k-1)] = F_{0.05}(120, 155) = 1.38$$

$$F_\alpha[(N-1)(k+1), N(T-k-1)] = F_{0.05}(150, 155) = 1.32$$

由于 $F_2=121.9590>1.32$，所以拒绝 H2，进一步对 H1 进行检验，$F_1=22.1332>1.38$，因此拒绝 H1。因此模型设定为变系数模型，检验结束。由以上的分析，本专著最终将模型设定为固定效应变系数回归模型，得到估计方程为：

$$\mathrm{Ln}IS = 0.744452 + 0.468808\mathrm{Ln}RDR + 0.007335\mathrm{Ln}RDC + 0.005078\mathrm{Ln}KJJ - 0.010255\mathrm{Ln}I$$

$$DW = 0.154302 \quad F = 4386.695 \tag{4-36}$$

由回归得到的估计方程中 R^2 和 F 的值可知，模型拟合优度很高且变量之间的总体线性关系显著。各地区科技资源配置影响经济结构优化的变量的系数均能通过统计检验，表明科技资源配置对经济结构优化的影响较显著。变量 Ln*RDR*、Ln*RDC*、Ln*KJJG* 和 Ln*I* 的系数反映了科技人力资源、科技财力资源、科技物力资源和科技信息资源对经济结构优化的影响效果。我国各省市科技人力、财力、物力、信息资源投入与经济结构之间存在长期稳定的均衡关系，科技资源投入增加能够推动我国经济结构持续优化。

从改革开放至今，我国经济飞速发展主要得益于两点：一是在经济全球化和世界经济高速发展的背景下，经济增长依靠消费、投资和出口的拉动，具有连续增长的惯性。二是我国持续增加的各种要素投入，尤其是近些年来加大了对科技研发的投入力度。另外，科技资源配置对经济结构优化的影响在不同地区之间存在较大的差异，国家相继推出实施的各大战略方针导向促进了东北地区和西部地区的科技研发投入的增加，极大地推动了经济结构的优化，但这些区域因其地理、经济发展水平和制度等因素的制约，人力资本极度匮乏，专门从事科技研发的科学家和工程师更是屈指可数，在短期内，科技人员的缺乏会在很大程度上制约该地区经济结构的持续优化。

在经济发展水平越高的地区，越重视各类科技资源的驱动作用，越重视科技人力资源在推进基本现代化建设中的重要支持和保障作用，从而形成科技资源配置促进经济结构优化的良性循环。在科技资源合理化配置的过程中，不仅经济发展水平相对较高的地区要重视提高科技资源配置的效率，以合理化科技资源配置推动经济发展方式的转变和产业结构的调整，经济发展水平相对处于低位的地区更要重视科技资源的合理配置，以先进的技术推动经济的跨越发展和地区竞争力的快速提升，让科技资源配置成为推动当地经济结构优化的重要力量。本专著的实证结果不仅有助于我们从理论上把握“互联网+”背景下科技资源配置和经济结构优化之间的内在影响机制，也有助于相关政府部门系统制定相应的政策措施。

4.4.2 我国科技资源配置与经济结构的时空耦合分析

本节在上节利用面板回归模型分析"互联网+"背景下我国科技资源配置对经济结构优化影响的基础上，结合相关理论，进一步研究在"互联网+"视角下，我国科技资源配置与经济结构的时空耦合，为下文分析我国科技资源配置与经济结构耦合系统的动力学仿真做铺垫。其中，重点研究并对比科技资源配置重心与经济结构重心的区位与移动轨迹；测算科技资源配置与经济结构的耦合协调度；分析二者耦合协调状态的空间分布。

4.4.2.1 指标选取与数据说明

（1）指标选取：刘沛罡等（2017）使用R&D人员全时当量、R&D经费内部支出、R&D仪器、设备支出分别表征人力、财力、物力资源，研究中国高技术产业结构与科技资源投入结构的匹配关系[251]。吴爱东等（2017）使用第三产业产值比重、技术密集型产业比重、全要素生产率等指标衡量产业结构，对我国金融发展与产业结构升级的耦合关系进行研究[252]。贾玉娇（2014）通过分析吉林省就业人口的性别构成、年龄构成、受教育程度、职业构成等劳动力资源的现状及问题，为劳动力结构的优化提供依据[253]。刘燕妮等（2014）使用第一产业比较劳动生产率、投资率、通货膨胀率、进出口总额占GDP比重等指标构建中国经济结构失衡测度指标体系，测度我国经济增长质量，并提出针对性建议[254]。遵循指标体系构建的全面性、典型性、可比性和可操作性等原则，在参考前人相关研究基础上，本专著构建的"互联网+"背景下科技资源配置系统和经济结构系统的指标体系如下（见表4-1）。考虑到我国省会城市通常是省级行政单元的政治、经济和文化中心，在科技资源配置领域引领全省并形成以省会城市为核心的区域科技资源配置网络，因此，以各省会、直辖市中心地理坐标表示省级行政区地理坐标。

（2）数据说明：本专著选择中国31个省域2007~2016年的面板数据①

① 由于数据的局限性，部分指标缺失2017年及以后数据，因此本节实证研究数据仅能选取至2016年。

表4-1　科技资源配置系统和经济结构系统综合评价指标体系

系统	一级指标	二级指标
科技资源	科技人力资源	R&D人员全时当量（刘沛罡等，2017）[251]
	科技财力资源	R&D经费支出（刘沛罡等，2017）[251]
	科技物力资源	科技机构数
	科技信息资源	长途光缆线路长度
		互联网宽带接入端口
		互联网域名数
经济结构	产业结构	第三产业产值比重（吴爱东等，2017）[252]
		技术密集型产业产值比重（吴爱东等，2017）[252]
	劳动力结构	本科及以上学历就业人数比重（贾玉娇，2014）[253]
		信息传输、软件和信息技术服务业就业人数比重
		最终消费支出/GDP（刘燕妮等，2014）[254]
	投资消费结构	信息传输、软件和信息技术服务业投资率
	国际收支结构	进出口总额/GDP（刘燕妮等，2014）[254]

来实证分析科技资源配置与经济结构的重心迁移及耦合互动关系。数据来源于中国互联网络信息中心、国家基础地理信息数据库和2008~2017年的《中国统计年鉴》《中国科技统计年鉴》《中国高技术产业统计年鉴》《中国人口和就业统计年鉴》。由于指标中的数据来源复杂，数据值之间的差别较大，所以首先对数据做标准化去纲处理。鉴于以上指标均为正向指标，因此采用如下极差标准化方法对原始数据进行处理：

$$X_{vij} = \frac{x_{vij} - \min(x_{vij})}{\max(x_{vij}) - \min(x_{vij})} \tag{4-37}$$

在式（4-37）中，v表示省份，i表示年份，j表示第j项指标，x_{vij}表示v省份第i年第j项指标的原始数值，X_{vij}表示v省份第i年第j项指标经过标准化处理的值，$\max(x_{vij})$和$\min(x_{vij})$分别表示第i年第j项指标的最大值和最小值。接着用熵值法确定各指标权重，再分别得到2007~2016年我国31个省份的科技资源配置综合指数及经济结构综合指数。

4.4.2.2　重心时空演变分析

（1）重心区位：利用重心模型计算出2007~2016年我国科技资源配

置重心点坐标及其移动距离和方向（见表4-2）。由表4-2可以看出，研究期内，我国科技资源配置重心位于东经114.634°~115.452°和北纬32.038°~32.969°之间。取各省的面积和省会城市的经纬度坐标，利用重心计算方法，得到我国的几何中心（36.03°N，103.5°E）。科技资源配置重心是区域科技资源配置网络中的均衡点，几何中心为区域空间的中心点，分析二者的偏离程度可以说明科技资源配置在空间分布格局上的均衡性。参照我国的几何中心，可以发现我国科技资源配置重心点全部分布于几何中心的东南方向，表明我国科技资源配置一直处于不均衡状态。2007年科技资源配置重心点偏离几何中心1287.24千米；2012年偏离几何中心1394.86千米，偏离程度达到最大；2016年偏离几何中心1376.74千米，偏离程度有逐渐缩小的趋势，说明2012年以后科技资源配置趋向于均衡发展状态。

表4-2　科技资源配置重心的位置、移动距离和方向

年份	空间位置/(°)		移动距离/(km)	移动方向/(°)
	经度	纬度		
2007	114.634	32.827	—	—
2008	114.764	32.969	21.394	47.408
2009	114.736	32.872	11.271	-106.088
2010	115.008	32.746	33.308	-24.847
2011	115.087	32.549	23.536	-68.056
2012	115.452	32.190	56.885	-44.522
2013	115.382	32.587	44.838	100.025
2014	115.264	32.485	17.373	-139.055
2015	115.234	32.311	19.649	-99.712
2016	115.230	32.038	30.294	-90.809

（2）重心移动轨迹：根据我国31个省域的经济结构综合测度数据，同样采用重心模型计算2007~2016年我国经济结构重心点区位，鉴于篇幅有限，不再具体列出，仅在科技资源配置重心与经济结构重心移动轨迹变化图（见图4-10）中绘制经济结构重心移动轨迹。经济结构重心点同样

全部分布于几何中心的东南方向，科技资源配置重心相较于经济结构重心更加偏离几何中心，说明科技资源配置不均衡性比经济结构的不均衡性要大，科技资源相对经济结构而言，更偏向于在我国东南地区集中分布。从经纬度来看，科技资源配置重心经度偏离大于纬度偏离，表明我国科技资源配置的东西差异相较于南北差异更大，东西方向上的科技资源配置不均衡是导致我国科技资源配置重心空间偏离的主要原因。

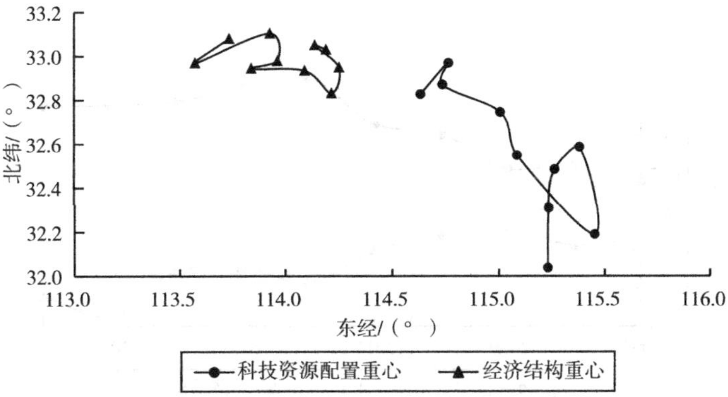

图4－10　科技资源配置重心与经济结构重心移动轨迹变化

从图4－10来看，科技资源配置重心迁移速度总体呈现“慢－快－慢”的移动特征：2007～2008年我国科技资源配置重心向东北方向移动，移动速度21.39 km/年；2008～2009年向西南方向移动，移动速度11.27km/年；2009～2012年呈现快速向东南方向移动的趋势，移动速度37.91km/年；2012～2013年快速向西北方向移动，移动速度44.84km/年；2013年以后又呈现出向西南方向移动的趋势，移动速度22.42km/年。研究期内，我国科技资源配置重心移动较为剧烈，一共移动了258.55千米，表明我国科技资源配置空间格局发生了较大的变换。从经济结构重心的移动轨迹来看，研究期内我国经济结构重心的移动幅度相比科技资源配置重心移动幅度更小，一共移动了175.74千米，表明经济结构重心移动范围相对稳定，位移变化波动性小，科技资源配置重心移动范围相对多变，科技资源配置空间分布格局较经济结构空间分布格局变动更为活跃。

从我国科技资源配置重心和经济结构重心经纬度演变轨迹的对比图（见图4－11）来看，研究期内科技资源配置重心2007～2012年移动幅度较大，逐渐向高经度方向移动，至2012年开始趋于稳定并又向低经度方向移动，说明近年来中西部地区省市在我国科技资源配置能力空间格局中的地位不断提高，东、西部科技资源配置能力的差距在不断缩小；经济结构重心在2008~2009年、2012~2013年、2015~2016年均小幅度向高经度方向移动，其余年份均向低经度方向移动。从位置来看，科技资源配置重心历年经度坐标均高于经济结构重心相应年份的经度坐标值，二者重心位置在经度方向上的距离于2015年达到最大。

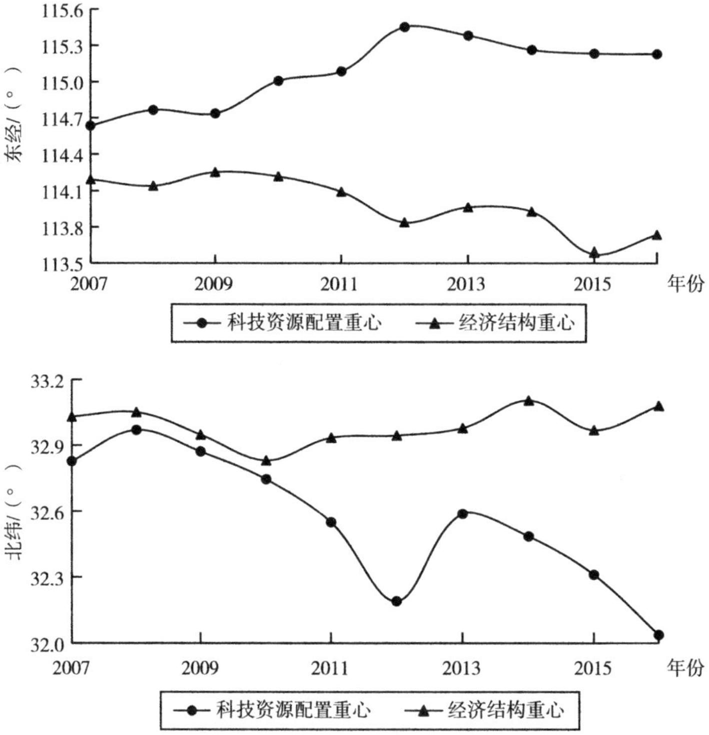

图4-11　科技资源配置重心和经济结构重心经纬度演变轨迹对比

研究期内科技资源配置重心总体上向低纬度方向移动，其中，2007~2008年和2012~2013年两个时间段出现短暂向高纬度方向移动的情况，大体呈现“M”形迁移态势；经济结构重心在2008~2010年及2014~2015年向低纬度方向移动，其余年份均向高纬度方向移动，大体呈现“W”形迁移态势。从移动速度来看，科技资源配置重心移动较快，经济结构重心移动较慢，说明我国科技资源配置能力的南北格局变化较快，经济结构的南北格局相对稳定。从位置来看，研究期间内经济结构重心在纬度上始终高于科技资源配置重心，说明相较北方来说，南方在科技资源配置方面的优势地位始终超越其在经济结构方面的地位，科技资源配置和经济结构二者重心位置在纬度方向上的距离于2016年达到最大。

4.4.2.3 耦合协调度测算及其结果分析

(1) 耦合度测算及其结果分析：耦合是指两个或两个以上的系统或运动形式通过相互作用而彼此影响的现象（王永初和王启志，1999）[255]。协调是两个或两个以上系统或要素之间一种良性的相互关联，是系统之间或系统内要素之间和谐一致、良性循环的关系（杨士弘等，1996）[256]。假设 u_1 和 u_2 分别是科技资源配置和经济结构两大系统的综合评价指数，依据对协调概念的分析，我们希望 u_1 和 u_2 的离差尽可能小，用 C_v 表示离差系数，S表示标准差，那么可以得到：

$$C_v = \frac{S}{\frac{1}{2}(u_1 + u_2)} \tag{4-38}$$

$$S = \sqrt{\frac{(u_1 - u_2)^2}{2}} \tag{4-39}$$

将式（4-39）代入式（4-38）并化简可以推导出：

$$C_v = \sqrt{2(1 - C)} \tag{4-40}$$

要使 C_v 尽可能小，即是希望C尽可能大，式（4-40）中：

$$C = 2\{(u_1 \times u_2)/[(u_1 + u_2)(u_1 + u_2)]\}^{1/2} \tag{4-41}$$

式（4-41）界定为表征科技资源配置系统和经济结构系统耦合度的计算公式。当两系统高度耦合时才能实现高水平协调发展，实现高耦合协调度的两种方法包括促进欠发达的系统及抑制表现更优秀的系统，显而易见，促进欠发达的系统以提高两系统的耦合协调度是更好的选择，对欠发达的系统赋相对更高的权重，引起政府更多的关注以促进欠发达系统的改进（Li yin S等，2018）[257]。据此进一步建立科技资源配置系统与经济结构系统的耦合协调度模型：

$$\varphi = \frac{u_2}{u_1 + u_2},\ \rho = \frac{u_1}{u_1 + u_2} \tag{4-42}$$

$$D = \sqrt{C \times F} \tag{4-43}$$

$$F = \varphi u_1 + \rho u_2 \tag{4-44}$$

式（4-44）中，φ、ρ 为待定权重，分别表示科技资源配置与经济结构对协调度的贡献水平。当科技资源配置系统的综合评价值更高时，ρ 值相对 φ 值更大；当经济结构系统的综合评价值更高时，φ 值相对 ρ 值更大。D 为耦合协调度，F 为反映科技资源配置与经济结构协同效应的综合评价指数。

为了区分科技资源配置系统和经济结构系统的耦合协调发展程度，对耦合度及耦合协调度进行区间划分，具体评价标准见表4-3和表4-4。

表4-3　耦合度等级分类

耦合度 C	类型	耦合度 C	类型
$0 \leqslant C < 0.3$	低水平耦合	$0.5 \leqslant C < 0.8$	磨合阶段
$0.3 \leqslant C < 0.5$	颉颃阶段	$0.8 \leqslant C \leqslant 1$	高水平耦合

表4-4　耦合协调度等级分类

耦合协调度 D	类型	耦合协调度 D	类型
$0.0 \leqslant D < 0.3$	严重失调	$0.5 \leqslant D < 0.7$	初级协调
$0.3 \leqslant D < 0.5$	轻度失调	$0.7 \leqslant D \leqslant 1.0$	良好协调

按照耦合度计算公式，可以得到2007~2016年我国31个省域"科技资源配置—经济结构"系统的耦合度，本专著将历年东、中、西部地区①及全国范围做区域内平均处理，从"区域横向"和"时间纵向"两个维度对科技资源配置和经济结构系统的耦合发展状况进行对比分析。

根据表4-5所得的系统耦合度来看，东、中、西部地区及全国平均意义上"科技资源配置—经济结构"系统的耦合度都非常高，长期处于0.8以上，整体处于高水平耦合阶段，"科技资源配置—经济结构"系统互动

---

① 本书所考察的31个省域划分：东部地区包括北京、天津、河北、辽宁、上海、江苏、浙江、福建、山东、广东和海南11个省份，中部地区包括山西、吉林、黑龙江、安徽、江西、河南、湖北和湖南8个省份，西部地区包括内蒙古、广西、重庆、四川、贵州、云南、西藏、陕西、甘肃、青海、宁夏和新疆12个省份。

强劲，保持非常强的相互作用关系，且伴随着时间的推移系统耦合度整体呈上升态势。我国东部地区系统耦合度仅在2015年超过全国平均值，并且在2009~2010年和2015~2016年出现小幅度下降；中部地区平均意义上的“科技资源配置—经济结构”系统耦合度最高，但在2009~2010年和2011~2012年出现小幅度下降；西部地区的系统耦合度一直略低于全国平均值，同样在2009~2010年和2011~2012年出现小幅度下降，整体耦合水平和中部地区还存在一定的差距。总体来看，“科技资源配置—经济结构”系统间及系统内部要素之间协调得当、实现相互促进，为良性耦合。在两系统整体高耦合的前提下，系统协调度这一结果的实际测量意义强、参考性较好，即在这种情况下，其耦合协调度的高低可以直接说明系统间的促进程度。

表4-5 东、中、西部及全国平均“科技资源配置—经济结构”系统耦合度

地区 \ 年份	2007	2008	2009	2010	2011	2012	2013	2014	2015	2016
东部	0.835	0.859	0.878	0.870	0.877	0.881	0.891	0.903	0.918	0.913
中部	0.941	0.950	0.966	0.954	0.960	0.953	0.963	0.964	0.964	0.967
西部	0.843	0.851	0.891	0.851	0.856	0.847	0.858	0.873	0.876	0.900
全国平均	0.865	0.879	0.906	0.884	0.890	0.886	0.897	0.907	0.913	0.922

（2）协调度测算及其结果分析。

根据耦合协调度计算公式可计算出2007~2016年我国31个省域科技资源配置和经济结构两大系统的耦合协调度（见表4-6）。从表4-6可以看出，我国31个省域“科技资源配置—经济结构”系统的耦合协调度在10个时间节点的数值跨度为0.043~0.752，耦合协调度数值差距非常大，其类型以严重失调和轻度失调为主，两种类型总占比在2007年和2008年为93.5%；在2009年和2010年为90.3%；在2011~2014年为87.1%；在2015年和2016年为83.9%，在此过程中减少的省域单元均向上一级的耦合协调阶段进行了跃迁，这些省域科技资源配置和经济结构之间的良性互动关系进一步增强。这里体现了两个特征：其一，每个时间节点上，我国“科技资源配置—经济结构”系统耦合协调度总体水平低，达到协

调阶段的省域数量非常少；其二，从时间序列来看，我国"科技资源配置—经济结构"系统耦合协调度总体得到显著提升，整体状况趋向良性发展。

表4-6　我国31省域"科技资源配置—经济结构"系统耦合协调度

省份＼年份	2007	2008	2009	2010	2011	2012	2013	2014	2015	2016
北京	0.507	0.587	0.570	0.524	0.514	0.530	0.578	0.615	0.681	0.717
天津	0.182	0.212	0.230	0.247	0.283	0.297	0.317	0.344	0.381	0.382
河北	0.241	0.261	0.266	0.281	0.291	0.301	0.317	0.339	0.356	0.357
山西	0.225	0.245	0.254	0.246	0.249	0.252	0.277	0.284	0.301	0.306
内蒙古	0.217	0.226	0.240	0.242	0.261	0.261	0.279	0.303	0.298	0.307
辽宁	0.300	0.321	0.327	0.330	0.336	0.338	0.357	0.377	0.385	0.401
吉林	0.207	0.221	0.243	0.237	0.242	0.243	0.252	0.268	0.282	0.294
黑龙江	0.270	0.289	0.304	0.290	0.296	0.288	0.351	0.357	0.355	0.341
上海	0.431	0.392	0.449	0.418	0.426	0.450	0.459	0.487	0.539	0.574
江苏	0.448	0.487	0.517	0.553	0.586	0.636	0.665	0.678	0.695	0.676
浙江	0.411	0.435	0.461	0.477	0.507	0.543	0.529	0.554	0.577	0.572
安徽	0.244	0.257	0.272	0.283	0.306	0.330	0.354	0.391	0.425	0.426
福建	0.319	0.340	0.367	0.352	0.367	0.399	0.401	0.420	0.460	0.497
江西	0.220	0.228	0.253	0.235	0.245	0.244	0.266	0.293	0.331	0.349
山东	0.342	0.368	0.384	0.401	0.426	0.437	0.493	0.498	0.490	0.493
河南	0.224	0.216	0.240	0.251	0.287	0.319	0.359	0.386	0.421	0.425
湖北	0.282	0.301	0.312	0.311	0.323	0.324	0.344	0.370	0.404	0.400
湖南	0.270	0.294	0.298	0.296	0.315	0.320	0.341	0.363	0.392	0.399
广东	0.528	0.570	0.589	0.609	0.642	0.682	0.713	0.718	0.745	0.752
广西	0.238	0.244	0.265	0.251	0.261	0.264	0.280	0.304	0.321	0.334
海南	0.043	0.062	0.066	0.076	0.074	0.079	0.110	0.121	0.139	0.129
重庆	0.198	0.214	0.227	0.229	0.227	0.234	0.255	0.291	0.328	0.358
四川	0.323	0.335	0.361	0.347	0.358	0.363	0.395	0.425	0.450	0.456

续表

省份＼年份	2007	2008	2009	2010	2011	2012	2013	2014	2015	2016
贵州	0.203	0.207	0.221	0.203	0.226	0.216	0.231	0.250	0.265	0.278
云南	0.232	0.233	0.242	0.232	0.251	0.250	0.267	0.282	0.313	0.328
西藏	0.126	0.115	0.143	0.123	0.134	0.133	0.145	0.178	0.166	0.178
陕西	0.273	0.273	0.313	0.298	0.302	0.304	0.320	0.346	0.363	0.377
甘肃	0.204	0.208	0.223	0.209	0.210	0.216	0.227	0.243	0.266	0.265
青海	0.144	0.160	0.179	0.167	0.170	0.172	0.179	0.199	0.205	0.215
宁夏	0.104	0.105	0.122	0.111	0.118	0.119	0.123	0.129	0.138	0.147
新疆	0.215	0.220	0.237	0.219	0.225	0.219	0.230	0.243	0.262	0.271

绘制2007~2016年我国31个省域科技资源配置和经济结构两大系统分东、中、西部地区及全国平均的耦合协调度动态趋势图（见图4-12），东部地区"科技资源配置—经济结构"系统耦合协调度从0.341上升至0.505，由轻度失调转变为初级协调；中部地区系统耦合协调度从0.243上升至0.368，由严重失调转变为轻度失调；西部地区系统耦合协调度从0.206上升至0.293，仍然维持严重失调的状态；全国平均系统耦合协调度从0.264上升至0.387，由严重失调转变为轻度失调。10年内我国东、中、西部地区及全国平均的系统耦合协调度增幅分别为48.1%、51.4%、42.2%、46.6%，中部地区8个省份平均意义上的系统耦合协调度增幅最

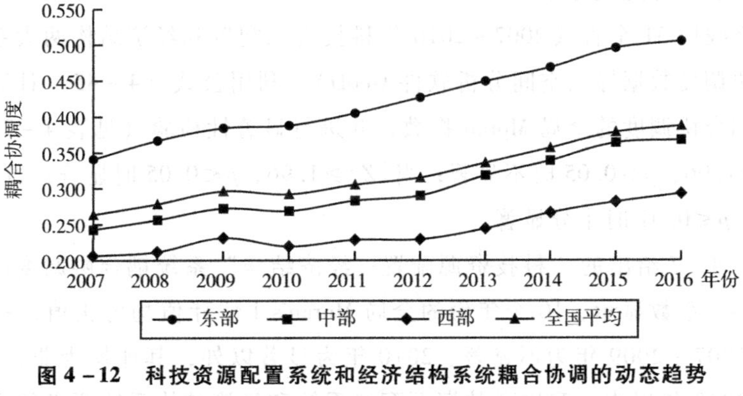

图4-12　科技资源配置系统和经济结构系统耦合协调的动态趋势

大，西部地区12个省份平均意义上的系统耦合协调度增幅最小。我国东、中、西部地区及全国平均的"科技资源配置—经济结构"系统耦合协调度均处于波动上升态势，总体上看东部地区系统耦合协调度高于全国平均值，全国平均值高于中部地区，西部地区系统耦合协调度处于最低端，这与我国东、中、西部地区的经济发展水平梯度差异吻合。

4.4.2.4 耦合协调度空间相关性检验

（1）耦合协调度全局空间自相关检验。

全局空间统计用于分析整个研究区域的空间模式，使用单一的数值来反映区域的自相关程度（陆玉麒，2002）[258]，判断要素在空间上是聚集、分散或随机的分布模式。通常用Moran's I系数作为度量指标，其一般形式为：

$$I = \frac{n\sum_{i=1}^{n}\sum_{j=1}^{n} w_{ij}(x_i - \bar{x})(x_j - \bar{x})}{\sum_{i=1}^{n}\sum_{j=1}^{n} w_{ij}\sum_{i=1}^{n}(x_i - \bar{x})^2} \tag{4-45}$$

其中，n为研究单元的数量；$x_i(x_j)$为第i，j个单元的变量观测值；w_{ij}为n阶空间权重矩阵（两个区域空间相邻为1，不相邻为0）；$\bar{x}$为n个单元变量观测值的平均值。I的取值范围为［-1，1］，I为正值表明正的空间自相关，要素在空间上表现为聚集分布模式；I为负值表明负的空间自相关，要素在空间上表现为分散分布模式；I值为0表明不相关，要素在空间上表现为随机分布模式。

将我国31个省域2007～2016年科技资源配置和经济结构两大系统的耦合协调度数据导入空间分析软件GeoDA，利用公式（4-45）计算出两系统耦合协调度的全局Moran指数，并进行显著性检验（见表4-7）。当$|Z|<1.96$，$p>0.05$时不显著；当$|Z|\geq 1.96$，$p\leq 0.05$时显著；当$|Z|\geq 2.58$，$p\leq 0.01$时十分显著。

表4-7给出的"科技资源配置—经济结构"系统耦合协调度的全局Moran's I系数显示，10个年份的全局Moran's I估计值均为正值，检验结果除2007～2009年为不显著、2010年为显著以外，其他均为非常显著。表明2010年以来，我国科技资源配置系统和经济结构系统两者的耦合协

调度存在显著的正相关。具体表现为“科技资源配置—经济结构”系统耦合协调度较高的区域周边的地区耦合协调度也较高，两系统耦合协调度较低的区域周边的地区耦合协调度也较低，相邻省市的耦合协调度在空间分布上呈现出集聚现象，我国各省域两系统耦合协调度在空间分布上呈现明显的空间依赖特征。Moran's I 值的变化分为如下几个阶段：2007～2008 年及 2012～2013 年 Moran's I 指数短暂下降，表明这期间我国 31 个省域科技资源配置系统和经济结构系统两者耦合协调度不平衡趋势逐渐扩大，其耦合协调度聚集分布放缓；2008～2012 年及 2013～2016 年 Moran's I 指数逐年增大，表明这期间两系统耦合协调度在空间上的聚集程度不断加强，各省域之间的联系逐渐增强，区域耦合协调度的差异减小。

表 4-7　系统耦合协调度的 Moran's I 指数及其显著性

年份	Moran's I	zscore	Pvalue
2007	0.1759	1.7625	0.064
2008	0.1485	1.5458	0.080
2009	0.1940	1.9257	0.043
2010	0.2427	2.3614	0.014
2011	0.2798	2.7136	0.006
2012	0.3189	3.0766	0.002
2013	0.2872	2.8019	0.004
2014	0.3007	2.8863	0.003
2015	0.3351	3.1621	0.002
2016	0.3402	3.1927	0.002

（2）耦合协调度局部空间自相关检验。

局部空间统计用于计算每一个空间单元与相邻单元就某一属性的相关程度（廖翼等，2014）[259]，用来检验局部地区是否有相似或相异的观察值集聚。常用的局部空间自相关指标为局部 Moran 指数（I_i），计算公式如下：

$$I_i = z_i \sum_{j}^{n} w_{ij} z_j \quad (4-46)$$

其中，z_i、z_j 表示 i 区域和 j 区域的系统耦合协调度的标准化形式，w_{ij} 为空间权重矩阵。根据 Moran's I 值将区域划分为 4 种不同类型，即 H－H（高—高）型（该区域与周围区域"科技资源配置—经济结构"系统耦合协调度都比较高且综合测度差异小），L－L（低—低）型（该区域与周围区域"科技资源配置—经济结构"系统耦合协调度都比较低且综合测度差异小），H－L（高—低）型（该区域"科技资源配置—经济结构"系统耦合协调度高而周边区域低，综合测度差异大），L－H（低—高）型（该区域"科技资源配置—经济结构"系统耦合协调度低而周边区域高，综合测度差异大）。

运用 GeoDA 软件绘制我国 31 个省域 2007～2016 年"科技资源配置—经济结构"系统的耦合协调度 Moran 散点图，以深入分析某一省市与其周围省市的空间关系。为表现其变化趋势的特征，选取 2007 年、2016 年 2 个年份的 Moran 散点图作为分析样本，散点图中各类型所对应的省域见表 4－8。

表 4－8　2007 年及 2016 年 Moran 散点图省域分布情况

年份	空间关系			
	高—高（H－H）	低—低（L－L）	低—高（L－H）	高—低（H－L）
2007	上海、江苏、浙江、福建、山东	山西、内蒙古、吉林、黑龙江、河南、重庆、贵州、云南、西藏、甘肃、青海、宁夏、新疆	天津、河北、安徽、江西、湖南、广西	北京、辽宁、湖北、广东、四川、陕西
2016	上海、江苏、浙江、安徽、福建、山东、湖南	山西、内蒙古、吉林、黑龙江、重庆、贵州、云南、西藏、陕西、甘肃、青海、宁夏、新疆	天津、河北、江西、广西	北京、辽宁、河南、湖北、广东、四川

由表 4－8 可知，我国 31 个省域，"科技资源配置—经济结构"系统的耦合协调度集聚特征明显，主要以 L－L 型集聚为主且该集聚类型主要分布在中国西北部，H－H 型集聚则主要分布在中国东南部沿海地区，系统耦合协调度局部空间异质特征即低低型的空间分异非常明显。H－H 型数量从 2007 年的 5 省市增加至 2016 年的 7 省市，上海、江苏、浙江、福

建、山东5省市维持在H-H型聚集区，增加了安徽和湖南两省，比重上升至22.6%，这7个省市与周围省市的系统耦合协调度空间差异较小；L-L型数量维持在13省市，比重达到41.9%，其中河南退出L-L型集聚区进入H-L型集聚区，这13个省市与周围省市的系统耦合协调度空间差异同样较小；L-H型数量逐年减少，从2007年的6省市减少至2016年的4省市，比重下降至12.9%，安徽和湖南退出L-L型集聚区，表现出同外围江苏、上海、广东等省市的趋同现象，天津、河北、江西、广西4省市维持L-H型聚集原状，与周围省市的系统耦合协调度存在较大的空间差异；H-L型数量维持在6个，比重占19.4%，其中陕西退出H-L型聚集区进入L-L型集聚区，北京、辽宁、湖北、广东、四川5省市仍属于H-L型集聚区，这些省市与周围地区的系统耦合协调度在空间上的差异较大。就整体而言，2016年的变化幅度较小，大部分地区仍维持2007年所表现的聚集模式。

4.4.2.5 耦合协调状态空间分布

本研究进一步对2007年、2016年我国31个省域“科技资源配置—经济结构”系统的耦合协调水平进行空间可视化处理，以更好地剖析科技资源配置系统和经济结构系统耦合协调发展的时空格局演化。2007～2016年我国31个省域科技资源配置系统和经济结构系统的耦合协调状态整体有明显变化，总体上两系统的耦合协调状态逐渐从低级共生向高级共生发展，两系统严重失调的省份减少，良好协调的省份增加，但两系统达到协调状态的省份仍非常少，绝大部分省份仍处于失调状态。2007年，我国中、西部地区绝大部分省份科技资源配置系统和经济结构系统的耦合协调度均处于严重失调阶段，两系统严重失调的省域占全国比例为71%，仅有北京和广东两省市处于初级协调状态。至2016年两系统严重失调比例下降至26%，仍有新疆、西藏、宁夏、甘肃、青海、吉林、贵州、海南8个省市系统处于严重失调状态，江苏、上海、浙江三省市系统耦合协调度上升至初级协调状态。2007～2016年北京和广东两省市的系统耦合协调度从初级协调发展至良好协调，此两省市为我国科技资源配置系统和经济结构系统和谐共生的代表性地区。2007年和2016年我国科技资源配置系统和经济结构系统的耦合协调度都呈现“东高西低”的空间格局，东部沿海地区两系统的耦合协调度相较于中西部地区更高，说明东部沿海地区科技资源配置系统和经济结构系统的发展步调一致，是相互促进、和谐共生的，中西部地区耦合协调度偏低，即两系统的发展步调不一致，在发展过程中未能互相带动彼此共同进步、不够和谐①。

4.4.3 我国科技资源配置与经济结构耦合系统仿真分析

本节在上节分析"互联网+"背景下我国科技资源配置与经济结构的时空耦合的基础上，进一步运用系统动力学模型深入研究科技资源配置与经济结构耦合发展的复合系统。其中，重点对"科技资源配置—经济结构"耦合系统的模型结构、系统动力学流图及系统方程式进行分析，在建立系统动力学模型后再进行模型检验与政策模拟分析。

4.4.3.1 系统动力学模型建立

（1）模型结构分析及指标变量设置。

"互联网+"背景下科技资源配置与经济结构相互影响，可将二者看作一个密切耦合的整体，本专著基于全面性、关联性、典型性分析二者耦合发展的因果反馈关系，剖析科技资源配置子系统与经济结构子系统之间的动态反馈机制，建立二者关联结构。科技资源配置系统分为科技人力资源、科技财力资源、科技物力资源、科技信息资源4个部分，在经济结构模块中选取本科及以上学历就业人数比重、固定资产投资比例、第三产业产值比重等分别能反映劳动力结构、投资结构、产业结构的指标作为变量。选取长途光缆线路长度、互联网宽带接入端口、信息服务业投资、信息服务业就业人数、信息服务业产值5个变量突出互联网对整个系统的影响，作为互联网重要组成部分之一的信息服务业对城市结构调整起着重要作用。科技资源配置与经济结构耦合发展的具体指标变量设置见表4-9。

① 本部分内容经总结形成学术论文《"互联网+"背景下我国科技资源配置与经济结构的时空耦合研究》，发表于《数量经济研究》（2020年第01期）。

表4-9 科技资源配置与经济结构耦合发展的系统动力学指标变量

子系统评价体系	指标
科技资源配置子系统	科技人力资源增长率、研究与开发人员、科技财力资源增长率、研究与开发经费支出、科技物力资源增长率、科技信息资源增长率、互联网宽带接入端口、研究与开发经费支出比例、科技资源配置水平、科技资源配置年增长量、长途光缆线路长度
经济结构子系统	本科及以上学历就业人数比重、技术密集型产业产值、第三产业产值、第三产业产值比重、固定资产投资、固定资产投资比例、信息服务业就业人数、信息服务业产值、信息服务业投资、信息服务业投资率、GDP、GDP增长率、潜在GDP增长率、GDP年增长量

（2）模型基本假设。

对于“互联网+”背景下科技资源配置与经济结构耦合发展的系统动力学模型的分析基于以下假设：①该系统的整体运行是动态、连续的；②该模型的分析主要考虑科技资源配置与经济结构的关系，包括与2个子系统相关的影响因素，而不考虑除此之外的其他因素；③不考虑延迟性以及时滞性对模型整体运行的影响；④经济发展是相对稳定的，不考虑由各种不可抗力导致的系统崩溃。

（3）系统动力学流图分析。

系统中按变量性质主要可分为表示系统中积累效应的状态变量；表示系统中积累效应变化快慢的速率变量；表示状态变量与速率变量二者之间信息转换过程的辅助变量（王其藩，2009）[260]。“互联网+”背景下科技资源配置与经济结构耦合发展的系统动力学流如图4-13所示，图4-13中的状态变量为科技资源配置水平和GDP，速率变量为科技资源配置年增长量和GDP年增长量，其余均是辅助变量。

（4）系统方程式设置。

“互联网+”背景下科技资源配置系统与经济结构系统紧密相关，根据系统的结构特点以及主要变量变化的稳定性和变量之间的关联性特征，对系统方程式进行设置。通过查阅统计年鉴、统计公报等统计数据获得我国2007~2016年的相关经济数据，数据来源于中国互联网络信息中心、2008~2017年的《中国统计年鉴》《中国高技术产业统计年鉴》《中国人口和就业统计年鉴》。对数据进行初步分析、处理，获得数据间的规律性认识，同时借助趋势法、线性回归法和多项式回归法等多种方法确定有关

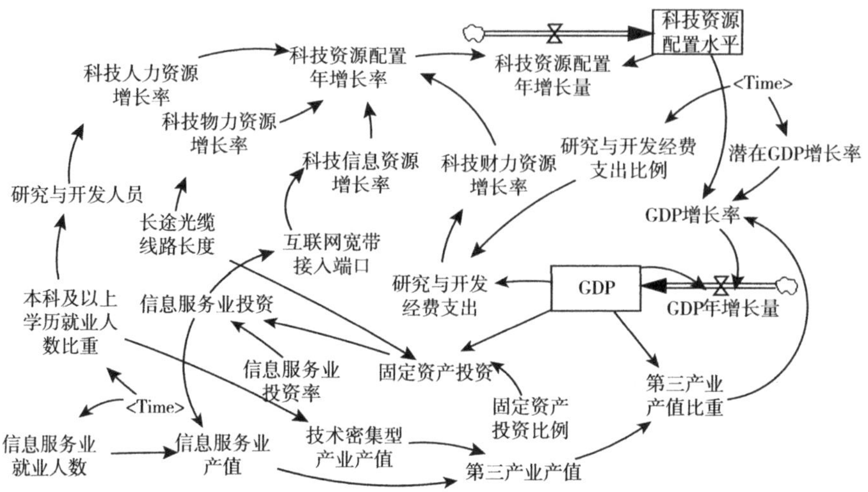

图 4-13 科技资源配置与经济结构耦合发展的系统动力学流

联性变量的参数及关系式。

为方便后续比较与分析，对 2007 年我国科技资源配置水平的初始值取 1，根据 2008 年《中国统计年鉴》得到 2007 年我国 GDP 为 27.00923 万亿元。常数包括信息服务业投资率和固定资产投资比例，二者作为外生变量，研究期间波动较小且不受其他变量影响，均取我国 10 年来的算术平均值。同时应用表函数得到规律性弱的变量间关系，通过插值建立图表函数的方法将因果关系清晰地表现出来，包括研究与开发人员和科技人力资源增长率的关系、研究与开发经费支出和科技财力资源增长率的关系、长途光缆线路长度和科技物力资源增长率的关系、互联网宽带接入端口和科技信息资源增长率的关系，除此之外，还有潜在 GDP 增长率等 4 个时间序列。

在变量间方程的构建过程中，对于难以估计的参数，先粗略地使用该参数的一些可能数值进行模拟测试，直至模型行为不发生显著变化，则确定相应值为参数值。同时，在构建模型的过程中不断结合现实经验数据对变量进行调试，使模型能够更好地仿真出每一个变量之间的相互关系，力求基本符合现实情况。通过综合运用以上方法，构建出科技资源配置与经济结构耦合发展的系统动力学模型变量间的方程，其中主要的方程及参数设置如下：

科技资源配置年增长率=(科技人力资源增长率+科技财力资源增长率+科技物力资源增长率+科技信息资源增长率)/4 units：Dmnl

研究与开发人员 =157.78 × ln(本科及以上学历就业人数比重) +777.33 units：万人、年

技术密集型产业产值 =160.72 ×本科及以上学历就业人数比重 +1.2886 units：万亿元

研究与开发经费支出=研究与开发经费支出比例×GDP units：万亿元

第三产业产值=0.09848+1.99946×技术密集型产业产值+3.35150×信息服务业产值 units：万亿元

第三产业产值比重=第三产业产值/GDP units：Dmnl

固定资产投资=GDP×固定资产投资比例 units：万亿元

信息服务业投资=固定资产投资×信息服务业投资率 units：万亿元

信息服务业产值 = -0.04289 +27.19079 ×信息服务业就业人数 +1.84507×信息服务业投资 units：万亿元

长途光缆线路长度=0.4138×固定资产投资+72.37 units：万公里

互联网宽带接入端口=130139×信息服务业投资-11610 units：万个

科技资源配置水平=INTEG(科技资源配置年增长量，1) units：Dmnl

科技资源配置年增长量=科技资源配置水平×科技资源配置年增长率 units：Dmnl

GDP增长率 =科技资源配置水平/13 +第三产业产值比重/8 +潜在GDP增长率 units：Dmnl

GDP年增长量=GDP×GDP增长率 units：Dmnl

GDP=INTEG(GDP年增长量，27.00923) units：万亿元

信息服务业投资率=0.00966 units：Dmnl

固定资产投资比例=0.68289 units：Dmnl

将以上方程式及参数设置代入系统动力学软件 VENSIM PLE，对模型进行仿真分析，运行范围为 2007~2020 年，仿真步长 1 年，2007~2016 年为模型运行与实际情况的检验年限，可进行模型调试和相关参数变量的确定，2017~2020 年为系统政策仿真的预测年限，这一阶段的模拟是为了预测未来四年的趋势，以便政策分析。

4.4.3.2 系统动力学模型检验及政策模拟

(1) 模型稳定性检验。

建立系统动力学模型之后，需要对模型的有效性进行检验，关注检验结果是否能够较为准确地描述现状并解决研究问题。模型先后进行了直观检验、稳定性检验、历史性检验和灵敏性检验。在绘制系统动力学流图的过程中，对指标变量进行了运行检验，由于篇幅有限，文章着重介绍模型稳定性检验及历史性检验的过程。

由于本专著所建立的系统动力学模型是一种稳定结构，内部任何一个参数值的细微变化均不会影响系统整体行为模式的走势，因此，可以从模型中任取一个变量，设立不同的仿真时间间隔，通过观察该变量在时间间隔发生变化时的运行情况来检验模型的稳定性。以模型中第三产业产值和互联网宽带接入端口为检测对象，将仿真时间步长分别设置为0.25年、0.5年和1年，由图4-14可以看出，在不同的仿真时间间隔下所得到的两个变量的3条走势图变化趋势均保持一致，并未出现剧烈波动，由此可以判断本专著所建立的系统动力学模型是较稳定的。

(2) 模型历史性检验。

历史性检验是指通过模型仿真，检验系统行为与历史的拟合程度，比较系统中变量的仿真值与历史统计数据之间的差异来判断模型的有效性。将GDP、长途光缆线路长度、研究与开发人员和研究与开发经费支出作为检验变量，对2007~2016年的数据进行拟合检验，检验结果如表4-10所示。

由表4-10可知，"互联网+"背景下科技资源配置与经济结构耦合发展的系统动力学模型参数仿真结果相对科学，GDP的最高误差率为-6.08%，平均误差率为2.38%；长途光缆线路长度的最高误差率为6.37%，平均误差率为2.22%；研究与开发人员的最高误差率为-9.47%，平均误差率为4.37%；研究与开发经费支出的最高误差率为-6.21%，平均误差率为2.39%，四者误差率绝对值均不超过10%，表明模型运行结果与实际数据之间拟合度较高，模型能较为准确地描述研究系统的基本现状，具有良好的预测效果，可进行下一阶段的模拟仿真。

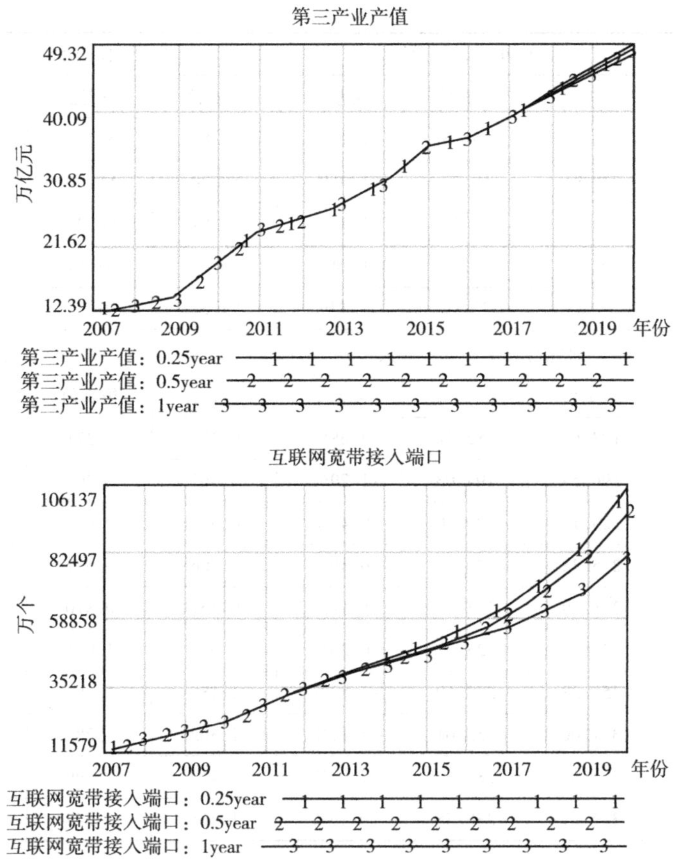

图 4-14 不同仿真时间步长的重要变量走势

表 4-10 科技资源配置与经济结构耦合发展的系统动力学模型历史检验结果

年份	GDP（万亿元）			长途光缆线路长度（万公里）		
	历史值	仿真值	误差率	历史值	仿真值	误差率
2007	27.01	27.01	0.00%	79.22	80.00	-0.98%
2008	31.92	32.17	-0.78%	79.80	81.46	-2.08%
2009	34.85	36.97	-6.08%	83.10	82.81	0.35%
2010	41.21	39.72	3.62%	81.81	83.59	-2.18%
2011	48.79	45.89	5.94%	84.23	85.33	-1.31%

续表

年份	GDP（万亿元）			长途光缆线路长度（万公里）		
	历史值	仿真值	误差率	历史值	仿真值	误差率
2012	53.86	53.18	1.26%	86.82	87.39	-0.66%
2013	59.30	58.17	1.91%	89.00	88.80	0.22%
2014	64.13	63.14	1.54%	92.84	90.21	2.83%
2015	68.60	67.75	1.24%	96.53	91.51	5.20%
2016	74.01	72.92	1.47%	99.30	92.97	6.37%
年份	研究与开发人员（万人年）			研究与开发经费支出（万亿元）		
	历史值	仿真值	误差率	历史值	仿真值	误差率
2007	173.62	182.14	4.68%	0.371	0.371	0.00%
2008	196.54	194.03	-1.29%	0.462	0.465	-0.65%
2009	229.13	209.30	-9.47%	0.580	0.616	-6.21%
2010	255.38	273.14	6.50%	0.706	0.681	3.54%
2011	288.29	313.85	8.14%	0.861	0.810	5.92%
2012	324.68	325.33	0.20%	1.024	1.011	1.27%
2013	353.28	333.69	-5.87%	1.185	1.162	1.94%
2014	371.06	352.01	-5.41%	1.302	1.281	1.61%
2015	375.88	383.64	2.02%	1.417	1.399	1.27%
2016	387.81	388.38	0.15%	1.568	1.544	1.53%

（3）模型政策模拟分析。

在检验了模型的合理性之后，进一步对相关政策做仿真分析。如何对科技资源进行有效配置，获得更高的效率，是我国政府部门在制定相关政策时所要面对的关键性问题，有针对性地合理分配科技资源，才能在科技革命中占据优势地位。国家宏观经济政策一般涉及产业结构调整、增加资金投入等，投资结构的确定是国家投资政策的核心之一，直接关系到科技资源等各类资源在各部门、行业间的分配格局，从而影响国民经济的协调稳定发展，是整个经济政策的重要组成部分，也是经济宏观调控的首要手段，其基点是科学地确定投资比例及使用方向。政府对固定资产的直接投资是国家投资的重点，我国固定资产投资规模不断扩张，2007 年我国固定资产投资总额约为 13 万亿元，2016 年我国固定资产投资总额达 60 万亿元，同比增长 362%。行业间固定资产投资情况差距较大，总体上看第三产业的投资力度逐年增大，随着信息服务业投资额的不断增加，互联网络基础设施建设也越来越完善，进而促进科技资源配置水平提高。伴随着以互联网为代表的信息技术深入渗透于经济发展的方方面面，“互联网+”的影响在社会各行业中凸显，互联网有助于科技资源的开发利用，进一步推动了经济结构的转型升级。

为探究“互联网+”背景下不同投资结构对科技资源配置水平的影响，设计以下3种模拟方案，选取“信息服务业投资率”和“固定资产投资比例”作为控制变量来检测政策效果，以期为科学合理的决策提供参考。这里需要指出本模型是对科技资源配置水平的提高趋势做出仿真。方案1：在其他变量保持不变的情况下，增加信息服务业投资，信息服务业投资率由0.00966提升至0.01159，提高20%；方案2：在其他变量保持不变的情况下，增加固定资产投资，固定资产投资比例由0.68289提升至0.81947，提高20%；方案3：在其他变量保持不变的情况下，同时增加信息服务业投资和固定资产投资，信息服务业投资率由0.00966提升至0.01063，固定资产投资比例由0.68289提升至0.75118，均提高10%。Current：我国目前的现行状况，作为以上3种方案的参照标准。通过调整不同投资结构政策的参数，来观察科技资源配置水平的相应变化，进而判断不同类型的投资结构政策在科技资源配置系统中发挥的作用大小，科技资源配置水平的变动程度越大，说明其对该项投资结构政策的敏感度越高。

2007~2020年我国科技资源配置水平在不同仿真策略下的仿真曲线如图4-15所示，动态模拟结果的具体数据如表4-11所示。可以看出，我国科技资源配置水平呈现持续走高的态势，这与“互联网+”背景下我国经济社会的发展状况相吻合，互联网推动科技资源更高效合理地配置。对比原始曲线与三种方案下的仿真曲线，可以发现增加信息服务业投资和固定资产投资均对科技资源配置水平有平稳的提高作用，但在短期内对科技资源配置水平提高的影响作用不太明显，投资比例增加的作用更多地体现在未来，即信息服务业投资及固定资产投资对科技资源配置水平的提高存在累积效应，具有长期的促进作用。另外，科技资源配置水平提高幅度于2017年达到最大，而后缩小，政策效果呈现出明显的阶段性特征。以2017年为时间标准，得到我国科技资源配置水平在增加20%信息服务业投资时可提高7.94%，在增加20%固定资产投资时可提高8.32%，在同时增加10%信息服务业投资与固定资产投资时可提高7.96%。

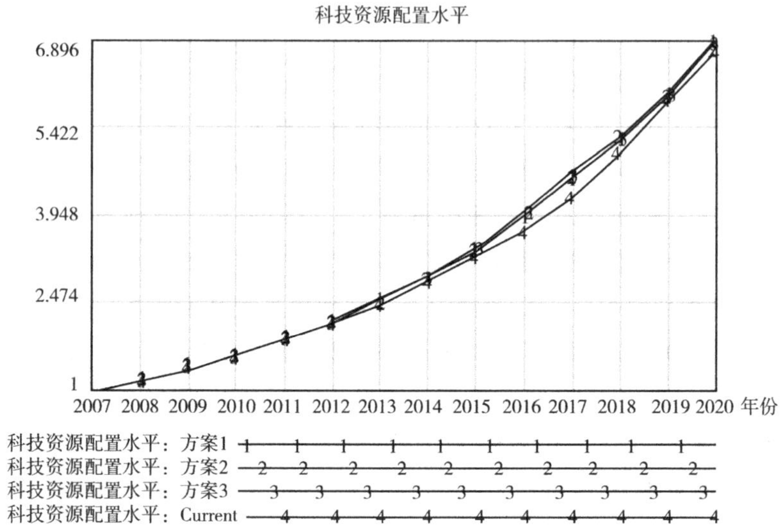

图4-15 2007~2020年我国科技资源配置水平的仿真曲线

表4-11 2007~2020年我国科技资源配置水平在不同仿真策略下的系统动态模拟结果

年份	科技资源配置水平			
	初始值	方案1	方案2	方案3
2007	1.000	1.000	1.000	1.000
2008	1.165	1.174	1.170	1.173
2009	1.359	1.363	1.373	1.365
2010	1.608	1.602	1.614	1.608
2011	1.870	1.895	1.909	1.903
2012	2.200	2.143	2.155	2.150
2013	2.554	2.450	2.465	2.459
2014	2.873	2.842	2.870	2.864
2015	3.247	3.340	3.385	3.381
2016	3.676	3.941	3.992	3.983
2017	4.245	4.582	4.626	4.613

续表

年份	科技资源配置水平			
	初始值	方案1	方案2	方案3
2018	5.008	5.225	5.243	5.257
2019	5.889	5.991	6.000	6.001
2020	6.748	6.870	6.895	6.896

整体上来看，同样是方案2的效果更好，在提高相同幅度的投资比例时，增加固定资产投资相对于增加信息服务业投资对科技资源配置水平的提高作用更加明显，固定资产投资比例提高20%将使科技资源配置水平每年平均提高0.09654，方案1将使科技资源配置水平每年平均提高0.07508，方案3将使科技资源配置水平每年平均提高0.09315，其原因可能是信息服务业投资对科技资源配置水平的影响也需要与固定资产投资结合起来才能发挥其更大的作用。虽然经综合分析可知，调整固定资产投资对该系统的影响更明显，但其政策效果与方案1和方案3一样，均具有阶段性。可以看出，适宜的投资政策不仅能够促进互联网体系的长足发展，还能促进科技资源配置水平的提高，未来，互联网对促进科技资源配置水平的提高还有很大的发展空间，尤其要加大固定资产方面有关于互联网的投资，同时也要均衡信息服务业投资及固定资产投资。

同样，得到2007~2020年我国第三产业产值和GDP在不同仿真策略下的仿真曲线如图4-16所示，动态模拟结果的具体数据如表4-12所示。由第三产业产值和GDP的仿真曲线及具体数据可知，固定资产及信息服务业投资的增加对第三产业产值和GDP的提高均产生正向促进作用，且随着时间的推移正向促进作用越来越明显，但三种方案对提高第三产业产值和GDP的效应并无太大差别。

对比模型仿真过程中2020年的模拟数据可知，方案1：信息服务业投资率提高20%，第三产业产值由原来的48.13万亿元增加到49.36万亿元，增加产值1.23万亿元，增加幅度2.56%；方案2：固定资产投资比例提高20%，第三产业产值增加幅度2.72%；方案3：同时改变信息服务业投资率和固定资产投资比例，均提高10%，第三产业产值增加幅度2.80%，整体上来看，同样是方案3对第三产业产值的贡献大于前两个方案。2020年，方案1中GDP由原来的107.93万亿元增加到115.10万亿元，增

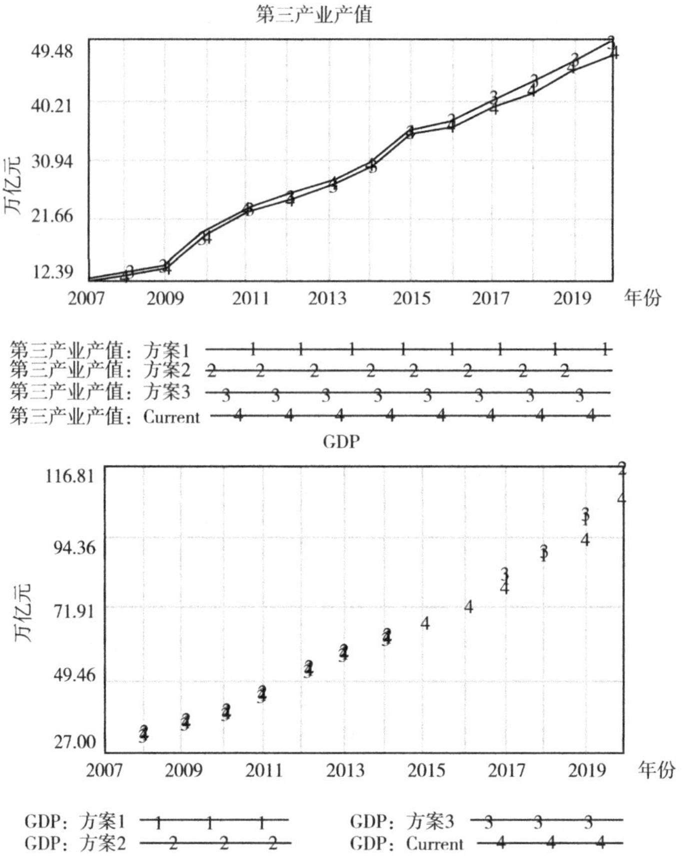

图 4-16　2007～2020 年我国第三产业产值和 GDP 的仿真曲线

表 4-12　2007～2020 年我国第三产业产值和 GDP 在不同仿真策略下的系统动态模拟结果

年份	第三产业产值（万亿元）				GDP（万亿元）			
	初始值	方案 1	方案 2	方案 3	初始值	方案 1	方案 2	方案 3
2007	12.39	12.61	12.61	12.62	27.01	27.01	27.01	27.01
2008	13.26	13.53	13.53	13.54	32.17	32.20	32.20	32.20
2009	14.40	14.70	14.70	14.72	36.97	37.06	37.05	37.06
2010	19.00	19.33	19.33	19.35	39.72	39.86	39.87	39.87
2011	23.37	23.75	23.76	23.77	45.89	46.07	46.12	46.10
2012	25.04	25.49	25.50	25.52	53.18	53.51	53.62	53.58

续表

年份	第三产业产值（万亿元）				GDP（万亿元）			
	初始值	方案1	方案2	方案3	初始值	方案1	方案2	方案3
2013	27.20	27.68	27.69	27.71	58.17	58.33	58.50	58.44
2014	29.86	30.36	30.37	30.40	63.14	62.90	63.14	63.05
2015	34.99	35.52	35.54	35.56	67.75	67.42	67.80	67.68
2016	36.13	36.74	36.77	36.79	72.92	73.13	73.75	73.61
2017	39.13	39.86	39.90	39.93	78.67	80.45	81.39	81.20
2018	41.99	42.88	42.94	42.97	85.42	89.42	90.69	90.41
2019	44.98	46.03	46.11	46.14	94.72	100.50	102.00	101.80
2020	48.13	49.36	49.44	49.48	107.93	115.10	116.81	116.60

加7.17万亿元，增加幅度6.64%；方案2中GDP增加幅度为8.23%；方案3中增加幅度为8.03%，整体上看也是方案2对GDP的贡献大于方案1和方案3。综合以上分析可知，同时调整信息服务业投资和固定资产投资对第三产业产值增加的作用相对更明显，调整固定资产投资对GDP增加的作用相对更明显。

4.5 本章小结

本章立足于“互联网+”视角，探讨了科技资源配置对经济结构优化的影响路径及影响机制，耦合系统是在各种动因作用下各子系统相互影响而形成的综合系统，很好地体现了“互联网+”背景下科技资源配置与经济结构互动发展的内在规律和本质特征，剖析二者的耦合协同机制可以更好地促进二者积极正向耦合并协同发展。为了促进经济高质量发展，必须加强“互联网+”背景下科技资源配置和经济结构两系统的耦合协调发展程度。

首先，本章将科技资源分解为科技人力、财力、物力等资源，将经济结构分解为产业结构、劳动力结构、投资消费结构、国际收支结构。其次，选取我国各省域2007~2016年的面板数据，基于“互联网+”视角，采用熵值法构建科技资源配置与经济结构指标，得到二者的综合测度值。

再次，建立科技资源配置与经济结构的重心移动模型，并建立耦合协调度模型来研究科技资源配置与经济结构的时空耦合状态。最后，运用系统动力学模型深入研究科技资源配置与经济结构耦合发展的复合系统并对相关政策进行模拟分析。在全面分析二者耦合互动机理的基础上，实证检验二者的耦合协调度，并对耦合发展系统做仿真模拟，对于提高科技资源配置的合理性及优化经济结构具有重要的理论意义和实践意义。

研究发现：①我国科技资源配置重心与经济结构重心均分布于几何中心的东南方向，科技资源配置和经济结构两大系统的耦合协调度类型以严重失调和轻度失调为主，总体上两系统的耦合协调状态逐渐从低级共生向高级共生发展；②"互联网+"背景下我国科技资源配置水平呈现持续走高的态势，增加信息服务业投资和固定资产投资均对科技资源配置水平有平稳的提高作用，后者相对于前者对科技资源配置水平的提高作用更加明显；③同时调整信息服务业投资和固定资产投资对第三产业产值增加的作用相对更明显，调整固定资产投资对GDP增加的作用相对更明显。

投资企业的技术溢出效应促进我国产业技术发展。然而外部引进的技术一般是利润较低或在发达国家没有比较优势的技术，仅依靠这些技术无法长期保持一国的经济增长，还需要自主研发新技术并改变资源配置方式来促进经济结构转换。

5 “互联网+”背景下我国科技资源配置对经济增长效率提升的作用机制

本章是研究科技资源配置效率对经济增长效率的影响。因此，首先就科技资源配置对经济增长效率的影响分三个部分进行深入分析，在此基础上根据机理分析采用DEA模型对各类科技资源的配置效率和经济增长效率进行测算，随后对所得的数据进行简单的统计性描述与单位根检验；其次，在理论基础部分所介绍的GMM模型基础上构建本章的实证模型；第三，通过本章所构建的GMM模型进行实证回归分析，来说明科技资源的配置效率提高对经济增长效率将会产生什么样的影响；最后，用面板模型进行稳定性检验，验证GMM模型的稳定性。

5.1 “互联网+”背景下科技资源配置对经济增长效率的影响

5.1.1 “互联网+”背景下经济增长效率的影响因素

一般情况下一个经济体的经济增长水平指的是，该经济体在其经济运行过程中要素投入量与产出量的比例。由此可以看出，经济体的经济增长水平的提升有两种途径：一种是增加要素的投入量，另一种是提高各投入要素的使用效率，也就是说要素在投入量固定的前提下，通过各种方式，如“互联网+”的方式，使得要素得以共享从而提高其使用效率。资源的配置效率提高，经济增长效率将得到显著提升（傅元海和叶祥松等，2016）[261]。因此利用"互联网+"战略提高科技资源的配置效率对于我国宏观经济增长与高质量发展至关重要。

科技资源配置效率提高能有效提升经济增长效率。经济发展需要特定的资源作为投入要素，通常包括土地、劳动力、资金和矿产资源，科技资源作为一种与经济资源相似的资源，必然具有稀缺性的特征，因此研究科技资源的配置效率具有重要的经济意义。此外，科技资源对经济增长具有很强的正外部性，科技资源可以使得单个经济体在投入不变的情况下增加产出（王再文和李刚，2006）[262]，而当科技资源在整个经济体中配置效率提高之后，就会显著推进整个经济体产出增加，衡量这一增长的就是经济增长效率。因此本章认为，科技资源的配置效率提高对经济增长效率能起到提升作用。本章在"互联网+"背景下，选取以互联网技术为代表的科技信息资源、以科研经费为代表的科技财力资源以及以互联网基础设施为代表的科技物力资源作为研究对象，主要探讨"互联网+"背景下科技资源配置对经济增长的影响。

5.1.1.1 互联网技术配置对经济增长效率的影响

互联网技术配置效率提高能有效提升经济增长效率。自20世纪90年代以来，我国互联网技术在经济、社会等诸多方面得到了广泛的应用，也有力带动了经济的高速增长。但随着经济下行压力的进一步增大，近年来我国积极提出"互联网+"战略，以期为产业转型升级和经济增长带来新的动力和机遇。其中最重要的就是互联网技术问题。关于互联网技术对经济增长的影响作用，学者们给予了诸多关注。如Freund和Weinhold（2002）认为，互联网对服务业和贸易有显著的正向影响[263]。因此本专著认为，互联网技术作为信息时代代表性的生产和服务技术，势必影响经济体中各微观主体的生产效率和服务质量，促进经济增长。而互联网技术作为一种科技资源，它的配置效率将对经济增长起到正向的促进作用，也就是说互联网技术配置效率提高将有效提升经济增长效率。

知识和技术是经济增长效率提升的根本所在，而在"互联网+"时代互联网技术又是知识共享与技术传播的加速剂和技术保障，因此互联网技术本身以及它对知识和技术的影响就构成了经济增长效率的动力来源。

邓小平指出，“科学技术是第一生产力”。知识和技术主要是通过改进劳动者素质和资本的配置效率推进经济增长，而互联网技术在加速知识共享的同时，也在不断提高知识这一要素的利用率，降低知识要素利用和配置的成本，进而推进经济增长效率的提高。而在“互联网+”的作用下，知识要素能够通过互联网进行共享使其利用效率不断上升。一方面，互联网技术的发展为发明创造提供了便利的条件，因为互联网技术应用于生产过程，能够有效形成新的物质资本并提升其利用效率。另一方面，劳动者通过网络学习和教育，可以加速人力资本的积累，增加和完善劳动者的专业知识和技能，进一步提高其为经济服务的能力，从而降低经济运行过程中的成本，提高经济增长效率。随着人力资本和创新水平的提高，互联网对经济增长具有更为正向的影响效果。

5.1.1.2 科研经费配置对经济增长效率的影响

科研经费配置效率提高能有效提升经济增长效率。当下，我国正步入经济高质量发展阶段，而创新是经济高质量发展的必然选择。因此高校和科研机构成为我国创新体系中重要的组成部分。2017 年我国各类高等院校研究项目当年支出 1537.01 亿元[①]，较 2016 年增长 13.3%，而当年经济增长率为 6.9%，因此有必要进一步明确科研经费的提升对经济增长效率的影响作用。

科学研究是科研机构的职责使命，而我国的科研经费配置主要取决于政府财政预算，因此科研经费管理效率对提高科研机构的科研能力至关重要。长期以来，科研经费的管理一直是各类科研机构的困扰，而如何破解这一难题正是提升科研经费配置效率的关键。在“互联网+”背景下，如何通过互联网手段优化科研经费管理流程，进而提升其使用效率，以推进科研经费管理的规范化、精细化、科学化和信息化。“互联网+”背景下科研经费管理流程的优化以科研项目“全生命周期管理”，对每一科研项目科研经费的入账、报销、审计和信息公开等步骤通过信息化、智能化手段，利用计算机技术和网络技术实现科研经费使用情况共享，搭建科研项目、科研经费信息公开平台，实现科研项目经费的事前、事中和事后高效管理。

① 数据来源：2016 年和 2017 年的《高等学校科技统计资料汇编》。

一个国家或地区科研机构的科研经费可以通过政府的财政支持和市场融资两种手段获取，而在我国科研经费的获得主要通过政府的财政拨款实现。高校科研经费投入对经济增长具有一定程度的促进作用（王海兰和李燕飞等，2016）[264]，那么科研经费既然作为经济增长的一种要素，如果其实现资源配置效率提高又将对经济增长产生什么样的影响呢？本章认为，科研经费的配置效率能够提升经济增长效率，因为科研经费作为科研机构的财政支持，其投入量的大小和配置的效率势必影响科研机构的产出。要想提高科研经费的配置效率，就应着力保持总量增长的同时，优化科研经费在各科研机构之间的配置，达到投入最小化产出最大化的目的。因此，科研经费配置效率提高将对经济增长效率起到提升的作用。

此外，既然我国的科研经费主要是政府主导的资源配置形式，那么就应该让政府配置和市场配置相互协调，逐步实现科研经费配置效率提高。首先，政府在配置科研经费时应做到相关信息的公开透明，这样有利于公众监督发挥作用，敦促科研经费主管部门提高运作效率，进而提高科研经费的配置效率。其次，融入市场因素，即运用市场规则对科研经费进行配置，通过价格机制、市场竞争等手段使得科研经费在市场作用下投入合理的科研部门以实现更大的产出。

5.1.1.3 互联网基础设施对经济增长效率的影响

互联网基础设施配置效率提高能有效提升经济增长效率。互联网基础设施建设、互联网技术等均是由经济发展水平所决定的（何菊香和赖世茜，2015）[265]，而基础设施建设尤其是"互联网+"战略指引下的互联网基础设施建设必然对经济增长产生一定的影响。这是因为基础设施的建设作为经济发展所必需的基础性支持，将会有效提升经济体中各类主体的生产经营便利程度，以此提高经济主体的生产效率从而提高产出。因此，互联网基础设施在经济体中的配置就显得尤为关键。基于此本专著认为，以"互联网+"发展战略下的信息高速公路、各类信号基站和相关的设备建设等要素为代表的互联网基础设施配置效率的提高将对经济增长效率起到提升的作用。

互联网基础设施建设有助于降低地区互联网进入壁垒，形成规模效应，进而对经济发展产生影响。那么在"互联网+"背景之下互联网基础设施作为科技资源中的基础性资源，如果能实现科技资源配置效率提高就能为经济增长效率的提升起到关键性的作用。互联网基础设施作为一种基础性的科技资源，主要是通过市场和政府宏观调控两种手段实现配置。因此，这一基础性科技资源在考虑公平性的同时更应注重效率的实现。而要想实现资源配置的高效率，通过市场机制是现行经济体制下互联网基础设施建设配置效率提高的主导形式。一方面，互联网基础设施通过市场价值规律、市场竞争和供求管理使得科研能力强的部门、需求大的领域得到更多的诸如信息高速公路、信号基站等互联网基础设施的建设，并在市场的作用下实现互联网基础设施利用率的提高，最终使经济增长效率提升；另一方面，在互联网的推动下，无论是互联网技术还是互联网经济，都能使互联网基础设施的使用率不断地上升，从而促使互联网基础设施配置效率提高，而这一资源的利用率上升是实现经济增长效率提高的基础。

5.1.2 科技资源配置对经济增长效率的影响路径

根据上述三种科技资源配置对经济增长效率的影响分析，科技资源配置效率提高对经济增长效率的作用路径如图5-1所示。

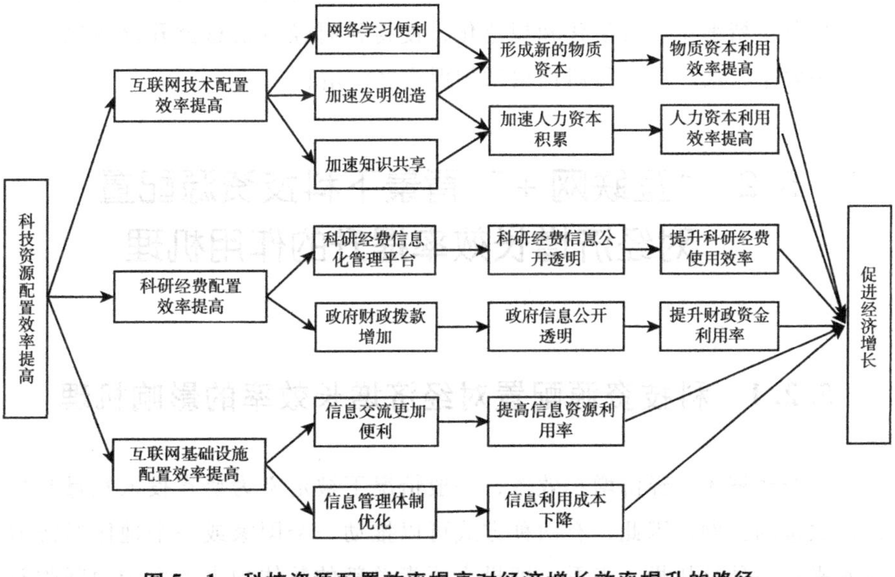

图5-1 科技资源配置效率提高对经济增长效率提升的路径

从图5-1可知，①互联网技术这一技术资源在市场配置条件下，通过价值规律、市场竞争和市场供求实现互联网技术的配置效率提高，进而通过互联网资源共享的形式，方便网络学习、加速发明创造、加速知识共享，从而有利于新物质资本形成与人力资本的积累，最终使得物质资本和人力资本利用率提升，进而达到提高经济增长效率的目的。②我国科研经费主要通过政府财政拨款获得。一方面，政府财政拨款在政府政务信息公开透明度不断加大的条件下，能够使得科研机构在利用财政资金的同时受到社会公众的监督，进而提高财政资金的使用率，提高经济增长效率。另一方面，科研经费在市场机制的作用下，通过市场价格竞争和供求规律调节使得科研经费投向产出更加高效的科研部门，从而使得科研经费的使用效率不断提升，最终实现经济增长效率的提高。③互联网基础设施配置效率提高通过两条路径影响经济增长效率。首先，互联网基础设施通过市场机制提升了配置效率，使得经济体中的互联网发展有了坚实的基础，从而使得信息交流更加便利，信息的使用效率提升，推动经济增长效率的提高。其次，互联网基础设施的配置效率提高就意味着互联网基础资源利用率的提高，从而提高经济增长效率。最后，科研经费配置效率的提升通过高度信息化的科研经费管理平台实现。科研机构利用互联网技术建立的科研经费管理平台可以使得科研经费管理流程不断优化，实现科研经费管理的信息化、精细化、科学化和规范化，使得科研经费信息公开透明化提升其使用效率，最终使得科研产出增加促进经济增长。

5.2 "互联网+"背景下科技资源配置对经济增长效率提升的作用机理

5.2.1 科技资源配置对经济增长效率的影响机理

一个经济体的经济增长效率，一般情况下被定义为要素投入数量与总产出数量的比例，因此，有两种方式可以推动一个国家或一个地区经济增长水平：一种是从投入来看，即投入要素总额的整体加大，由于边际收益递减限制要素投入扩张的可持续性，也就缺乏实践的有效性；另一种方式从效率来看，投入要素固定在一定水平上，通过改善投入要素的使用效率来促进经济增长效率的提升。显而易见，后一种方式更具有可持续性，而且在现实经济活动中经济资源往往处于稀缺状态，要素利用效率的提高可以视为增长效率的提供。本章节基于投入产出模型测算经济增长效率，即投入互联网技术、科研经费和互联网基础设施三种要素测算经济增长的技术效率，当投入和产出之间达到某种最佳配置状态时，即为技术有效。当前中国经济正转向高质量发展阶段，如何实现要素的投入配比促进经济增长效率是当前和今后值得深思的课题。当前，逐渐失去的成本优势、自然资源的约束难以满足消耗型的经济增长方式，加之生态环境压力倒逼经济增长方式转变，因此可通过投入产出模型来研究互联网技术、科研经费和互联网基础设施配置效率对经济增长效率的影响。

5.2.1.1 互联网技术对经济增长效率的影响机理

在互联网时代的经济运行中，互联网技术进步作为一个过程，它包括互联网技术发明创造、网络学习便利和互联网知识共享等一系列的方式。互联网技术进步影响着经济增长效率，其主要有三种途径形式：科研人力资本积累、知识共享或外溢、互联网技术研究与发展活动和互联网技术的扩散。令 S_1 为科研人力资本积累、S_2 为知识共享或知识外溢即网络学习、S_3 为互联网技术研究与发展，则有如下的技术效率函数：

$$S = F(S_1、S_2、S_3) \tag{5-1}$$

如果对该函数求全微分，则互联网技术效率的增长率是科研人力资本积累等三个变量增长率之和，即：

$$s = \alpha_1 s_1 + \alpha_2 s_2 + \alpha_3 s_3 \tag{5-2}$$

上式表示，互联网技术因素效率的变化率（s）是科研人力资本积累变化率（s_1）、网络学习即知识共享或外溢变化率（s_2）、互联网技术研究与发展变化率（s_3）的加权和，各个变量前面的系数为该变量的权重。

首先，科研部门人力资源积累。当人力资本积累变化的提高，即在其他变量保持不变时，$s_1 = (s - \alpha_2 s_2 - \alpha_3 s_3)/\alpha_1$ 提高，由于等式两边的系数均为常数且大于0，因此 s_1 增加就等于 s 的上升，也就是说人力资本积累变化率的上升导致互联网技术变化率相应程度的上升，从而使得（$e - \beta t -$

$\gamma l)/\alpha = s$ 中 e 相应的增长，即经济增长效率的提升；其次，对于网络学习而言即知识共享和外溢的变化率提高，即 $s_2 = (s - \alpha_1 s_1 - \alpha_3 s_3)/\alpha_2$ 等式两边同时增长，表明此时的 s 也同步上升，也就是等式 $(e - \beta t - \gamma l)/\alpha = s$ 增加，即经济增长效率的上升；最后，当互联网技术研究与发展变化率增加，即等式 $s_3 = (s - \alpha_1 s_1 - \alpha_2 s_2)/\alpha_3$ 两边在其他系数和变量不变的条件下，s_3 和 s 同时增加，即 $(e - \beta t - \gamma l)/\alpha = s$ 增加，意味着经济增长效率同步上涨。通过上述数理模型分析，互联网技术对经济效率的作用有三种途径，分别是科研人力资本积累变化率、网络学习即知识共享或外溢变化率和互联网技术研究与发展变化率。知识外溢对经济增长效率的作用来自经济体内部的知识积累和溢出，它使得经济体在运行的同时不断地学习和积累经验，从而推动经济效率的增长。互联网技术研究和发展活动，通过自身的科学研究而获得的技术知识使其成为经济体内各部门产出增长的内生因素。

知识共享和互联网技术进步通过上述几种方式作用于经济增长效率，有以下两方面的内在机理：一是，知识共享和互联网技术存量的变化或者增加引起社会生产潜力和经济效率的重大变化；二是，为了实现这种生产潜力和经济效率而在制度、组织上发生的变化。这种变化最为显著的特征是经济体对科学技术尤其是互联网技术的需求空前旺盛，而这种旺盛与知识共享的程度和互联网技术的大量供给是相适应的，而知识共享和互联网技术供给的增长有赖于经济体中各个生产过程、技术发明和基础研究。当基础研究的科研人员收入不断上涨，国家对科研人员的人力资本投资也在相应增长。经济体中生产过程、互联网技术发明创造过程和基础研究之间的有效互动就反映了互联网技术进步与经济增长率提高之间的相互关系。

基于此，假定互联网技术配置效率的提高能促进经济增长。

5.2.1.2 科研经费对经济增长效率的影响机理

本节所指的科研经费主要来源于政府的财政支持，因此，科研经费要素对经济增长的作用主要通过以下变量的影响来实现，这变量有：财政拨款的增加（T_1）、政府信息公开透明度（T_2），这些变量构成了如下的科研经费效率（T）函数：

$$T = F(T_1、T_2) \tag{5-3}$$

对上述函数求全微分，则科研经费效率的增长率是诸变量增长率之和：

$$t = \beta_1 t_1 + \beta_2 t_2 \tag{5-4}$$

上式表示，科研经费效率的变化率（t）是财政拨款的变化率（t_1）、政府信息公开透明度（t_2）的加权和，各变量前面系数为各变化率权重。

首先，当财政拨款增加的变化率 t_1 上涨时，即 $t_1 = (t - \beta_2 t_2)/\beta_1$ 等式两边同时增加，各系数保持不变说明了 $(e - \alpha s - \gamma l)/\alpha = t$ 也同时增加，也就是说财政拨款的增加使得科研经费效率提升，进而影响到经济增长效率；其次，同样地，当政府信息公开透明度增加，即 $t_2 = (t - \beta_1 t_1)/\beta_2$ 等式两边在其他系数不变的同时提高政府信息公开的透明度将会提高科研经费对经济增长效率的推动作用，即等式 $(e - \alpha s - \gamma l)/\alpha = t$ 两边的变量同时增加，因此政府信息公开透明度提高将会提高经济增长的效率。

科研经费配置效率的提高能有效提高经济增长效率。我国各类科研院所的科研经费主要通过政府的财政拨款得以分配，高校科研经费投入对经济增长具有一定程度的促进作用（王海兰和李燕飞等，2016）[264]，科研经费投入量的大小是影响科研机构产出的基础，而科研经费在科研机构之间配置的效率则是决定科研机构产出质量的决定性因素之一。一方面，“互联网+”背景下通畅的信息获取通道能够使得政府的科研经费信息公开透明化，加之公众监督作用的有效发挥，使得科研经费的使用效率得以提升，大大减小科研经费闲置的可能性；另一方面，互联网时代的市场机制使得市场在配置科技资源上发挥极大的作用，而这一机制下的价格机制的变革和市场竞争模式的创新能够使科研经费匹配到合适的需求者速度大大提升。

基于此，假定科研经费配置效率的提高能促进经济增长。

5.2.1.3 互联网基础设施对经济增长效率的影响机理

互联网基础设施效率对经济增长效率的影响主要通过以下变量：信息交流便利程度（L_1）、信息管理体制效率（L_2），这些变量构成了互联网基础设施效率（L）函数：

$$L = F(L_1、L_2) \tag{5-5}$$

对上述函数求全微分，则互联网基础设施效率的增长率是诸变量增长率之和：

$$l = \gamma_1 l_1 + \gamma_2 l_2 \tag{5-6}$$

上式表示，互联网基础设施配置效率的变化率（l）是信息交流便利程度（l_1）、信息管理效率变化率（l_4）的加权和，各变量前面系数为各变化率权重。

首先，当经济体中信息交流的便利程度上升时，即等式 $l_1 = (l - \gamma_2 l_2)/\gamma_1$ 两边在系数和其他变量不变的条件下，同时上升就使得 $(e - \alpha s - \beta t)/\gamma = l$ 等式两边的值同时上升，即信息交流的便利程度推动了经济增长效率；其次，当信息管理效率提高即等式 $l_2 = (l - \gamma_1 l_1)/\gamma_2$ 两边在系数和其他变量不变的条件下两边的值同时上涨，使得等式 $(e - \alpha s - \beta t)/\gamma = l$ 两边的增加，即信息管理的效率提高将推动经济增长效率的提高。因此，互联网基础设施因素通过信息交流的便利程度和信息管理的效率两方面对经济增长效率产生作用。

互联网基础设施配置效率的提升能有效提高经济增长效率。互联网基础设施是经济发展水平所决定的（何菊香和赖世茜，2015）[265]，因此"互联网+"战略指引下的互联网基础设施建设对经济增长将会产生深远的影响。近年来，我国快速布局的互联网基础设施如5G基站，正如我国的高速公路和高铁一样为各类经济主体的生产经营带来前所未有的便利度，从而提高经济参与者的生产效率。互联网基础设施的建设，快速降低互联网进入壁垒，以规模效应对经济产生影响，一方面，互联网基础设施配置效率的提升使其利用率进一步提高，意味着使用者产出的提升，从而推动经济增长；另一方面，不断加速建设的互联网基础设施能够催生新的信息管理和生产模式，而经济活动中的主体在使用这些信息时所需承担的费用在逐步降低，最终推动经济增长。

基于此，假定互联网基础设施配置效率的提高能促进经济增长。

5.2.2 科技资源对经济增长效率的动态效应与传导机制分析

5.2.2.1 DSGE模型的构建

本章应用的动态随机一般均衡模型（Dynamic Stochastic General Equilibrium, DSGE）是近十几年来使用非常广泛也比较成熟的宏观经济分析模型之一，也正是因为基于微观经济体的效应同时避免了卢卡斯（Lucas）批判而受广大研究者的青睐，但是也受到了不少的批评。DSGE 模型可上溯至 1982 年由 Kylland 和 Prescott（1982）两位学者提出的真实经济周期模型（Real Business Cycle, RBC），两位学者在理论和方法上做出了开创性工作：理论上，认为技术进步才是经济增长的主要推动力、货币中性即货币政策是不重要的、费里德曼规则（Friedman Rule）即名义利率为 0 以及供给波动是经济波动的原因；方法上，基于理性预期（Rational Expectations）从一般均衡的角度进行分析，采用之前未被使用的数值求解和数值模拟技术，着重强调模型分析过程中的数量特征与实际统计数据的对比及其匹配度，如参数校准、模拟[266]。被 Gali 称为 DSGE 模型乌托邦的 RBC 模型，即假定价格完全弹性和企业完全竞争，同时不包含任何摩擦设定和扭曲的最早版本 DSGE 模型。

（1）代表性家庭。

假设经济运体在运行中存在无数个受到互联网环境影响且无限期生存的同质家庭主体，之所以说同质就是因为每个家庭具有相同的偏好并且追求同样的目标——最大化其一生效用。为了分析方便，假设每个家庭每一期拥有 1 个单位的时间在工作和休闲之间进行分配，其中 L_t 单位时间用于工作，$1-L_t$ 单位时间用于休闲。代表性家庭选择当期的消费支出 C_t，通过劳动获得名义工资 W_t 从而实现效用最大化。特别地，“互联网+”影响家庭的消费，并且由于国家推进的互联网战略营造了良好的互联网环境，家庭从中获益，体现为消费者效用的增加。代表性家庭效用函数借鉴 F. Smets R. Wouters（2007）[267]和武晓利（2018）[268]的效用函数形式，设定为：

$$U_0 = E_t \sum_{t=0}^{\infty} \beta^t \left[\frac{(IE_t^{\lambda} C_t^{1-\lambda})^{1-\theta_1}}{1-\theta_1} - \frac{L_t^{1+\theta_2}}{1+\theta_2} \right] \tag{5-7}$$

其中，C_t、L_t、IE_t 分别表示代表性家庭的消费、劳动以及互联网环境质量，由于互联网技术的进步和发展提高了家庭的消费体验、改善了家庭休闲时间的效用，因此定义互联网环境质量是关于互联网技术对代表性家庭有增加效用的函数。在本章中家庭受到的约束性条件如下所示：

$$(1+\tau^c)C_t + S_{t+1} \leqslant (1-\tau^w)W_t L_t + (1+R_t)S_t + G_{1t} \tag{5-8}$$

其中，变量S_t、W_t、R_t、G_{1t}分别表示家庭储蓄、家庭付出劳动所获得的工资报酬、家庭出让自身的资金得到的利息收入、家庭通过投资形式租借给企业而转化成资本存量的租金率以及政府对家庭的转移支付。S_{t+1}表示本期的支出方面包括消费和储蓄两个方面。

假定互联网环境质量仅仅与本身上一期和政府补贴有关。借鉴郑丽琳和朱启贵（2012）关于生态环境质量函数设定的做法[269]，本章将互联网环境质量IE_t表示如下：

$$IE_t = \eta IE_{t-1} + G_{3t} \tag{5-9}$$

根据上述设定，可得一阶条件为：

$$u_t = \frac{\lambda}{1+\tau^c} IE_t^{(1-\lambda)(1-\theta_1)} C_t^{\lambda(1-\theta_1)-1} \tag{5-10}$$

$$u_t(1-\tau^w)W_t = L_t^{\theta_2} \tag{5-11}$$

$$(1+\tau^c)C_t + S_{t+1} \leqslant (1-\tau^w)W_t L_t + (1+R_t)S_t + G_{1t} \tag{5-12}$$

$$\lim_{T\to\infty} \beta^T \lambda_T K_T = 0 \tag{5-13}$$

（2）科研部门。

本章的科研部门是将互联网技术作为产出，是科研机构的科学家、技术人员以及高等院校在内的科研人员创造互联网信息技术的生产部门，是我国实施创新驱动发展战略的主导力量，更是我国经济高质量发展的驱动力。科研部门生产的互联网技术用于代表性厂商的生产原料即投入要素，科研部门投入科研人员L_{IT}、科研部门资本存量TR_t生产互联网技术。本章借鉴 Romer（1990）[208]关于科研部门生产函数的设定形式，并解出其一阶条件，表示如下：

$$IT_t = \lambda_{IT} L_{IT}^{1-\varsigma} TR_t^{\varsigma} \tag{5-14}$$

$$W_{IT} = \lambda_{IT}(1-\varsigma) L_{IT}^{-\varsigma} TR_t^{\varsigma} \tag{5-15}$$

$$MC = \lambda_{IT} \varsigma L_{IT}^{1-\varsigma} TR_t^{\varsigma-1} \tag{5-16}$$

其中，L_{IT}表示科研部门吸纳的从业人员，大多是拥有高学历、有技术的知识型人才；TR_t则表示科研部门通过政府财政拨款购买和市场融资所得到的资本存量，本章所讲的科研部门资本存量是排除科研人员外的包括科研试验材料、科学仪器等在内的资源，因为科研人员已经作为科研部门的一个投入要素即劳动进行考虑了；ς表示科研部门获取的科研资本存量的产出弹性；W_{IT}表示的是科研人员在研究过程中的劳动报酬；MC表示的是科研部门使用科研资本必须付出的边际成本。特别地，这里设定 λ_{IT} 为科技部门的生产率（类似于全要素生产率），服从 $AR(1)$ 过程，是为了分析科研部门生产率冲击对科研部门的生产、宏观经济的运行产生的冲击，其中 $\rho_{\lambda IT}$ 为科研生产率冲击的持续系数，ε_{t+1}^{IT} 是均值为 1 和方差分别为 σ_A^2 的正态分布，具体的 $AR(1)$ 过程表示如下：

$$\ln\lambda_{IT,t} = \rho_{\lambda IT}\ln\lambda_{IT,t-1} + \varepsilon_{t+1}^{IT}, \varepsilon_{t+1}^{IT} \sim N(1, \sigma_{\lambda IT}^2) \tag{5-17}$$

（3）资本品厂商。

投资与资本存量是一对很有趣味的变量，因为上一期的投资变量将会在下一期转变为资本存量。然而，企业在投资的过程中会面临到企业资本价值的变动，这里就涉及托宾 Q（Tobin's Quotient）理论。该理论指出，企业资本的市场价值（Market Value）如果超出了重置成本（Replacement Cost），企业应该积累更多的资本，也就是增加投资，从而就存在投资的调整成本。之所以采用这样的设定形式，是因为如此设定能够使得投资随着内生变量同步变动，更符合现实的经济环境，也更贴合本章的模型设定环境。本章中的资本品厂商购买代表性厂商的消费品作为投资 I_t，并且向企业回购折旧的资本品 $(1-\delta)K_t$，在这里采用加入资本调整成本的资本积累方程，如下所示：

$$K_{t+1} = (1-\delta)K_t + \left[1 - \frac{\phi}{2}\left(\frac{I_t}{I_{t-1}} - 1\right)^2\right]I_t \tag{5-18}$$

其中，K_{t+1} 为下一期的资本存量，I_t 为本期投资，将在下一期转化为资本存量。式中 ϕ 为资本调整成本的权重，δ 为资本折旧率。因而，式中的资本调整成本形式如下：

$$\frac{\phi}{2}\left(\frac{I_t}{I_{t-1}} - 1\right)^2 \tag{5-19}$$

资本品 K_{t+1} 与 $(1-\delta)K_t$ 在期末均以某一价格进行交易转让给企业，从而进行消费品的生产作业。本章将这价格表示为 Q_t，同时资本品厂商以 1 的价格购买投资 I_t。因此，资本品厂商的利润函数表示如下：

$$\prod_t^k = Q_tK_{t+1} - Q_t(1-\delta)K_t - I_t = Q_t\left[1 - \frac{\phi}{2}\left(\frac{I_t}{I_{t-1}} - 1\right)^2\right]I_t - I_t \tag{5-20}$$

正是因为投资调整成本的引入，使得资本品生产商面临动态的最大化的预期利润贴现总和。因为所有的利润归属于代表性家庭，因此，资本品厂商的贴现率为 $\beta^t\lambda_t/\lambda_0$，其中，$\lambda_t$ 为家庭效用的影子价格。对于家庭来说，t 期单位利润产生的效用 λ_t 经过贴现 β^t 至 0 期，再除以 0 期 1 单位利润所产生的效用 λ_0，便是 t 期 1 单位利润在 0 期的贴现值。

因此，资本品厂商决定投资变量 I_t 以最大化预期利润的贴现总和表达式如下所示：

$$\max_{I_t} E_t \sum_{t=0}^{\infty} \beta^t \frac{\lambda_t}{\lambda_0}\left\{Q_t\left[1-\frac{\phi}{2}\left(\frac{I_t}{I_{t-1}}-1\right)^2\right]I_t - I_t\right\} \quad (5-21)$$

对上述函数式子关于投资 I_t 求一阶导数，可得一阶条件如下：

$$1 = Q_t\left[1-\frac{\phi}{2}\left(\frac{I_t}{I_{t-1}}-1\right)^2-\phi\left(\frac{I_t}{I_{t-1}}-1\right)\frac{I_t}{I_{t-1}}\right]+\beta E_t\frac{\lambda_{t+1}}{\lambda_t}Q_{t+1}\phi\left(\frac{I_t}{I_{t-1}}-1\right)\left(\frac{I_{t+1}}{I_t}\right)^2 \quad (5-22)$$

整理可得：

$$1 = Q_t\left[1-\frac{\phi}{2}\left(\frac{I_t}{I_{t-1}}-1\right)^2-\phi\left(\frac{I_t}{I_{t-1}}-1\right)\frac{I_t}{I_{t-1}}\right]+\beta E_t\frac{C_{t+1}^{-\theta_1}}{C_t^{-\theta_1}}Q_{t+1}\phi\left(\frac{I_t}{I_{t-1}}-1\right)\left(\frac{I_{t+1}}{I_t}\right)^2 \quad (5-23)$$

从上述资本品厂商的设定来看，无法确定资本品的售卖价格 Q_t，因此，本章考虑将其设定为外生冲击，以研究资本品售卖价格对经济体内各宏观经济变量产生什么样的动态影响，具体的冲击表达式如下：

$$\ln Q_t = \rho_Q \ln Q_{t-1} + \varepsilon_{t+1}^Q, \varepsilon_{t+1}^Q \sim N(1, \sigma_Q^2) \quad (5-24)$$

（4）代表性厂商。

代表性厂商购买资本品厂商生产的资本 K_t，吸纳市场上剩余的劳动力 L_Y，采用科研部门的产出互联网技术 IT_t 进行生产。代表性厂商的生产函数如下所示：

$$Y_t = A_t K_t^{\alpha} L_Y^{1-\alpha} IT_t^{\alpha^{IT}} \quad (5-25)$$

其中，Y_t 表示一个经济体所有的最终品产出；L_Y 表示最终品厂商所吸纳的劳动力；IT_t 表示代表性厂商所采用的互联网技术。在这里需要说明的是，科研部门与最终品厂商所吸纳的劳动力满足下面的数量关系：

$$L_t = L_{IT} + L_Y \quad (5-26)$$

代表性厂商获取资本的成本 R_t 是每一家资本品生产企业决定生产投资的边际成本。到这里就已经给出了家庭部门和生产部门的最优化条件，在这些基础上就可以给出劳动力市场、中间品市场和技术市场的均衡条件。上述生产函数中的全要素生产率 A_t 满足 $AR(1)$ 过程，表达式如下：

$$\ln A_t = \rho_A \ln A_{t-1} + \varepsilon_{t+1}^{\rho_A}, \varepsilon_{t+1}^{\rho_A} \sim N(1, \sigma_{\rho_A}^2) \tag{5-27}$$

由于消费品生产企业不涉及跨期消费问题，因此只需要构造静态最优化函数来求解一阶条件即可：

$$\max_{K_t, L_Y, IT_t} \prod_t^y = Y_t - R_t K_t - W_t L_Y - P_{IT} IT_t \tag{5-28}$$

分别对 K_t、L_Y、IT_t 求一阶导，可得下列一阶条件：

$$R_t = \alpha A_t K_t^{\alpha-1} L_Y^{1-\alpha} IT_t^{\alpha^{IT}} \tag{5-29}$$

$$W_t = (1-\alpha) A_t K_t^{\alpha} L_Y^{-\alpha} IT_t^{\alpha^{IT}} \tag{5-30}$$

$$P_{IT} = \alpha^{IT} A_t K_t^{\alpha} L_Y^{1-\alpha} IT_t^{\alpha^{IT}-1} \tag{5-31}$$

（5）政府部门。

政府的每一期收入包括四个部分：向代表性家庭征收居民消费税、代表性家庭资本所得税和劳动所得税、从企业处获取的产出税，用 τ^f 表示。其中，τ^c、τ^s、τ^w 分别表示居民消费税、资本所得税、劳动所得税，所以政府 t 期的收入用以下方程表示：

$$G_t = \tau^f Y_t + \tau^c C_t + \tau^s R_t S_t + \tau^w W_t L_t \tag{5-32}$$

在我国政府大力推进“互联网+”战略，势必会对政府的支出结构产生影响，本章假设“互联网+”战略的实施影响的是政府的投资，意味着政府会把更多的资金投向于互联网信息技术、互联网基础设施建设等领域。因此政府在每一期的支出由三个部分组成：第一部分为政府的转移性支出 G_{1t}用于对消费者的转移支付；第二部分 G_{2t}为政府对科研部门的财政支出，用于对科研机构积极研发互联网技术的费用；第三部分为 G_{3t}，用于政府大力推进“互联网+”战略互联网基础设施建设的投资支出：

$$G_t = G_{1t} + G_{2t} + G_{3t} \tag{5-33}$$

根据上述关于政府支出的描述，本章参考武晓利（2018）[268]所建立的模型，其中第二部分支出的函数表达式如下所示：

$$G_{2t} = \varphi \chi IT_t^{-1} \tag{5-34}$$

其中，χ 表示互联网普及程度，φ_t 为政府对科研部门科研经费的补贴率即科研经费冲击，假定其为随机变量，服从 $AR(1)$ 过程，具体表达如下。为了研究政府对互联网基础设施投入所产生的影响，假设政府对互联网基础设施的投入是一个随机变量，服从 $AR(1)$ 过程，表示如下：

$$\ln G_{3t} = \rho_G \ln G_{3,t-1} + \varepsilon_{t+1}^G, \varepsilon_{t+1}^G \sim N(1, \sigma_G^2) \tag{5-35}$$

$$\ln \varphi_t = \rho_\varphi \ln \varphi_{t-1} + \varepsilon_{t+1}^{\rho_\varphi}, \varepsilon_{t+1}^{\rho_\varphi} \sim N(1, \sigma_{\rho_\varphi}^2) \tag{5-36}$$

（6）模型调整。

IT_t 表示第 t 期互联网技术水平，由于上述模型设定互联网技术为内生变量，而为了研究互联网技术冲击对宏观经济变量和互联网环境的动态效应必须将其转化为外生冲击，因此，通过修改已有模型，即删除上述互联网部门和资本品生产商部门的效用函数，剩下代表性厂商、企业部门、政府部门来研究互联网技术作为一种外生变量。假设 IT_t 是一个随机变量，服从 $AR(1)$ 过程，表示如下：

$$\ln IT_t = \rho_{IT} \ln IT_{t-1} + \varepsilon_{t+1}^{IT}, \varepsilon_{t+1}^{IT} \sim N(1, \sigma_{IT}^2) \tag{5-37}$$

5.2.2.2 DSGE 模型的求解

（1）模型均衡条件。

本章中的模型均衡条件由家庭效用最大化的一阶方程、科研和产品部门的产出最大化的一阶条件、五个部门的约束性条件、市场均衡条件以及各效应函数的。

冲击条件组成，均衡条件整理如下：

$$\frac{\lambda(1-\tau^w)}{1+\tau^c} IE_t^{(1-\lambda)(1-\theta_1)} C_t^{\lambda(1-\theta_1)-1} W_t = L_t^{\theta_2} \tag{5-38}$$

$$IE_t^{(1-\lambda)(1-\theta_1)} C_t^{\lambda(1-\theta_1)-1} = E_t \beta IE_{t+1}^{(1-\lambda)(1-\theta_1)} C_{t+1}^{\lambda(1-\theta_1)-1} (1 + R_{t+1}) \tag{5-39}$$

$$IE_t = \eta IE_{t-1} + G_{3t} \tag{5-40}$$

$$(1+\tau^c) C_t + S_{t+1} \leqslant (1-\tau^w) W_t L_t + (1+R_t) S_t + G_{1t} \tag{5-41}$$

$$IT_t = \lambda_{IT} L_{IT} TR_t^{\varsigma} \tag{5-42}$$

$$W_{IT} = \lambda_{IT}(1-\varsigma) L_{IT}^{-\varsigma} TR_t^{\varsigma} \tag{5-43}$$

$$MC = \lambda_{IT} \varsigma L_{IT}^{1-\varsigma} TR_t^{\varsigma-1} \tag{5-44}$$

$$L_t = L_{IT} + L_Y \tag{5-45}$$

$$K_{t+1} = (1-\delta) K_t + \left[1 - \frac{\phi}{2}\left(\frac{I_t}{I_{t-1}} - 1\right)^2\right] I_t \tag{5-46}$$

$$1 = Q_t\left[1 - \frac{\phi}{2}\left(\frac{I_t}{I_{t-1}} - 1\right)^2 - \phi\left(\frac{I_t}{I_{t-1}} - 1\right)\frac{I_t}{I_{t-1}}\right] + \beta E_t \frac{C_{t+1}^{-\theta_1}}{C_t^{-\theta_1}} Q_{t+1} \phi\left(\frac{I_t}{I_{t-1}} - 1\right)\left(\frac{I_{t+1}}{I_t}\right)^2 \tag{5-47}$$

$$Y_t = A_t K_t^{\alpha} L_Y^{1-\alpha} IT_t^{\alpha^{IT}} \tag{5-48}$$

$$R_t = \alpha A_t K_t^{\alpha-1} L_Y^{1-\alpha} IT_t^{\alpha^{IT}} \tag{5-49}$$

$$W_t = (1-\alpha) A_t K_t^{\alpha} L_Y^{-\alpha} IT_t^{\alpha^{IT}} \tag{5-50}$$

$$P_{IT} = \alpha^{IT} A_t K_t^{\alpha} L_Y^{1-\alpha} IT_t^{\alpha^{IT}-1} \tag{5-51}$$

$$G_t = \tau^f Y_t + \tau^c C_t + \tau^s R_t S_t + \tau^w W_t L_t \tag{5-52}$$

$$G_t = G_{1t} + G_{2t} + G_{3t} \tag{5-53}$$

$$G_{2t} = \varphi_t \chi IT_t^{-1} \tag{5-54}$$

$$\ln\varphi_t = \rho_{\varphi} \ln\varphi_{t-1} + \varepsilon_{t+1}^{\rho_{\varphi}} \tag{5-55}$$

$$\ln G_{3t} = \rho_G \ln G_{3,t-1} + \varepsilon_{t+1}^{G} \tag{5-56}$$

$$\ln IT_t = \rho_{IT} \ln IT_{t-1} + \varepsilon_{t+1}^{IT} \tag{5-57}$$

（2）参数校准。

本章模型参数的赋值仍然采用校准（Calibration）方式，其中，本章中的20个内生变量的结构参数采用前辈已有的研究成果进行赋值。为了便于通过基于MATLAB平台的Dynare软件进行模型数值模拟，我们需要通过校准的方法对以下参数进行赋值：

$$\Omega = \{\alpha, \lambda, \beta, \delta, \theta_1, \theta_2, \chi, \tau^f, \tau^c, \tau^s, \tau^w, \xi, \phi\}$$

代表性厂商最优化条件中需要校准的参数有：资本折旧率 δ、资本产出弹性 α。由于本章的研究对象包括互联网技术冲击、科研经费冲击、互联网基础设施建设冲击，因此对于代表性厂商最优化条件中的互联网技术产出弹性 α^{IT} 将设定为0.1～0.9区间，以便对其展开讨论。其中，大多数国外文献经过测算，δ 的估值大约在0.1左右，国内知名学者陈昌兵（2014）测算的资本折旧率为5.65%，关于资本折旧率的校准参数，将 δ 校准为0.03[270]。本章继续参考吕捷（2017）的研究，将劳动力产出弹性校准为0.45，因此，资本的产出弹性为0.55[271]。

代表性家庭部门需要校准的静态参数有：主观贴现因子 β，参考吴智华和杨秀云（2018）关于随机贴现因子校准值，将家庭主管贴现因子校准为0.4[272]；同时，采用武晓利（2018）对消费相对风险规避系数的设定，将 θ_1 设定为0.8[268]；采纳何国华（2018）关于劳动供给相对风险规避系数的设定，将 θ_2 设定为3[273]。参考许志伟（2018）的研究，将代表性家庭消费税 τ^c 校准为0.2，劳动所得税 τ^w 校准为0.15，资本所得税 τ^s 校准为0.15，将代表性厂商的产出税校准为0.2[274]。资本品厂商最优化条件中的资本调整权重 ϕ，是本章新增的参数，本章参照马文涛和魏福成（2011）的设定，取值为2[275]。并对 Dynare 的程序结果进行比较分析。具体参数校准值如表5-1所示。

表5-1　　参数校准

参数	含义	校准值	依据
α	资本产出弹性	0.55	郭晗（2012）[276]
β	主观贴现因子	0.9	吴智华、杨秀云（2018）[272]
θ	劳动产出弹性	0.45	吕捷（2017）[271]
δ	资本折旧率	0.03	吴智华、杨秀云（2018）[272]
θ_1	家庭消费的风险规避系数	0.8	武晓利（2018）[268]
θ_2	劳动的风险规避系数	3	何国华（2018）[273]
χ	互联网普及程度	0.58	中国互联网产业发展报告（2018）
τ^f	产出税	0.2	武晓利（2018）[268]
τ^c	代表性家庭消费税	0.2	许志伟（2018）[274]
τ^s	资本所得税	0.15	许志伟（2018）[274]
τ^w	劳动所得税	0.15	许志伟（2018）[274]
φ	资本调整成本比重	2	马文涛、魏福成（2011）[275]
ξ	互联网部门资本存量产出弹性	0.55	郭晗（2012）[276]

5.2.2.3　互联网技术冲击对经济增长效率的动态效应与传导机制

本章在程序中为了输入的简便，将均衡方程中的变量名进行了简化，因此，为了让 Dynare 程序所跑出的脉冲响应图中变量与模型中变量有一个清晰的对照，先将变量对照表列示如表5-2所示。

表5-2　　变量对照表

变量名	变量含义	变量名	变量含义
Y	企业产出	IT	互联网技术
C	居民消费	TR	互联网部门资本存量
W	工资水平	MC	科技资源边际成本
R	资本利率	PIT	互联网技术售价

续表

变量名	变量含义	变量名	变量含义
G	政府支出	LIT	科研部门工资水平
$G1$	政府对家庭的补贴	WIT	企业工资水平
$G2$	政府对企业的补贴	LY	企业劳动供给
IE	互联网环境		

(1) 互联网技术对经济增长的动态效应。

互联网技术冲击对经济增长的动态效应分析。图5-2给出了互联网技术冲击下互联网环境质量以及宏观经济变量的动态变化趋势。可以发现，首先，互联网技术对于互联网环境质量、产出、资本存量、消费、政府财政支出均呈现正向冲击，也就是说互联网技术进步能够有效地改善互联网环境，增加产出、刺激消费；其次，互联网技术冲击对于劳动力的供给时间的冲击较为微弱；最后，互联网技术冲击对于投资即居民储蓄呈现负向作用，且影响较大，因为企业的创新需要大量的资金投入，因此是负向的冲击。互联网技术冲击对互联网环境的冲击持续时间较长，大约为40期且均为正向的冲击。综上所述，当互联网技术在改善互联网环境的过程中，

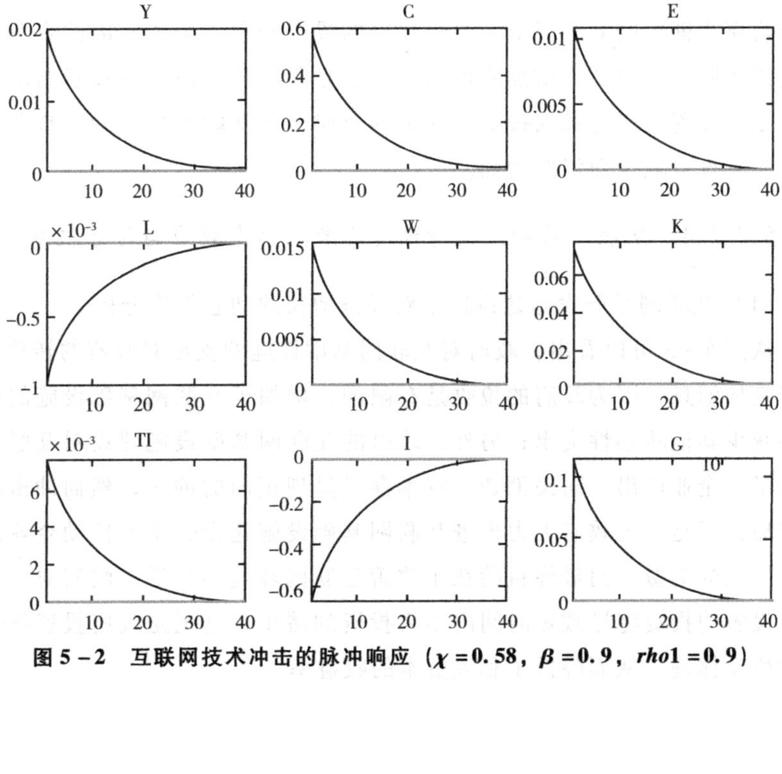

图5-2 互联网技术冲击的脉冲响应（$\chi=0.58$，$\beta=0.9$，$rho1=0.9$）

加速了信息传输技术的发展和信息传输速度的进步，同时企业经营模式的创新势必重塑资源的配置形式，由传统的线下配置转为线上配置，并优化科技资源的结构，通过上述方式促进经济增长。

(2) 互联网技术对经济增长的传导机制。

互联网技术对经济增长的动态效应主要通过以下传导机制：①互联网技术是以信息技术为代表的，主要体现在相应的技术研发、新旧设备的更换和加速技术发明创造，技术的更新换代意味着资源的自由配置，引起产出的增加和劳动者收入的增加，导致私人资本的积累增加和刺激消费；②正因为互联网技术进步有助于企业获取信息和商业模式的创新并增加因采用互联网技术所导致的支出，从而进一步促进互联网环境的改善，互联网环境的改善意味着企业获取信息资源和科技资源的速度更加迅速，因此从企业层面促进产出增长；③以互联网技术进步为代表的企业创新势必创造新的就业岗位，增加就业机会，但是由于挤压了一部分的传统岗位，而互联网时代下的劳动力大多是拥有高学历、高技术含量的劳动者，在传统岗位受到互联网挤压的同时增加并优化了高学历、高技术人才的配置，因此企业创新对劳动力的供给产生了正向的冲击；④以互联网技术进步为代表的企业经营模式创新所需的资金来源于政府的投资和私人资本，因此企业经营模式创新所导致的产出增加使得政府对于互联网基础设施的投资增加而挤压了私人投资，因此私人投资呈现负的效应，即互联网技术的进步和发展使得私人投资减少而消费增加。

5.2.2.4 互联网基础设施对经济增长的动态效应与传导机制

(1) 互联网基础设施建设冲击对经济增长的动态效应分析。

从图5-3可以看出，政府对互联网基础设施的支出对政府的转移性支出将是坏消息，因为政府的税收是有限的，增加了互联网基础设施的建设势必减少其他转移性支出；另外，政府的互联网基础设施建设对互联网环境质量、企业产出、居民消费、资本存量呈现正向的冲击，然而冲击的期数很短，正是因为政府大力推进互联网基础设施建设、从而拉动企业的生产、居民的消费，而最终目的在于改善互联网环境；最后，政府对互联网基础设施的投资将导致短时间内私人投资的减少，这正是政府投资挤出效应的生动体现，从而降低了私人资本的收益率。

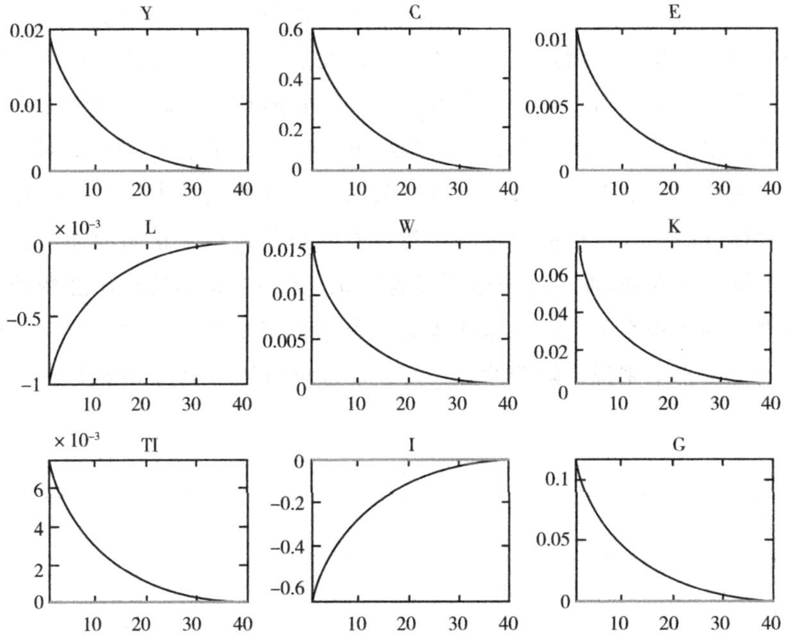

图 5-3 政府对互联网基础设施建设投资冲击的脉冲响应

(2) 政府互联网基础设施建设冲击对经济增长的动态效应。

政府互联网基础设施建设冲击对经济增长的动态效应主要通过以下传导机制：①互联网基础设施的投入增加，将大大改善基于信息传输技术和速度的互联网环境，而互联网环境改善的过程将拉动相关产业的发展从而提高产出；②互联网基础设施的升级改造对这一时期企业的创新是正向的冲击，基于互联网技术进步和互联网环境改善的企业经营模式创新势必对企业经营模式创新所需要的人力、物力等资源进行重新配置，优化企业内部人力资源的配置，同时增加劳动力需求；③政府对互联网基础设施的投资虽然在增加，但却在一定程度上挤出了私人投资，因此私人投资受到负向的冲击，降低了私人资本收益率，反过来进一步扩大了政府投资加速互联网基础设施建设了改善互联网环境，提高产出刺激消费。

5.2.2.5 科研经费冲击对经济增长的动态效应与传导机制

(1) 科研经费冲击对经济增长的动态效应。

图 5-4 给出了本章所设定的科研经费冲击所产生的各经济变量脉冲响

应图，可以看出未来某一期一个正向的科研经费冲击，也就是政府对科研部门的科研经费支出增加，将会产生下面几点影响：①对整个经济体的产出、消费、劳动供给、互联网技术产出、互联网环境、政府财政支出等经济变量带来的是正向的冲击，大约持续40期，然后逐渐归零；②对整个经济体代表性厂商的劳动需求量、科研部门产出互联网技术、互联网环境质量、科研部门资本存量的边际成本和政府财政收入产生正向的冲击，而所持续的期数也在40期后冲击逐渐减弱为0；③一个正向的科研经费冲击对科研部门的工资水平、经济体整体的工资水平带来负向的冲击，对于科研人员的工资水平来说，随着冲击的发生带来负向的影响在40期后逐渐减弱为0。

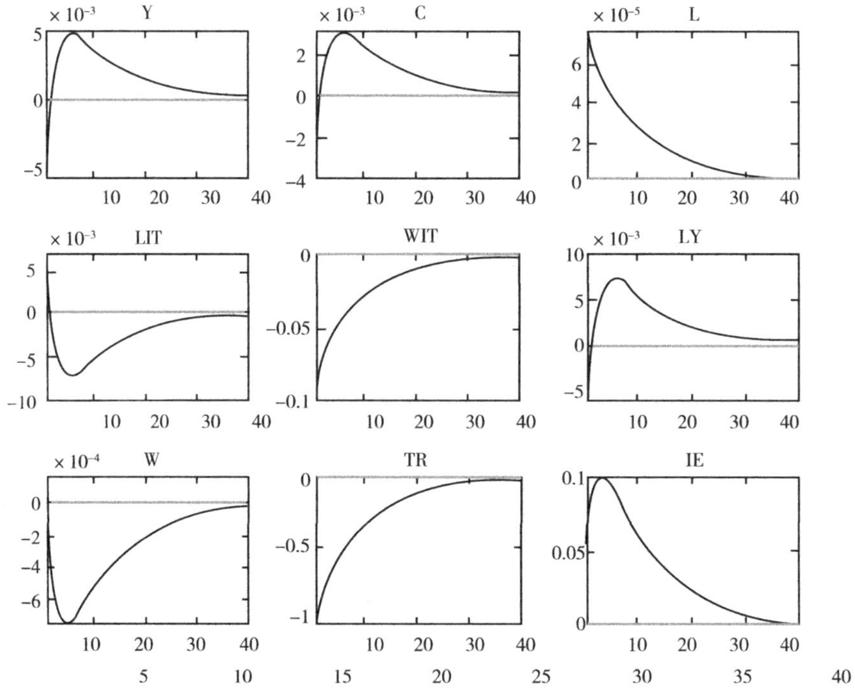

图5－4　科研经费冲击的脉冲响应

（2）科研经费冲击对经济增长的传导机制。

科研经费冲击对经济增长的动态效应主要通过以下传导机制。①当政府支出对科研部门的补贴增加即产生科研经费冲击时，促进经济体中产出的增加和刺激消费，因为科研经费用于科研部门使其产出的互联网技术增加，有利于经济的增长，从而使得政府财政收入增加；②正是因为互联网技术产出增加，导致了基于互联网技术的互联网环境质量提高；③当整个经济体的产出增加，就会引起各经济部门对劳动力需求的上升，而对劳动力需求比较旺盛的消费品生产部门来说较为明显，从而挤压科研部门的劳动力供给空间，最终导致这两个部门的平均工资水平的下降；④正是因为总的劳动供给增加，而这部分增加的劳动力大多转移到了消费品生产部门，因而导致科研部门的劳动反而下降了。以上分析中的所有变量，受到政府补贴冲击的影响期数有限，均在40后减弱为零。

5.2.2.6 DSGE模型的稳健性检验

为了验证实证结果的稳健性，本章通过以下方式对模型进行稳健性检验：考虑不同参数环境下模型的表现，并比较参数变动前后的脉冲图。因此，本章对表5－3中的参数进行了变动。

表5－3　　系数替换

参数	检验项目	本章取值	替换值
χ	互联网普及程度	0.58	0.90
ρ_i	冲击的持续性参数	0.9	0.80

比较图5－3和图5－4，可以直观地看到在不同参数环境下，各类冲击仍然很大，但是冲击所持续的期数在大大的减少。我们看到，在互联网普及程度由0.58调整到0.90时，互联网技术冲击、科研经费冲击、互联网基础设施建设冲击对于产出、互联网环境、劳动时间供给、政府支出的冲击幅度均有所上升，这是因为当互联网的普及率不断提高后，对于产出、互联网环境、科研部门资本存量等经济变量的影响将会增强，因为拥有高度互联网普及率的经济体能够敏感地嗅探到经济变量的细微变化。

通过上述变动模型均衡系统参数值，经过分析可知，虽然各个冲击在对产出、居民消费、互联网环境质量等变量的影响幅度和冲击的持续时间上存在差异，但整体上各个冲击对各变量的正、负向冲击上没有太大的出入，所以模型是稳健的。可以用来分析我国科研经费冲击、互联网基础设施冲击变动对我国宏观经济波动的影响。

5.3 "互联网+"背景下科技资源配置对经济增长效率提升的实证分析

本章是研究科技资源配置效率对经济增长效率的影响，因此，首先根据机理分析采用DEA模型对各类科技资源的配置效率和经济增长效率进行测算，随后对所得的数据进行简单的统计性描述与单位根检验；其次，在理论基础部分所介绍的GMM模型基础上构建本章的实证模型；再次，通过本章所构建的GMM模型进行实证回归分析，来说明科技资源的配置效率提高对经济增长效率将会产生什么样的影响；最后，用面板模型进行稳定性检验，验证GMM模型的稳定性。

5.3.1 科技资源配置效率与经济增长效率的测算

对于经济增长效率的测算，文献中有多种方法，而本专著基于方法的可靠性与数据的可获取性采用DEA方法实现，对于科技资源配置效率的测算同样采用DEA方法。

5.3.1.1 变量说明

对于本章经济增长效率和科技资源配置效率，在这里需要说明的是：

（1）对于经济增长效率的测算，本章借鉴王春宇（2018）[277]关于中国经济增长效率测算相关变量的选取，选取城镇从业人员数和固定资产投资额作为投入，而将相应年份的真实GDP作为产出，运用DEA模型进行测算，表5-4仅给出部分测算结果，详细测算结果见附录一（1）。

（2）互联网技术配置效率，根据任锦鸾（2019）[278]关于互联网技术的指标分类，本章采用网民人数和互联网普及率作为投入要素，而由于互联网技术主要是对经济增长起作用，因此将GDP增长率作为产出进行互联网技术配置效率测算的产出要素，详细测算结果见附录一（2）。

（3）对于科研经费配置效率的测算，则采用政府R&D财政支持作为投入要素，将科研专利数作为产出进行测算，详细测算结果见附录一（3）。

（4）对于互联网基础设施配置效率的测算，由于互联网基础设施建设水平所采用的衡量指标是各地区的长途光缆长度（何菊香和赖世茜等，2015）[265]，再加上本专著是在“互联网+”的背景下进行的研究，因此，采用互联网端口数、长途光缆长度作为投入要素，而互联网基础设施是对经济发展的强有力支撑，所以将GDP作为产出进行测算，详细测算结果见附录一（4）。

在效率测度方法方面，DEA方法无疑是一种十分有效的非参数评价方法，本章采用我国30个省市2006~2017年的投入和产出数据，以固定资产投资额和城镇从业人员数为投入指标，以各省市的GDP为产出指标，选用DEA模型中的规模报酬可变的BCC模型测算经济增长效率，其测算原理如下所示：

$$
\text{s.t}\begin{cases}\text{Min}\theta \\ \sum_{j=1}^{n} x_j\lambda_j \leqslant \theta\chi_0 \\ \sum_{j=1}^{n} y_j\lambda_j \geqslant y_0 \\ \lambda_j \geqslant 0, j = 1,\cdots,n\end{cases} \tag{5-58}
$$

其中，θ表示第j个决策单元的技术效率值，n表示决策单元的总数，x表示投入，y表示投入。测算出来的技术效率（vrste）即为本章的被解释变量经济增长效率，它可以分解为纯技术效率和规模效率的乘积。运用DEAP2.1软件测算结果如表5-4所示。

表5-4　　经济增长效率测算结果

地区＼年份	2006	2007	2008	2009	2010	2011	2012	2013	2014	2015	2016	2017	2018
北京	0.612	0.724	0.397	0.56	1	0.769	0.876	0.897	1	0.206	0.388	0.142	0.631
天津	0.493	0.722	0.474	0.591	0.953	0.754	0.863	0.854	0.872	0.194	0.33	0.15	0.604
河北	0.547	0.73	0.555	0.635	0.954	0.786	0.881	0.857	0.774	0.221	0.325	0.163	0.619
山西	0.597	0.746	0.614	0.65	0.931	0.759	0.897	0.848	0.762	0.254	0.319	0.173	0.629

续表

地区＼年份	2006	2007	2008	2009	2010	2011	2012	2013	2014	2015	2016	2017	2018
内蒙古	0.628	0.811	0.732	0.682	0.961	0.94	0.903	1	0.695	0.288	0.339	0.188	0.681
辽宁	0.653	1	0.788	0.713	0.901	0.939	0.87	1	0.611	0.329	0.368	0.203	0.7
吉林	0.723	0.486	0.853	0.636	0.872	0.706	0.829	0.364	0.784	1	0.396	0.371	0.668
黑龙江	0.761	0.448	0.832	0.678	0.881	0.565	0.779	0.346	0.823	0.919	0.377	0.358	0.647
上海	0.774	0.5	0.939	0.747	0.838	0.527	0.762	0.353	0.804	0.903	0.386	0.328	0.655
江苏	0.844	0.474	1	0.784	0.828	0.586	0.748	0.362	0.813	0.802	0.382	0.3	0.661

注：由于篇幅所限，此处仅给出10省市经济增长效率测算结果，其他三种科技资源配置效率和经济增长效率的详细测算结果请见附录。

表5-5给出了原始数据基于DEA测算结果和标准化数据的描述性统计结果。从中可以看到，面板数据总共360个观测值，从均值来看最大的是互联网基础设施配置效率为0.733，最小的是控制变量从业人员本科学历占比为0.012。其余的介于两者之间，均小于1。

表5-5　　　　描述性统计

变量	Observers	均值	标准差	最小值	最大值
Y	360	0.663	0.254	0.055	1
X_1	360	0.505	0.264	0.047	1
X_2	360	0.567	0.196	0.144	1
X_3	360	0.733	0.269	0.049	1
X_4	360	0.012	0.008	0	0.047
X_5	360	0.243	0.19	0.1	1

5.3.1.2　数据来源

本章选取的样本是2006~2018年30个省、自治区、直辖市的平衡面板数据（不包括港澳台地区，西藏由于数据缺失严重，不予考虑），上述变量在实际软件测算过程中的数据来自EPS数据库中的《中国统计年鉴》《中国科技统计年鉴》《中国教育统计年鉴》。

5.3.1.3 数据的单位根检验

(1) 样本数据平稳性检验。

为防止在回归过程中出现伪回归现象，本章利用 Eviews8.0 软件对各序列进行稳健性和协整检验。首先，利用单位根中 LLC、ADF - Fisher 两种方法检验样本数据的平稳性，因为在实际操作中这两种方法具有代表性，如果两种方法均拒绝单位根的假设，这说明样本数据是平稳的。因此，样本数据的平稳性检验结果如表 5-6 所示。

表 5-6　　单位根检验结果

	LLC 检验		ADF 检验	
变量	P 值	Statistic	P 值	Statistic
y	0.0205**	-2.0453	0.0245**	7.41465
x_1	0.0871***	-1.35882	0.0023*	12.1859
x_2	0.0119**	-2.26018	0.0369**	6.60061
x_3	0.0005*	-3.30042	0.0401**	6.43175
x_4	0.0409**	-1.74036	0.0125**	8.76007
x_5	<0.0001	-4.57892	0.0071*	9.89122

注：* 表示在 1% 显著水平下显著，** 表示在 5% 显著水平下显著，*** 表示在 10% 显著水平下显著。

从单位根检验的结果（见表 5-6）来看，各变量序列分别在 1%、5%、10% 的显著水平下拒绝单位根的假设，因此各变量序列是平稳的。

(2) 相关变量的协整关系检验。

上述检验结果说明了序列的平稳性，因而进行协整检验。本章采用 Kao 检验对本章所设定的四个回归模型进行协整检验，通过检验可以发现，所有模型的 P 值均在 1% 显著水平下显著，表明三种科技资源的配置效率与经济增长效率具有协整性，可以进行回归分析。检验结果如表 5-7 所示。

5.3.1.4 GMM 模型介绍与设定

(1) GMM 模型。

通常所用的 OLS 等方法，基本逻辑是从计量模型对数据拟合的角度分

表 5-7　　协整检验结果

ADF 检验			ADF 检验		
模型	P 值	Statistic	模型	P 值	Statistic
模型一	0.0000	-9.236944	模型三	0.0000	-8.885502
模型二	0.0004	-3.386165	模型四	0.0000	-7.385148

注：模型一、二、三分别检验被解释变量与互联网技术配置效率、科研经费配置效率、互联网基础设施配置效率的线性相关关系；模型四检验被解释变量与三种科技资源配置效率的线性相关关系。

析，得出最好的估计参数。GMM 方法，又称广义矩方法（Generalized Moment Method），该方法所用的思路与传统思路完全不同。任何计量模型都有一定的适用性，即数据要满足一定的要求。GMM 方法的思路是，从计量模型对数据的要求出发，得出一系列矩条件，再根据这些矩条件，求解满足条件的系数。对于大多数计量模型，GMM 方法和传统的方法"殊途同归"，得出的回归系数相差不会太远。

a. 差分 GMM 模型（DIF-GMM）

假定所有的 $\Delta\mu_{it}$ 和所有的 y_{is} 和 $x_{is}(s\leqslant t-2)$ 都不相关，因此，每个 y_{is}（$s\leqslant t-2$）都是 $\Delta y_{i,t-1}$ 的工具变量之一。

于是，由他们的假定可以得到 $(T-1)(T-2)/2$ 个矩条件，写成矩阵形式为：$E(Z_i'\Delta\mu_{it})=0$。

在后来研究之中，人们发现尽管 DIF-GMM 的应用较为广泛，然而，DIF-GMM 估计量不具有较好的有限样本特性，特别是滞后项和随后的一阶差分项没有较强的相关性时，工具变量则显得非常微弱。

b. 系统 GMM 模型（SYS-GMM）

Bond 和 Blundell（1998）研究出了另外一种方法，即系统广义矩估计方法（SYS-GMM）[279]。在 DIF-GMM 模型的基础上，SYS-GMM 额外设定了假设条件，增加了水平方程中因变量滞后项 $y_{i,t-1}$ 的工具变量，额外增加了（$T-2$）个矩条件：$E[\Delta y_{i,t-1}(y_{it}-\alpha\Delta y_{i,t-1})]=0$，$t=3, 4, \cdots, T$。

结合前面提到的 $(T-1)(T-2)/2$ 个矩条件，现在共有了 $(T+1)(T-2)/2$ 个矩条件。系统广义矩估计方法 SYS-GMM 首先通过差分消除了个体效应，然后应用工具变量解决了内生性问题，使得在一般情况下，可增大差分估计中工具变量的有效性。另外，Roodman（2006）指出，SYS-

GMM 对于个体较多而时间跨度较小的宽面板数据非常适用[280]。

（2）模型设定。

为分析我国科技资源配置效率提高对经济增长效率的影响，本章以 C－D 函数为依托，结合影响经济增长效率的各控制变量，根据我国三种科技资源的配置效率的测算结果分别对经济增长效率的作用效果进行分析，这里所说的配置效率提高即三种科技资源配置效率的提高对经济增长效率的影响，根据本章的研究对象和上述 GMM 的模型介绍设定本章的计量模型如下：

$$y_{i,t} = \alpha_0 + \alpha_x x_{i,t} + \beta_0 y_{i,t-1} + \beta_i Control_{i,t} + u_{i,t} \tag{5-59}$$

其中，i 表示地区，t 表示年份（2006～2017 年），x 表示科技资源的配置效率（$x=1$，2，3），y_{it}为被解释变量，表示 t 年第 i 个省市的经济增长效率，α_0 是截距项，x_{it}是主要解释变量，表示 t 年第 i 个省市的科技资源配置效率，$y_{i,t-1}$表示被解释变量的滞后项，α_x 为主要解释变量的系数，u_{it}表示随机误差项。

本章借鉴李雪松（2017）[281]、汪婷等（2019）[282]的研究，选取从业人员中本科学历人员占比，再结合本章的研究背景选取信息传输投资率指标作为控制变量。上述 GMM 回归模型控制变量解释如下：①从业人员本科学历占比（x_{4it}）：一个经济体中在职工作人员的教育背景是提高科技创新水平，促进经济增长的永恒动力，因此，选取从业人员中本科以上人员占比为控制变量；②信息传输投资率（x_{5it}）：政府对互联网信息传输设施的投资占互联网建设总投资的比重，本章的研究是基于"互联网+"背景的，因此经济体中信息道路的建设是加速互联网建设的重要指标，而信息传输投资率也是加速经济增长的重要基础性投资。

由于三种科技资源配置效率分别对经济增长效率做回归分析，因此，公式（5－59）可转化为如下的表示：

$$y_{it} = \alpha_0 + \alpha_x x_{1it} + \beta_0 y_{i,t-1} + \beta_1 x_{4it} + \beta_2 x_{5it} + u_{it} \tag{5-60}$$

$$y_{it} = \alpha_0 + \alpha_{xx} x_{2it} + \beta_0 y_{i,t-1} + \beta_1 x_{4it} + \beta_2 x_{5it} + u_{it} \tag{5-61}$$

$$y_{it} = \alpha_0 + \alpha_{xxx} x_{3it} + \beta_0 y_{i,t-1} + \beta_1 x_{4it} + \beta_2 x_{5it} + u_{it} \tag{5-62}$$

式（5－60）为模型一：表示互联网技术配置效率对经济增长效率的作用效应；式（5－61）为模型二：表示科研经费配置效率对经济增长效率的作用效应；式（5－62）为模型三：表示互联网基础设施配置效率对

经济增长效率的作用效应。

模型四是为了同时考察三种科技资源配置效率对经济增长效率的作用，本章将三种科技资源配置效率同时引入模型，研究其对经济增长效率的作用，模型表示如下：

$$y_{it} = \alpha_0 + \alpha_1 x_{1it} + \alpha_2 x_{2it} + \alpha_3 x_{3it} + \beta_0 y_{i,t-1} + \beta_1 x_{4it} + \beta_2 x_{5it} + u_{it} \tag{5-63}$$

5.3.2 科技资源配置对经济增长的实证分析

5.3.2.1 互联网技术配置效率对经济增长的影响

在科技资源配置效率对经济增长效率影响关系的实证回归中，运用STATA软件先对四个模型进行GMM估计，将被解释变量滞后一阶进行回归，回归结果如表5-8所示。

表5-8　GMM回归结果

变量	模型一	模型二	模型三	模型四
$y(-1)$	0.1625*** (17.9628)	0.2041*** (31.1904)	0.0321*** (4.6605)	0.0322** (2.3984)
x_1	0.1395*** (-8.0596)			0.0182 (1.2059)
x_2		0.0427*** (3.8215)		0.1806*** (13.7319)
x_3			0.6822**** (86.6223)	0.7079*** (65.1908)
x_4	11.9788*** (19.3637)	12.9868*** (17.0966)	-1.6077** (-2.3109)	0.1669 (0.2398)
x_5	-0.2469*** (-6.8816)	-0.1999*** (-8.6134)	-0.4604*** (-8.4618)	-0.4828*** (-4.8065)
Constant	0.5449*** (29.8543)	0.3996*** (33.7821)	0.2741*** (25.1303)	0.1301*** (4.3449)
Observers	360	360	360	360

注：*表示在1%显著水平下显著，**表示在5%显著水平下显著，***表示在10%显著水平下显著。

模型一验证了互联网技术配置效率的提高能有效促进经济增长的假设。即互联网技术配置效率的提高也就是本章所示的配置效率提高，导致经济增长效率上升，这可能是因为我国互联网技术这一“互联网+”背景下的技术资源通过促进网络学习、技术发明创造和加速知识的传播所导致的。因为：①互联网技术配置效率的提高意味着这一资源能够得到更加高效的使用从而促进网络或者在线的知识学习，而知识的汲取必然转化为生产力，从而增加物质资本的积累，对经济增长效率起到提升的作用；②互联网技术配置效率的提高使得相应技术应用率提升，进一步加速发明创造可以促进物质资本的积累和人力资本的积累，因为技术作为一种生产工具必然要被人所掌握才能转化为生产力，而这一过程就加速了人们专业技能的提高，因此加速了人力资本的积累，使得经济增长效率提升；③互联网技术作为一种加速知识共享的技术，它的配置效率提升，必然助推整个经济体知识共享程度的不断提高，加速知识溢出，促进各行各业从业人员技能的提高和人力资本的积累，最终导致经济增长效率的提高。综合上述几点分析，互联网技术配置效率的提高能够提升经济增长效率。例如互联网技术与教育的融合促进在线教育的出现，提升人力资本质量。在线教育能针对客户需求进行个性化课程定制，打破学习的时空约束，实现教育资源开放共享，提升了知识的传播速度。如科大讯飞基于AI技术研发了线上线下一体化的智慧课堂，运用人工智能、大数据、云计算等新一代信息技术打造智能、高效的课堂，在疫情期间科大讯飞“停课不停学”解决方案在21个省6500余所中小学应用，服务师生超过1500万人。

5.3.2.2 科研经费配置效率对经济增长的影响

模型二验证了科研经费配置效率的提高能有效促进经济增长的假设。即科研经费配置效率提升将导致经济增长效率提高。当科研经费效率提升后，政府可能增加财政拨款，并继续坚持强化科研经费使用的公开透明性，完善科研经费使用的奖惩制度，促进科研机构、企业等生产效率提升。因此，科研经费配置效率的提高能够通过上述路径传导并促进经济增长。例如，浙江省通过发放电子创新券打破科技资源经费配置垄断，从而促进经济快速发展。浙江省中小微企业众多，但绝大多数小微企业没有专门的研发人员与检测仪器，新产品研发、升级与检测成为制约企业发展的瓶颈，此前科研经费均以项目制形式奖补给企业，且受益主体为少数大企业和重点项目，小微企业获得政府公共科研经费的可能性为零。浙江省科技厅通过发放电子创新券，使科研资源和经费由少数企业、项目竞争配置向小微企业普惠制转变，同时对受惠企业实行奖惩制度，促使企业把科技创新和产品研发落到实处，从而促进经济发展。

5.3.2.3 互联网基础设施配置效率对经济增长的影响

模型三验证了互联网基础设施配置效率的提高能有效促进经济增长的假设。即互联网基础设施配置效率提升也就是本章所研究的互联网基础设施配置效率提高导致经济增长效率提升。这可能是因为：①互联网基础设施配置效率的提升，意味着互联网基础设施的各类要素如互联网端口、长途光缆等所产生的效益提高，将会使得信息交流更加便利，从而进一步促进信息资源利用率提高，最终使得经济增长效率提高；②互联网基础设施配置效率的提高势必影响到管理模式的变革，使得国家的信息管理体制相应的革新，管理体制的变化目标在于降低管理过程中的各类成本，减轻各类主体的负担，从而激活更多的主体活力，最终使得经济增长效率提升。综合上述两点分析，可以发现，互联网基础设施配置效率的提升即配置效率提高能够提升经济增长效率。例如广州市依靠其坚实的产业基础优势和优越的营商环境，在人工智能、5G 领域、工业互联网、信息基础设施水平等方面提早布局，构筑新基建的产业生态。在 5G 基站建设方面，截至 2020 年 10 月底，广州市已累计建成 5G 基站约 3.9 万座，以 5G 为代表的新型信息基础设施发展全国领先。厚实的互联网基础设施促进了广州信息资源利用率的提升，有着"中国互联网信息流的集散与分发中心""中国流量第一城"称号的广州名副其实，也吸引了众多互联网企业的落户与集聚。同时，为适应互联网的发展，营造更好的经济发展氛围，广州出台了一系列促进企业数字化转型、产业升级、支持区块链发展的政策，以提高更多创新创业主体的创造力。

模型四表明，本章研究的三种科技资源配置效率共同作用于经济增长效率时，虽然各自对经济增长效率的作用大小相异，但配置效率提高能够提升经济增长效率是肯定的，但是有一点遗憾的是，模型四中互联网技术配置效率在总体回归模型中不显著，可能是因为互联网基础设施配置效率的效应太大所致。可以发现，首先，从三种科技资源配置效率对经济增长效率影响效应的大小来看，显然互联网基础设施配置效率最大，其次是科研经费配置效率，最小的是互联网技术配置效率，这说明我国互联网技术配置效率对经济增长效率的影响还有很大的提升空间；其次，科研经费配置效率对经济增长效率的影响还不足，这需要我国继续调整管理体制改革行政体制，进一步深化科研经费的管理体制改革探索，进一步提升其对经济增长效率的影响作用；最后，从回归的结果来看，三者对经济增长效率的作用不够协调，我国在保持互联网基础设施配置效率的同时还需更加关注互联网技术、科研经费两种科技资源的配置效率对经济增长效率所产生的影响。

从 GMM 回归的结果来看，其中经济增长效率的滞后一期对本期的影响在四个回归模型当中均呈现正向的影响，而且回归系数均显著。这说明，经济增长效率与上一期的经济增长效率存在正向相互关系。也就是说，影响经济增长效率提升因素当中除了上述三点科技资源配置效率外还有其本身上一期增长效率。而这也就验证了邹朋飞和谢国斌（2015）关于经济增长效率的滞后项对本期经济增长效率具有显著的正向作用的结论[283]。这说明，一个经济体的经济增长效率不仅受到科技资源配置效率的影响，其本身当期的增长水平会影响到下一期的增长水平。这可能是由于经济增长需要积累过程，即一个经济体的发展需要相应的积累。

5.3.2.4 科技资源配置对经济增长效率的回归模型检验

为了排除经济增长效率滞后期对研究结论的影响，同时也为了验证 GMM 估计结果的稳健性，本章建立如下的面板回归模型采用固定效应面板回归模型来验证 GMM 的估计结果。面板模型如下所示：

$$y_{it} = \alpha_0 + \alpha_x x_{1it} + \beta_1 x_{4it} + \beta_2 x_{5it} + u_{it} \tag{5-64}$$

$$y_{it} = \alpha_0 + \alpha_{xx} x_{2it} + \beta_1 x_{4it} + \beta_2 x_{5it} + u_{it} \tag{5-65}$$

$$y_{it} = \alpha_0 + \alpha_{xxx} x_{3it} + \beta_1 x_{4it} + \beta_2 x_{5it} + u_{it} \tag{5-66}$$

$$y_{it} = \alpha_0 + \alpha_x x_{1it} + \alpha_{xx} x_{2it} + \alpha_{xxx} x_{3it} + \beta_1 x_{4it} + \beta_2 x_{5it} + u_{it} \tag{5-67}$$

根据上述面板模型的设定，本章运用 Stata 软件进行回归，面板回归结果如表 5－9 所示。

表 5-9　　面板模型回归结果

变量	模型一	模型二	模型三	模型四
x_1	0.182 *** (-3.29)			0.029 (-0.77)
x_2		0.148 ** (2.19)		0.196 *** (4.02)
x_3			0.67 *** (18.42)	0.662 *** (18.02)
x_4	4.526 * (1.91)	4.54 ** (2.38)	-1.83 (-1.06)	-0.767 (-0.54)
x_5	-0.887 ** (-2.42)	-0.151 ** (-1.97)	-0.794 *** (-3.09)	-0.081 (0.164)
Constant	0.916 *** (9.74)	0.561 *** (11.65)	0.387 *** (5.40)	0.11 ** (2.10)
Prob > chi2	0.0010	0.0110	0.0000	0.0000
Observers	360	360	360	360

注：* 表示在 1% 显著水平下显著，** 表示在 5% 显著水平下显著，*** 表示在 10% 显著水平下显著。

从表 5-9 的面板回归结果可知，模型一、模型二、模型三中的三种科技资源配置效率对经济增长效率的回归结果均符合 GMM 估计的结果，充分说明了三种科技资源配置效率提高对经济增长效率呈现显著的正向关系。从模型四的回归结果来看，三类因素配置效率对经济增长效率的总体效应呈现正向的影响，但是，互联网技术配置效率的回归结果不显著，说明面板回归结果不如 GMM 显著。综上所述，通过面板回归模型的验证，本章所构建的 GMM 模型回归结果是稳健的。

5.4　本章小结

首先，本章从理论层面分析了科技资源配置对经济增长的促进作用，并深入分析了科技资源配置对经济增长的影响，研究发现：①互联网技术在市场配置条件下，通过价值规律、市场竞争和市场供求实现互联网技术的配置效率提高，使得物质资本和人力资本利用率提升，进而达到提高经济增长效率的目的；②我国科研经费主要通过政府财政拨款实现政务信息公开透明度不断加大的前提下，促使科研机构在利用财政资金的同时受到社会公众的监督，进而提高财政资金的使用率，最终提高经济增长效率；③互联网基础设施配置通过两条路径影响经济增长效率，一是，互联网基础设施建设使得经济体中的互联网发展有了坚实的基础，从而使信息交流更加便利，提高经济增长效率；二是，互联网基础设施的优化配置就意味着互联网基础资源利用率的提高，从而提高经济增长效率。

其次，基于内生增长理论结合数理模型，分别就互联网技术、科研经费和互联网基础设施建设对经济增长效率的作用，通过数理模型的深入分析，发现科研经费的配置效率提升对经济增长效率均存在正向的影响。本章还通过构建 DSGE 模型，设立科技资源冲击研究其对经济增长效率的动态效应，同时验证了科技资源配置对经济增长的正向作用。

最后，着眼于“互联网+”背景下科技资源配置对经济增长的作用，从机理和实证两方面研究了互联网技术配置效率提高、科研经费配置效率提高、互联网基础设施配置效率提高对经济增长的作用机制。研究发现：①互联网技术、科研经费、互联网基础设施这三种科技资源配置确实对经济增长具有显著的促进作用；②从 GMM 四个估计模型回归的结果来看，经济增长效率的滞后一期对本期的影响在四个回归模型当中均呈现正向的影响，而且回归系数均显著。这说明，经济增长效率与上一期的经济增长效率存在正向的相互关系。

6 “互联网 +”背景下我国科技资源配置对经济增长动力转换的作用机制

我国科技资源配置与经济增长动力转换之间是怎样的作用关系？在经济增长动力转换下我国科技资源配置存在哪些问题？我国科技资源配置能否实现经济增长动力的转换？针对这些亟待解答的问题，本章从“互联网 +”发展背景视角出发，按照科技资源配置与经济增长动力转换的影响关系分析→影响机理→实证分析的逻辑，对“互联网 +”背景下我国科技资源配置对经济增长动力转换的作用机制展开研究。

6.1 “互联网 +”背景下科技资源配置对经济增长动力转换的影响

6.1.1 “互联网 +”背景下经济增长动力转换的影响因素

6.1.1.1 科技资源配置对经济增长动力转换的影响

具体而言，在市场经济体制下，单一的要素无法形成生产力，资源的合理配置是形成经济增长动力并促进增长动力转换的重要推手。科技资源作为第一生产要素，多种科技资源相互组合、相互作用才能形成现实的科技创新活动。科技资源配置在促进经济增长动力转换的过程中主要是从促进科技资源的重新组合、增强科技资源间的共享性和促进科技资源在不同地区、不同部门间的流动三个方面产生经济增长新动能：

（1）科技资源的重新组合。

创新活动是科技人力资源、科技财力资源等多种科技资源有机结合的结果，各类创新主体对科技资源的利用效率、配置结构能够影响整体的科技产出。而当前高质量发展阶段，科技产出的多少能够进一步对区域经济增长质量产生重要影响。科技资源在不同创新主体、不同地区的配置能够促进科技资源的重新组合，通过科技资源按照一定的集聚方式、组合方法等产生创新溢出效应，进而形成新的经济增长动能来促进经济增长。各种创新要素之间必须形成有机的组合，比如创新主体企业购买了先进的研发设备，必须有相关的技术人才使用并进行创新生产，才能发挥它的作用。

科技资源的优化组合即各种科技资源在创新活动过程中的最佳组合形式，在这样一个动态调整过程中，不仅要实现其在数量方面的优势叠加，更要求其产生在时空和质量上的协同溢出效应，做到在有限约束条件下的最大科技产出，实现“物尽其用、人尽其才”的效果，遵循获取最大科技成果的原则，采取多方位科技资源的组合方式以求达到最好的效果。

（2）科技资源的共享性。

科技资源的共享性是指各类科技资源在结合过程中可以相互共享，促进科技中间产品（专利）和知识技术的产生。例如科研机构和高校一般有着丰富的科技人力资源，这类创新主体是知识创造的主体，主要产出是专利这一类科技中间产品；而企业一般有着大规模的生产设备，相对来说，企业是科技中间产品应用部门，着重点是通过创新实现生产力的发展。各类科技资源有着自己的特性以致于共享难度存在差异，一些科研设备因为地域限制等因素较难实现在不同部门间的共享和利用，而科技人力资源受到的限制则较小，在空间共享性上有着较大的比较优势。

科技资源的共享可以显著促进经济增长动力的转换。通过增强各类科技资源的共享，形成与科技资源投入规模相适应的科技创新能力，进而可以促进科技资源的有效集聚，实现科技资源与其他生产要素的有机聚合，提高科技资源的实际利用效率，进而实现科技成果的产业化发展以及经济增长动力的转换。

（3）科技资源之间的自由流动。

科技资源的流动是指科技资源在不同创新主体、同一创新主体不同部门或不同空间位置之间转移、变化或所有权的更替，包括科技人力资源、科技财力资源等要素的流动。自我国从计划经济向社会主义市场经济转变以来，市场在科技资源配置机制中的影响力逐渐增大，以企业为主体、产学研一体化的科技创新体系成为当前"互联网+"发展背景下新的经济增长引擎，而产学研一体化的实质就是要促进科技人力资源、科技财力资源等科技资源在不同创新主体、同一创新主体不同部门或不同空间位置之间的合理流动，通过创新活动实现科技资源的再配置和科技成果的转化。与此同时，人们日益增长的多样化产品需求致使得科技资源在市场机制作用下不断调整流动，按照边际收益等于边际成本原则，科技资源会自发地流向获益最高的地区，也就是说科技资源的流动一定是朝着效率更高的方向进行，从而实现科技资源配置的动态优化，带动区域创新能力提高形成技术的溢出效应，提高了整体科技资源的利用效率，进而推动经济增长动力转换。

而伴随着"互联网+"的不断发展，科技资源的流动范围逐步扩大，实现了科技资源在全球范围内的流动，而这些科技资源比如高技术人才、研发资金、知识技术等在当前的社会生产活动中扮演着重要的角色。与传统的生产要素比如土地、资本等相比，科技资源的流动性有着明显的比较优势，比如在企业区域经营中知识技术的流动更加高效和便捷。由此可见，科技资源不仅自身可以作为生产要素之一在经济活动过程中流动，也可以引导传统生产要素的流动。但要说明的是，与经济高速增长阶段相比，在经济高质量发展阶段更加需要的是"颠覆式自主创新"，也即科技资源的流向是以实现"毁灭性创造"为最终目的，因此科技资源有效流动，与传统生产要素的有机结合是经济高质量发展的必然选择。科技资源与自然资源、土地等传统要素相结合是经济增长重要的新动能。

6.1.2 科技资源再配置对经济增长动力的影响路径

6.1.2.1 "互联网+"发展对科技资源错配的影响路径

（1）从时间上看。

科技资源长期普遍存在错配现象，而伴随"互联网+"新一代科学技术的发展，极大改善了科技资源在不同区域、不同部门间的错配情况。具体而言，“互联网+”在科技资源配置中扮演的角色从传统意义上的参与者逐渐转变为领导者，尤其近年来兴起的云计算、大数据等前沿领域，“互联网+”新一代科学技术不可或缺。从长远角度看，“互联网+”改变了传统资源配置的思维范式，从原先的由需求侧主导逐渐转变为从供给侧结构性改革实现全创新产业链的价值提升，从之前的标准化生产转向个性化定制的长尾经济形态。在工业化时代，企业对产品需求信息的获取是不完全的，与此同时，企业收集、整合、分类和加工信息的能力也存在一定的局限性，因此必然存在一定程度的科技资源未被有效利用。而伴随着“互联网+”的发展，信息呈现出爆炸式增长的态势，对大数据为代表的新一代互联网技术提出了新要求，“互联网+”通过个人、企业以及政府多个主体对科技资源配置机制产生深远影响。

①“互联网+”的发展减弱了市场价格机制和供求关系对科技资源配置的主导作用。

主流经济学理论所假设的有效市场、资源配置的帕累托最优状态均为理想状态，实质上资源错配型市场失灵普遍存在。究其原因，企业并未具备获取完全信息的能力，企业依据有限信息做出的决策必然导致科技资源错配。传统市场机制不再适应大数据指数级增长下企业的新发展要求，换言之，企业无法依据市场给出的信号做出科学有效的决策。企业要想获得传统意义上的市场均衡，就必须倚赖新的技术手段，而这些新技术手段的应用则减弱了市场价格机制和供求关系对科技资源配置的主导作用。

②“互联网+”的发展倒逼企业通过机器学习等技术手段挖掘数据背后蕴藏的价值，形成对科技资源配置新的决策机制。

“互联网+”的发展对企业的信息处理能力提出了更高的要求，在与相似企业竞争的过程中，运用大数据分析的行为选择可以形成一定的竞争优势，进而有效改善科技资源的错配情况。机器学习实质上是通过构建一套算法对数据进行解析，企业基于已有的数据推测出未来的数据，并通过这一产生的数据作决策。具体而言，企业对科技资源的配置情况依赖于产品市场的供求情况，实际上，企业所提供的产品和服务的未来供求关系是不确定的，仅仅依靠市场自发调节必然会导致供需失衡，对企业的决策产生强大的错误导向。因此，从长远看，“互联网+”的发展会倒逼企业提高自身信息获取、整合和加工的能力，形成新的科技资源配置机制。

（2）从空间上看。

"互联网+"对传统意义上的科技资源配置主要是通过区域间再配置以及区域内再配置改善科技资源错配情况，进而提高全要素生产效率，从而实现经济增长动力的转换。区域间再配置是指科技资源在不同区域的自由流动，"互联网+"的发展消除了科技资源在不同区域流动的障碍，极大提高了科技资源的利用效率。而区域内的再配置具体指的是"互联网+"在区域、产业、企业宏中微三个层面的渗透，旨在改善科技资源错配提高全要素生产率。

互联网作用于科研活动的整个环节，其信息共享和整合能力将直接影响到科技资源的配置能力。从资源配置角度看，互联网通过信息手段实现对科技资源的重新配置，作为科技资源优化配置的一种方式，互联网的发展对科技资源错配将产生重要影响，其影响路径如图6-1所示。

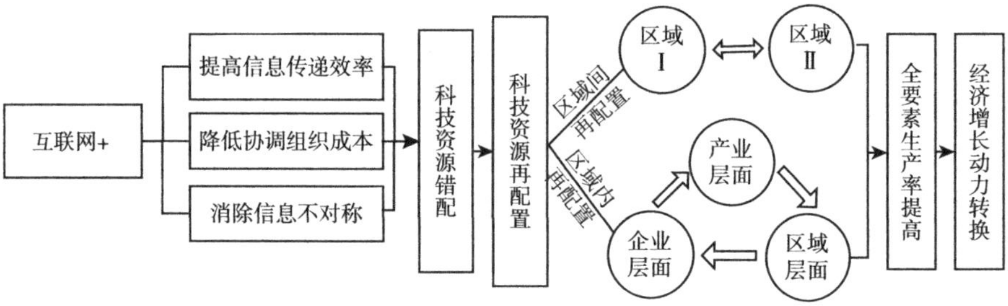

图6-1 "互联网+"发展对科技资源错配的影响路径

①"互联网+"的发展提高了信息传输效率，其催生的共享经济颠覆了原有的区域科技资源配置方式，打破了区域间的时空限制。互联网消除了信息不对称的藩篱，其强大的信息控制以及监督机制影响着科技资源的自由流动。互联网加速了跨区域资源整合能力，通过网络链接点的倍增效应，可以实现跨区域的人才、资金等资源再配置，短时间内从广度到深度上完成区域科技资源的有效整合，提高协同创新水平。互联网极大地促进了信息交流与共享，从很大程度上缓解了信息不对称并提高了市场整合过程中创新资源配置效率，同时信息网络技术的应用使创新要素的流动和聚集更加迅速，进一步放大了市场整合的资源配置和使用效率的提升效应。

②"互联网+"的发展有助于完善现有的科技资源市场配置机制。科技资源的准公共品属性使得市场机制无法解决其所投向于创新活动的外部

性，不完善的市场机制忽略了技术市场的发展规律，无法实现技术市场中科技资源供需的高效匹配，互联网能够发挥网络技术在配置资源中的主导作用，使市场对资源配置的决定性作用得以充分发挥，推动市场向精准化配置转变，加快有能效的资源配置机制形成。互联网的发展降低了企业与求职者的信息交流成本，促进人才的聚集，企业可以更高效地雇用能力相匹配的员工实现生产力的提升。

③“互联网+”的发展实现了生产组织变革。互联网技术将资源从独占变成共享，通过改变生产的组织方式和供应链的流通模式对资源进行整合，间接实现区域经济结构重构。“互联网+”下的跨界经营能够真正实现规模报酬递增的正反馈循环，互联网借助信息手段实现横向产业链与纵向价值链重构，有助于增强科技生产活动中的透明度，促使产品生产模式由线性创新转向并行创新，提高知识进步速度。互联网技术减少了创新主体间的信息传递和协调成本，为进一步提升科技资源配置效率提供可能。

6.1.2.2 科技资源再配置对区域增长质量的影响路径

科技资源配置的优化过程，是指企业通过实施“互联网+”战略，利用机器学习、云计算等新的科技手段，基于已有的大数据（数据仓库），进行更加科学的决策和再配置的行为方式，旨在提高高端创新产品在总体创新产品中的比例。具体而言，是通过搭建科技资源服务平台、数据采集终端等方式搜集和整理数据，并将这些数据汇总成大数据，再通过人工智能的新的科技手段将科技资源在创新主体间形成更优分配，如图6-2所示。

科技资源有着分布广、多样化、稀缺性等特点，单一的科技资源无法发挥出原有的效能，多种科技资源集聚和协同是实现科技创新的重要抓手。伴随着“互联网+”的发展，构建分布式科技资源服务平台是消除科技资源流动障碍，实现科技资源有效聚合，按照创新主体需求高效配置科技资源的有力支撑。

“互联网+”对科技资源再配置的影响是基于分布式科技资源服务平台，落脚点是企业需求，通过以企业需求为导向，将各类科技资源汇聚至研发部门，并通过提高高端创新产品在所有创新产品中的比重，完成提高产品附加值和产品的高端化过程。这一过程中，科技资源的有效聚合起着

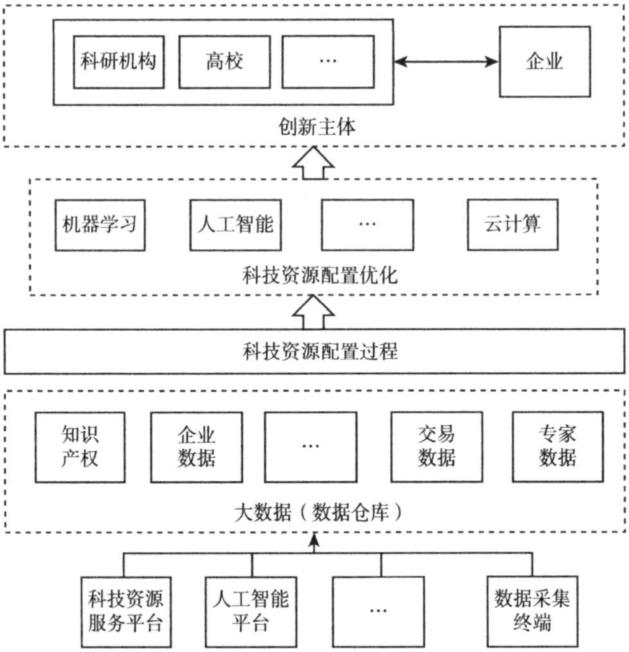

图6-2 "互联网+"发展对科技资源再配置的影响路径

关键作用。科技资源再配置助推生产企业在市场中的主导权，实现定价权由需求侧向供给侧的转换，企业拥有更灵活的科技资源配置决策空间，也在一定程度上提高了实现跨越式创新的可能性。

6.1.2.3 科技资源再配置对区域增长质量的影响路径

科技资源再配置是指科技资源在不同区域、异质性企业和企业内不同部门之间的重新配置。同样的科技资源，在不同区域、异质性企业和企业内不同部门之间的利用效率存在显著差异。因此，对于一个经济整体，通过在不同区域、异质性企业和企业内不同部门之间重新优化配置科技资源，可以创造更多的科技产品产出，实现对整体经济增长质量的正向影响。

从另一个角度看，经济总体或者一个区域的增长质量是市场中各个异质性企业各种产品生产率的加权总和。因此，异质性企业的产品生产率、新产品的研发以及新旧产品的更新迭代都会改变企业的总生产率，进而影响区域经济或整体经济的增长质量。异质性企业是以研发利润最大化为导向进行研发决策的，企业会根据自身创新能力、科技资源禀赋以及政府研发补贴、税收优惠等外部环境的变化对研发决策进行动态调整。企业对研发决策的调整也就意味着科技资源在企业内部不同部门间、不同创新效率的异质性企业间实现了重新配置，进而引发产品市场的竞争格局发生变化，异质性企业间的竞争效应将通过创新产品竞争力筛选出创新效率较低的创新产品和在位企业，进而改变创新产品中的生产率分布，最终影响区域经济总的生产率的增长，也即区域经济增长质量。

具体而言，科技资源在异质性企业间的配置可以通过影响区域内要素市场和产品市场的结构影响到区域经济增长质量。在要素市场，科技资源是第一生产要素，对一般要素具有引导作用，其中科技人力资源发挥主导作用，科技人力资源的流动使得区域整体生产率得到提升；在产品市场，科技资源在异质性企业间的配置使得企业动态调整产品研发决策，进而形成新的区域企业竞争格局。而产品市场的格局变动将反馈到要素市场，进一步调整要素的配置结构。可以看出，科技资源在异质性企业间的配置状况决定了区域经济增长质量，通过优化科技资源在异质性企业间的配置，强化科技资源在区域间的配置效应，将科技资源向创新效率更高、创新能力更强的企业释放，将更大可能实现区域经济增长质量的提高。换言之，随着科技资源在异质性企业、不同创新产品生产线以及企业内不同部门间的再配置，科技资源会从创新效率低的企业流向创新效率更高的企业，而创新效率高的企业有更高的研发成功概率，进而实现研发创造性毁灭效应。

毫无疑问，科技资源向创新效率更高的企业流动会提高区域科技产出水平。如图6－3所示，除了这种直接影响外，科技资源再配置对区域经济增长质量存在间接的影响机制。一是区域金融发展水平。区域内企业的创新活动具有高投入、高风险的特征，无论是企业的研发生产活动还是创新产品的商业化均离不开金融的支持，而金融发展水平高的区域可以提高科技财力资源的配置效率，使得资金在创新活动的供需两端得到有效匹配，从而对区域科技产出水平产生间接的影响作用；二是区域产业结构，科技资源再配置能提高区域内各类生产要素的配置使用效率，促使创新价值链优化升级，推动产业链向中高端进发，同时催生出新产业的形成和出现，进而提高区域经济增长质量。

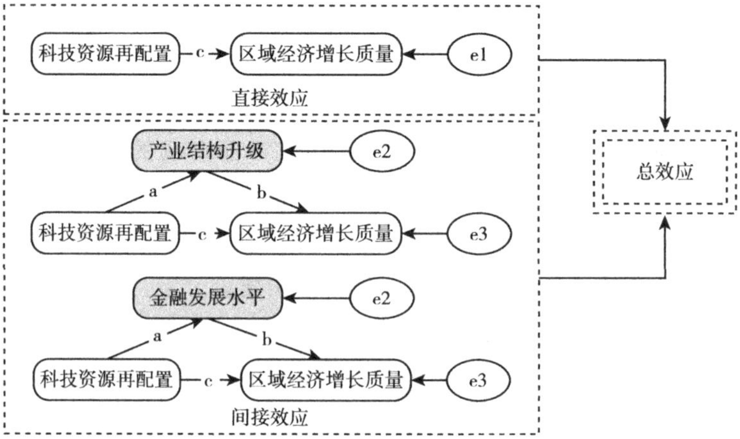

图6-3 科技资源再配置对区域增长质量的影响效应

在"互联网+"的发展背景下，科技资源配置不再简单地依赖市场机制，以信息为配置手段的互联网资源配置机制逐步渗透于传统的市场配置机制。在科技资源配置影响区域经济增长质量的不同阶段，不同区域内"互联网+"的发展水平差异可能导致科技资源配置对区域经济增长质量产生非线性的影响效应，如图6-4所示。

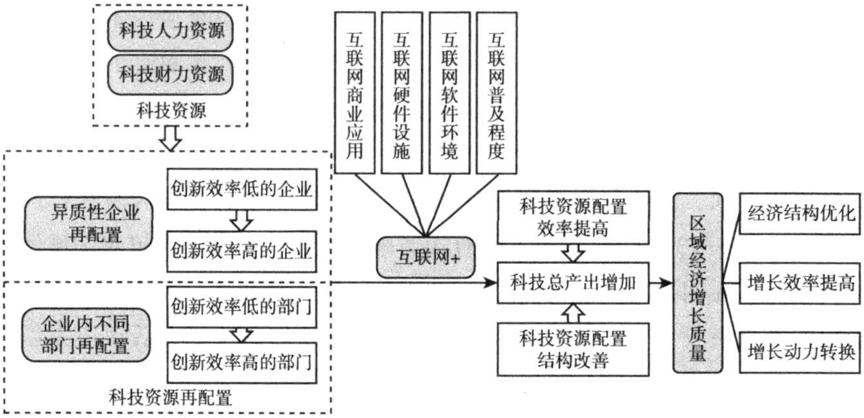

图6-4 科技资源再配置对区域增长质量的影响效应

当"互联网+"发展水平较高时，区域内获取信息的成本可以大幅降低，人们可以准确有效地获取科技资源供需信息，提高科技资源的配置效率和利用效率，获得更多科技产出并形成正向的反馈和响应。而"互联网+"

发展水平较低时，则会形成较大的信息摩擦，科技资源的自由流动受到一定程度的阻碍，导致科技资源的开发利用成本较高，科技资源再配置获得的相对收益较低，使得区域创新活动的积极性提高有限，进而区域经济增长质量的提高效应不明显。而伴随着“互联网+”对企业内各个部门的渗透，企业研发生产部门可以更容易获取科技资源再配置所形成的新知识和新技术，这使得企业研发生产的边际成本不断下降，从而获得“互联网+”配置科技资源的正向创新红利。在“互联网+”的渗透水平发展到一定规模后，科技资源再配置的溢出价值将呈现出几何式增长，各部门将获得更多的创新收益。如此反复持续和累积循环，将使科技资源再配置的创新红利溢出效果随着“互联网+”发展水平的提高而更加明显。

6.1.2.4 科技资源配置对经济增长动力转换的影响路径

传统科技资源配置模式主要依赖于竞争关系、价格水平、供需变动的市场机制，而这样一种市场价格配置机制存在着政府干预、地区分割等许多因素的约束，因此实际上并不可能通过这样一种单一的市场机制实现科技资源的有效配置，换言之，科技资源在市场价格配置机制下存在普遍的错配情况。科技资源配置对经济增长动力转换的影响路径如图6-5所示。

科技资源的最终载体是创新产品，而创新产品的供需情况直接决定了科技资源的配置情况，在这样一个过程中，“互联网+”扮演了一个不可或缺的角色，那就是将市场上各种信息汇聚成大数据，并将这些信息传递给各创新主体，这样一个过程就是科技资源的再配置过程，也即“互联网+”信息配置机制。

市场价格配置机制和“互联网+”信息配置机制并不是独立存在的两种机制，两者相辅相成、相得益彰。“互联网+”通过将信息作为手段，对创新体系中的各主体进行有效疏导，将整合处理过的信息进行高效分发，进而促使市场价格配置机制得以摆脱非市场因素的约束并发挥作用。

旧经济增长动力主要依靠市场价格配置机制实现对科技资源的配置，通过科技资源的竞争关系和供需变动情况，建立以科技资源市场价格为核心的配置机制，促使科技资源自发流向不同地区、不同企业和不同部门，使得科技资源在地区间、企业间和部门间产生普遍的错配现象。而新经济增长动力依靠市场价格配置机制和“互联网+”信息配置机制双轮驱动，

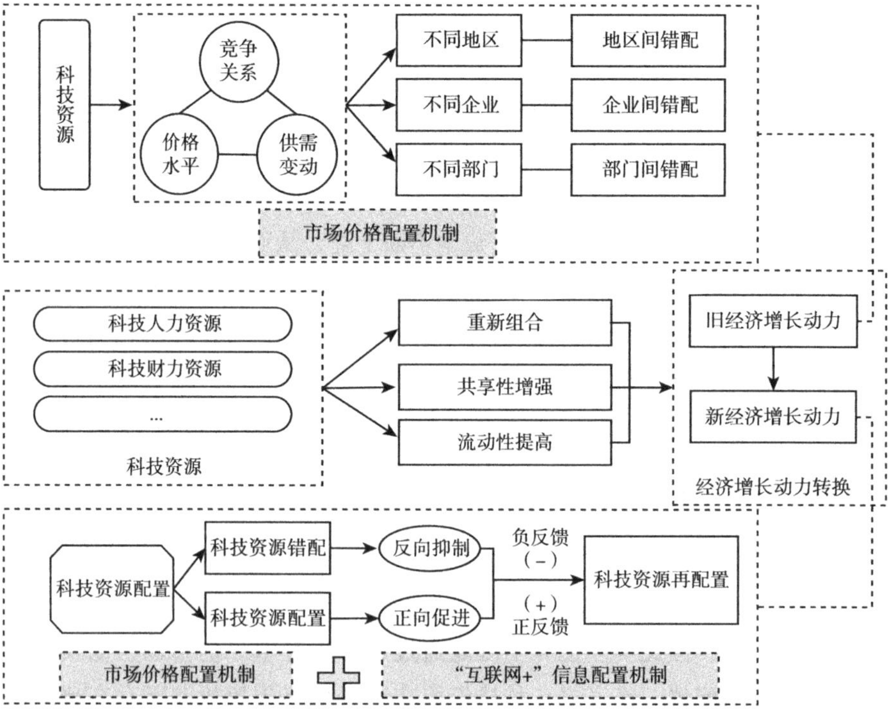

图6-5 科技资源配置对经济增长动力转换的影响路径

通过科技资源错配形成的负反馈和科技资源配置形成的正反馈组成的信息反馈机制，"互联网+"的发展促进了这一反馈过程，促使科技资源使用主体更加高效便捷地获取科技资源的配置情况，进而推动科技资源再配置，从而提高科技资源配置效率实现更高的科技产出。

6.2 "互联网+"背景下科技资源配置对经济增长动力转换的作用机理

通过简单分析"互联网+"背景下科技资源配置与经济增长动力转换的影响关系可以发现，科技资源的有效配置可以促进经济增长动力的转换，这一过程中科技资源的重新组合、科技资源间共享性的增强和科技资源在不同地区、不同部门间的流动性提高是形成新经济增长动能的关键所在。为了验证这一假设，本节基于 Bernard 等（2010）提出的多产品异质性企业模型[284]，引入“互联网+”战略对资源配置结构的影响，研究“互联网+”的发展通过改善企业间科技资源错配情况进而提高总体科技资源利用效率，进而实现经济增长动力转换的作用机理。

6.2.1 基本设定

6.2.1.1 消费者偏好

本专著假定企业可以选择生产多个创新产品，消费者的创新产品需求函数可以表示为：

$$Q_m = \left[\int_{w \in \Omega_m} \left[(\eta_m(w))q_m(w)\right]^{\rho} \mathrm{d}w\right]^{\frac{1}{\rho}}, 0 < \rho < 1 \tag{6-1}$$

本专著假定企业生产创新产品存在“产品附加值阶梯”，也即每个企业存在附加值不同的异质性创新产品，创新产品附加值与消费者偏好呈正向关系，消费者倾向于产品附加值高的创新产品。这里 $q_m(w)$、$\eta_m(w)$ 分别表示创新产品的数量和创新产品的附加值属性，$\eta_m(w)$ 越大则表示消费者对该创新产品的需求越大。

6.2.1.2 生产者

假定科技资源是投入生产创新产品的唯一生产要素。企业创新产品的附加值属性 $\eta_m(w)$ 的取值区间为 $[\kappa_m^0, \kappa_m^1]$，创新效率 λ 为连续分布，企业进行创新活动所需要的科技资源数量为：

$$R(\lambda) = C_x + \int_0^1 \left[FC_m + \frac{q_m(\lambda, \eta_m)}{\lambda}\right] \mathrm{d}m \tag{6-2}$$

其中，C_x、FC_m 分别代表不随企业创新产品数量改变的企业生产成本和生产创新产品 m 所需要的固定成本。

6.2.1.3 企业行为决策

（1）科技资源配置决策。

结合相关设定和利润最大化条件，可以得到创新产品 m 的定价：

$$p_m(\lambda, \eta_m) = c \times \frac{w}{\rho\lambda} \tag{6-3}$$

其中，c 衡量了企业在进行创新活动时科技资源配置结构变化引起的变动成本，也可理解为企业科技资源错配引发的创新效率损失。结合式（6-1）、式（6-2）、式（6-3）可以得到企业生产单个创新产品 m 的利润函数，得到最大利润条件：

$$\pi_m(\lambda, \eta_m^*(\lambda)) = \frac{\pi_m(p_m\rho\lambda\eta_m^*(\lambda))^{\sigma-1}}{\sigma} - FC_m = 0 \tag{6-4}$$

其中，$\sigma - 1 = \frac{\rho}{(1-\rho)}$。$\eta_m^*(\lambda)$ 代表消费者对创新产品附加值需求的阈值，也即创新产品必须具备一定的附加值，否则消费者会选择消费降级转向购买非创新产品（附加值=0的一般产品）。由式（6-4）可知，在 FC_m 既定的条件下，企业的创新效率越高，消费者对创新产品附加值需求的阈值越小。

结合式（6-2）、式（6-3）、式（6-4），可以得到创新主体生产所有创新产品的总利润函数：

$$\pi(\lambda) = \int_{\kappa_m^*(\lambda)}^{\kappa_m^1} \pi(\lambda, \eta_m)\phi(\eta_m)\,\mathrm{d}\eta_m - C_x \tag{6-5}$$

令式（6-5）利润函数为零，可以得到创新主体进行创新活动生产创新产品的最大化利润条件：

$$\pi(\lambda) = \int_{\kappa_m^*(\lambda^*)}^{\kappa_m^1} \left[\left(\frac{\kappa_m}{\kappa_m^*(\lambda^*)}\right)^{\sigma-1} - 1\right] FC_m \mathrm{d}\kappa_m = C_x \tag{6-6}$$

（2）实施"互联网+"战略后的创新主体行为。

创新主体为了获得更大的利润空间，会选择贯彻实施"互联网+"战略，应用互联网技术到创新活动中。一方面，互联网有着降低贸易成本、减少信息不对称等先天优势，因而互联网技术的应用有利于改善科技资源的优化配置，促进创新产品产出。另一方面，创新主体如果应用互联网技术，需要投入一部分自有资源进行互联网基础设施建设和维持互联网运营。但综合看来，创新主体运用互联网技术可以显著降低研发生产成本，因此依据此假设，可以得到下式：

$$\pi(\lambda) = \int_{\kappa_{mI}^*(\lambda^*)}^{\kappa_m^1} \left[\left(\frac{\kappa_{mI}}{\kappa_{mI}^*(\lambda^*)}\right)^{\sigma-1} - 1\right](FC_m - C_I)\mathrm{d}\kappa_m = C_x \tag{6-7}$$

由式（6-7）可知，创新主体选择实施“互联网+”战略后，创新产品 m 的附加值属性阈值从 $\kappa_m^*(\lambda^*)$ 下降至 $\kappa_{mI}^*(\lambda^*)$，这代表企业的创新产品附加值范围拓宽，企业有更强的意愿进行创新活动生产更高附加值的创新产品。

与此同时，创新主体的产品竞争力下降会倒逼创新主体选择调整内部的创新产品研发策略，重新配置科技资源，开发新的有更强竞争力的创新产品，替换掉竞争力下降的创新产品，促进了科技资源在内部创新产品之间的再配置。以企业为代表的创新主体使用互联网后，将优化科技资源在创新主体不同部门间的配置，即科技资源从低附加值创新产品流向高附加值创新产品，提高创新主体的科技资源利用效率。“互联网+”背景下我国经济增长动力转换机制如图6-6所示。因此，可以得到命题：“互联网+”的发展对科技资源配置产生积极影响，后文将对该命题进行实证检验。

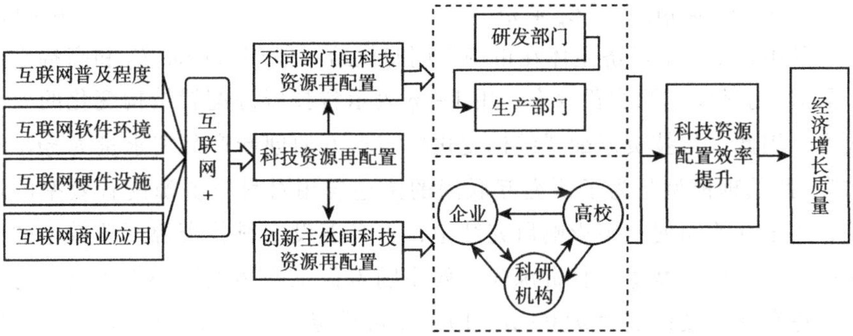

图6-6 “互联网+”背景下我国经济增长动力转换机制

假定整个经济系统只包含生产者和消费者两个经济主体，经济系统中有两种差异性创新产品流通，分别为一般创新产品 C_l 和高端创新产品 C_h。C_l 和 C_h 的生产流通环节包括了创新生产环节和线上交易环节。产品由制造部门生产，一般创新产品可以通过创新实现向高端创新产品的转化，消费者向中间商购买互联网服务。两种产品均可通过互联网进行交易。

用 C_l 和 C_h 分别表示创新主体对两种创新产品的自给量，用 C_l^s 和 C_h^s 分别表示创新主体对两种创新产品的供给量，用 C_l^d 和 C_h^d 分别表示创新主体对两种创新产品的需求量。用 I 表示互联网服务的自给量，用 I^s 表示互联网服务的供给量，用 I^d 表示互联网服务的需求量。生产函数设定为：

$$C_l + C_l^s = R_{C_l}^a$$

$$C_h + C_h^s = R_{C_h}^b$$

$$R + R_S = R_I^b \tag{6-8}$$

其中，a、b 分别代表创新主体生产创新产品和互联网服务在创新过程中的创新效率参数，用 R_{C_l}、R_{C_h}、R_{C_I} 分别表示创新主体制造创新产品 C_l 和 C_h 以及互联网服务 I 上的科技资源投入占比。在创新价值链的某个环节上投入的科技资源越多意味着科技资源高级化配置水平越高。每个经济主体的科技资源禀赋设定为：

$$R_{C_l} + R_{C_h} + R_{C_I} = 1, R_{C_l}, R_{C_h}, R_{C_I} \in (0,1) \tag{6-9}$$

经济主体的预算约束为：

$$p_{C_l}(C_l^s - C_l^d) + p_{C_h}(C_h^s - C_h^d) + p_I(I^s - I^d) = 0 \tag{6-10}$$

其中，p_{C_l}、p_{C_h}、p_I 分别表示一般创新产品 C_l、高端创新产品 C_h 和互联网服务 I 的价格。同时，选取 Cobb－Douglas 型效用函数刻画创新的效用：

$$U = [C_l + \eta C_l^d]^{\alpha}[C_h + \eta C_h^d]^{1-\alpha} \tag{6-11}$$

其中，η 表示经济主体在市场上同时供给一般创新产品 C_l 和高端创新产品 C_h 的科技资源配置效率，用 $1-\eta$ 表示科技资源配置结构变化的变动成本。因此，科技资源配置结构变化后需求方的创新产品需求量为 ηC_l^d 和 ηC_h^d。此数理模型是为了研究互联网的渗透应用对科技资源配置效率的影响，为了计算简便且不影响研究结论，本专著设定科技资源配置效率的影响因素只有信息摩擦，且资源配置效率随着信息摩擦的减小而提高。将信息摩擦存在程度设定为 $\mu(0<\mu<1)$，则可设定 $\eta=\mu^{-\lambda}$，$(\lambda>1)$。互联网服务的供给可以有效降低信息摩擦，将信息摩擦与互联网服务的关系设定为：$\mu=(I+I^d)^{-\phi}$，$(\phi>0)$。

进一步，可将式（6－11）写成以下形式：

$$U = \{C_l + [(I + I^d)^{-\phi}]^{-\lambda} C_l^d\}^{\alpha}\{C_h + [(I + I^d)^{-\phi}]^{-\lambda} C_h^d\}^{1-\alpha} \tag{6-12}$$

6.2.2 模型求解

假定可供选择的资源配置结构分为一般配置结构和高级化配置结构，下面将基于这两种配置结构进行研究。为了简便计算，将 α 设定为 0.5。

6.2.2.1 结构 A（一般配置结构）

配置模式①：C_lI/C_h。经济主体自给自足一般创新产品 C_l，从市场购

买高端创新产品 C_h，并自己提供互联网服务。

根据配置模式可得每个经济主体的决策问题如下：

$$\text{Max } U^A_{C_lI/C_h} = \{C_l + [(I+I^d)^{-\phi}]^{-\lambda} C_l^d\}^{\frac{1}{2}}\{C_h + [(I+I^d)^{-\phi}]^{-\lambda} C_h^d\}^{\frac{1}{2}}$$

$$s.t.\ C_l + C_l^s = R^a_{C_l}$$

$$C_h + C_h^s = R^b_{C_h}$$

$$R + R_S = R^b_I$$

$$R_{C_l} + R_{C_h} + R_I = 1 \tag{6-13}$$

求解该决策问题，可得相应的均衡解：

$$R_{C_l} = \frac{2a}{\lambda\phi b + 2a}, R_I = \frac{\lambda\phi b}{\lambda\phi b + 2a}, I = \left(\frac{\lambda\phi b}{\lambda\phi b + 2a}\right)^b, C_l = \frac{ae^a}{\lambda\phi b + 2a},$$

$$C_l^s = \left(\frac{2a}{\lambda\phi b + 2a}\right)^a - \frac{ae^a}{\lambda\phi b + 2a}, C_h^d = \frac{p_{C_l}}{2p_{C_h}} e^{In(\frac{2a}{\lambda\phi b+2a})^a},$$

$$\eta = \left(\frac{\lambda\phi b}{\lambda\phi b + 2a}\right)^{\lambda\phi b} \quad \mu = \left(\frac{2a}{\lambda\phi b + 2a}\right)^{-\phi b},$$

$$U^A_{C_lI/C_h} = \frac{1}{2}[e^{In(\frac{2a}{\lambda\phi b+2a})^a}]^{\frac{1}{2}}\left\{\left[\left(\frac{\lambda\phi b}{\lambda\phi b + 2a}\right)^b\right]^{\lambda\phi} \frac{p_{C_l}}{p_{C_h}} e^{In(\frac{2a}{\lambda\phi b+2a})^a}\right\}^{\frac{1}{2}} \tag{6-14}$$

同理，配置模式②：C_hI/C_l。经济主体自给自足高端创新产品 C_h，从市场购买一般创新产品 C_l，并自己提供互联网服务。相应地可以得到均衡解为：

$$R_{C_h} = \frac{2a}{\lambda\phi b + 2a}, R_I = \frac{\lambda\phi b}{\lambda\phi b + 2a}, I = \left(\frac{\lambda\phi b}{\lambda\phi b + 2a}\right)^b, C_l = \frac{ae^a}{\lambda\phi b + 2a},$$

$$C_l^{\ s} = \left(\frac{2a}{\lambda\phi b + 2a}\right)^a - \frac{ae^a}{\lambda\phi b + 2a}, C_h^d = \frac{p_{C_h}}{2p_{C_l}} e^{In(\frac{2a}{\lambda\phi b+2a})^a},$$

$$\eta = \left(\frac{\lambda\phi b}{\lambda\phi b + 2a}\right)^{\lambda\phi b} \quad \mu = \left(\frac{2a}{\lambda\phi b + 2a}\right)^{-\phi b},$$

$$U^A_{C_hI/C_l} = \frac{1}{2}[e^{In(\frac{2a}{\lambda\phi b+2a})^a}]^{\frac{1}{2}}\left\{\left[\left(\frac{\lambda\phi b}{\lambda\phi b + 2a}\right)^b\right]^{\lambda\phi} \frac{p_{C_h}}{p_{C_l}} e^{In(\frac{2a}{\lambda\phi b+2a})^a}\right\}^{\frac{1}{2}} \tag{6-15}$$

两种配置模式效用相等。即

$$U^A_{C_lI/C_h} = U^A_{C_hI/C_l} \tag{6-16}$$

根据式（6－14）、式（6－15）、式（6－16）可得，经济主体的均衡效用、两种创新产品的价格之比以及科技资源配置效率：

$$U^{A}=\frac{1}{2}\left[e^{In\left(\frac{2a}{\lambda\phi b+2a}\right)a}\right]^{\frac{1}{2}}\left\{\left[\left(\frac{\lambda\phi b}{\lambda\phi b+2a}\right)^{b}\right]^{\lambda\phi}e^{In\left(\frac{2a}{\lambda\phi b+2a}\right)a}\right\}^{\frac{1}{2}},$$
$$\frac{p_{C_h}}{p_{C_l}}=1,\eta=\left(\frac{\lambda\phi b}{\lambda\phi b+2a}\right)^{\lambda\phi b} \tag{6-17}$$

6.2.2.2 结构 B（高级化配置结构）

配置模式③：C_l/C_hR；经济主体生产一般创新产品 C_l，一部分用于自己消费，其他出售。同时，经济主体购买高端创新产品 C_h 并自己提供互联网服务。

同理，可得配置模式③的均衡解：

$$I^{d}=\frac{1}{2},C_{l}=\frac{1}{2}-\frac{p_{I}}{4p_{C_{l}}},C_{l}^{s}=\frac{1}{2}+\frac{p_{I}}{4p_{C_{l}}},C_{h}^{d}=\frac{2p_{C_{l}}-p_{I}}{4p_{C_{h}}},$$
$$\mu=2^{\phi},\eta=2^{-\phi\lambda},U_{C_l/C_hR}^{B}=\left[\frac{\left(\frac{1}{2}p_{C_l}-\frac{1}{4}p_{I}\right)^{2}2^{-\phi\lambda}}{p_{C_l}p_{C_h}}\right]^{\frac{1}{2}} \tag{6-18}$$

配置模式④：C_h/C_lR。经济主体生产高端创新产品 C_h，一部分用于自己消费，其他出售。同时，经济主体购买一般创新产品 C_l 并自己提供互联网服务。

同理，可得配置模式④的均衡解：

$$I^{d}=\frac{1}{2},C_{h}=\frac{1}{2}-\frac{p_{I}}{4p_{C_{h}}},C_{h}^{s}=\frac{1}{2}+\frac{p_{I}}{4p_{C_{h}}},C_{l}^{d}=\frac{2p_{C_{h}}-p_{I}}{4p_{C_{l}}},$$
$$\mu=2^{\phi},\eta=2^{-\phi\lambda},U_{C_h/C_lR}^{B}=\left[\frac{\left(\frac{1}{2}p_{C_h}-\frac{1}{4}p_{l}\right)^{2}2^{-\phi\lambda}}{p_{C_l}p_{C_h}}\right]^{\frac{1}{2}} \tag{6-19}$$

两种配置模式效用相等。即：

$$U_{C_l/C_hR}^{B}=U_{C_h/C_lR}^{B} \tag{6-20}$$

可以得到配置结构 B 种经济主体的均衡效用、互联网服务与创新产品的价格之比以及科技资源配置效率：

$$U^{B}=\frac{2^{-\lambda\phi}}{1+2^{1-\frac{1}{2}\lambda\phi}},p_{I}:p_{C_l}:p_{C_h}=\frac{1}{\frac{1}{2}+2^{-\frac{1}{2}\lambda\phi}}:1:1,\eta^{B}=2^{-\phi\lambda} \tag{6-21}$$

科技资源配置的两种结构（结构A和结构B）如图6-7所示。

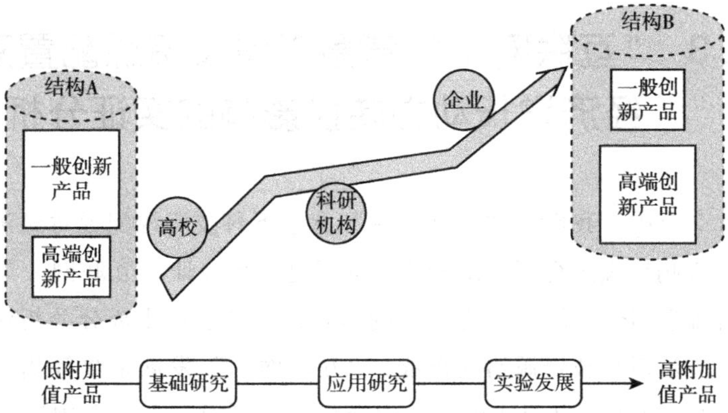

图6-7 科技资源配置结构变化

根据配置模式①和配置模式③可以分别得到结构A和结构B生产一般创新产品的生产率：

$$TFP_A = \frac{C_l + C_l^s}{R_{C_l}} = \left(\frac{2a}{\lambda\phi b + 2a}\right)^{a-1}$$
$$TFP_B = \frac{C_l + C_l^s}{R_{C_l}} = 1 \qquad (6-22)$$

根据参数设定的已知条件（$a>1$，$b>1$，$\lambda>0$，$\phi>0$），可以得出：$TFP_A < TFP_B$

比较结构A（一般配置结构）和结构B（高级化配置结构）二者的差异可以发现，结构B相较于结构A中科技资源高级化配置程度（生产更多的高附加值的高端创新产品）较高。由于科技资源配置结构演进，结构B中制造创新产品提高了创新产品的生产率。由此可见，随着互联网的渗透和扩散，当科技资源高级化配置水平提高时，创新主体可以从市场中更加高效地获取自己所需的互联网服务，从而提高创新产品的生产率和高端创新产品在创新产品中的比例，因此可以得出推论：“互联网+”在科技资源配置中起到了推动作用，“互联网+”的发展可以减少信息摩擦，提高科技资源在创新价值链上的高级化配置水平，从而通过提高科技资源利用效率来提高创新产品中高端创新产品的占比，进而提升创新产品的生产率实现经济增长动力的转换。

6.3 "互联网+"背景下科技资源配置对经济增长动力转换影响的实证分析

在6.2节中，我们对"互联网+"背景下科技资源配置对经济增长动力转换的影响机理进行了详细分析。为了进一步验证"互联网+"背景下科技资源配置对经济增长动力转换的影响，本节通过主成分分析法、熵值法等测算方法对科技资源错配指数、"互联网+"发展指数等相关指标进行具体测算，并构建GMM模型、中介模型分别对章节6.2中影响机理相关假设的有效性进行实证检验。

6.3.1 "互联网+"发展对科技资源配置影响的实证分析

6.3.1.1 科技资源错配指数测算

(1) 科技资源错配指数测算模型。

科技资源错配包含科技人力资源错配和科技财力资源错配两方面。借鉴Aoki (2012) 提出的资源错配测算框架，假设科技生产分为N个不同地区，所有地区投入科技人力资源 (L) 和科技财力资源 (K) 两种科技资源进行科技生产，地区内部科技生产函数是同质，不同地区之间的科技生产函数是异质的[128]。考虑到科技资源间的相互作用关系，本专著采用超越对数生产函数进行研究。地区i科技生产函数表达式：

$$\text{In}Y_i = A_i + \beta_K \text{In}K_i + \beta_L \text{In}L_i + \frac{1}{2}\beta_{KK}(\text{In}K_i)^2 + \frac{1}{2}\beta_{LL}(\text{In}L_i)^2 + \beta_{KL}(\text{In}K_i)(\text{In}L_i) + \beta_{TK}t(\text{In}K_i) + \beta_{TL}t(\text{In}L_i) \quad (6-23)$$

其中，Y_i表示地区i的科技产出，L_i、K_i分别表示i地区中科技人力资源、科技财力资源的投入量，A_i表示全要素生产率，β_{L_i}、β_{K_i}分别表示两种科技资源的产出弹性，在各个地区之间不同。

假设科技产品市场是完全竞争的，P_i 为地区 i 科技产品的市场价格。假设投入科技生产的科技资源存在一个外生的价格扭曲，以从价税形式存在。设 τ_{L_i}、τ_{K_i}分别为地区 i 科技生产要素投入面临的劳动税和资本税，两种科技资源投入的竞争价格为 w 和 r，存在要素价格扭曲的情况下，两种科技资源投入价格变为 $(1+\tau_{L_i})w$ 和 $(1+\tau_{K_i})r$。

为使得每个地区达到竞争均衡，首先构建地区 i 进行科技生产的代表性企业利润最大化函数并假定科技资源外生给定，存在科技资源约束：

$$\max_{L_i、K_i}[P_iY_i-(1+\tau_{L_i})wL_i-(1+\tau_{K_i})rK_i]$$
$$s.t.\ \sum_{i=1}^{N}L_i=L\quad \sum_{i=1}^{N}K_i=K \tag{6-24}$$

根据利润最大化的一阶条件可得：

$$p_i\frac{\partial Y_i}{\partial L_i}=(1+\tau_{L_i})w$$
$$p_i\frac{\partial Y_i}{\partial K_i}=(1+\tau_{K_i})r \tag{6-25}$$

假设加总科技生产函数 Y 规模报酬不变（CRS），将 N 个地区的科技产出进行加总：

$$Y=\sum_{i=1}^{N}P_iY_i \tag{6-26}$$

根据式（6-26），记 $\eta_{K_i}=\frac{\partial \text{In}Y_i}{\partial \text{In}K_i}$、$\eta_{L_i}=\frac{\partial \text{In}Y_i}{\partial \text{In}L_i}$有：

$$\eta_{K_i}=\frac{\partial \text{In}Y_i}{\partial \text{In}K_i}=\beta_K+\beta_{KK}(\text{In}K_i)+\beta_{KL}(\text{In}L_i)$$
$$\eta_{L_i}=\frac{\partial \text{In}Y_i}{\partial \text{In}L_i}=\beta_L+\beta_{LL}(\text{In}L_i)+\beta_{KL}(\text{In}K_i) \tag{6-27}$$

联立式（6-25）、式（6-26）、式（6-27），我们可以得到存在科技资源错配下的科技资源投入量 K_i、L_i 的表达式：

$$K_i=\frac{\frac{s_i\eta_{K_i}}{(1+\tau_{K_i})}}{\sum_j\frac{s_j\eta_{K_j}}{(1+\tau_{K_j})}}K\quad L_i=\frac{\frac{s_i\eta_{L_i}}{(1+\tau_{L_i})}}{\sum_j\frac{s_j\eta_{L_j}}{(1+\tau_{L_j})}}L \tag{6-28}$$

记地区 i 的科技产出占总的科技产出的份额为 $s_i = P_i Y_i / Y$，根据 Aoki 相对扭曲系数和绝对扭曲系数的定义，则绝对扭曲系数为：

$$\lambda_K = \frac{1}{1+\tau_K} \quad \lambda_L = \frac{1}{1+\tau_L} \tag{6-29}$$

以科技财力资源为例，利用各地区科技产出份额加权平均得到科技财力资源产出弹性：$\bar{\eta}_K = \sum_i s_i \eta_{K_i}$，结合 $K_i = \frac{s_i \eta_{K_i}}{\bar{\eta}_K} \tilde{\lambda}_{K_i} K$，可得 $\tilde{\lambda}_{K_i} = \frac{\lambda_{K_i}}{\sum_{j=1}^{N}\left(\frac{s_j \eta_{K_j}}{\bar{\eta}_K}\right)\lambda_{K_j}}$，进一步变换为：

$$\tilde{\lambda}_{K_i} = \left(\frac{K_i}{K}\right) \Big/ \left(\frac{s_i \eta_{K_i}}{\bar{\eta}_K}\right) \tag{6-30}$$

与此类似，可得到科技人力资源相对扭曲指数：

$$\tilde{\lambda}_{L_i} = \left(\frac{L_i}{L}\right) \Big/ \left(\frac{s_i \eta_{L_i}}{\bar{\eta}_L}\right) \tag{6-31}$$

其中，分子 $\frac{K_i}{K}$、$\frac{L_i}{L}$ 表示地区 i 科技资源投入占总体科技资源投入的实际比重，分母 $\frac{s_i \eta_{K_i}}{\bar{\eta}_K}$、$\frac{s_i \eta_{L_i}}{\bar{\eta}_L}$ 为通过科技生产函数测算出有效科技资源配置水平，两者的比值反映了科技资源配置偏离程度，也即科技资源的错配程度。如果比值等于 1 说明不同地区的科技资源投入面临相同的“价格税”，不存在科技资源错配情况，而比值大于 1 时则说明该科技资源配置过度，反之则说明配置不足。

为测算各地区的科技资源错配情况，计算科技资源相对扭曲系数 $\{\tilde{\lambda}_{K_i}$、$\tilde{\lambda}_{L_i}\}$，首先需要对科技资源投入的产出弹性 η_i 进行估计，由于技术生产效率和人力资本水平等因素的差异，各省份投入科技生产活动的劳动力和资本的产出弹性可能不同，因此将时间趋势纳入超越对数科技生产函数，具体形式如下：

$$\text{In}Y_{it} = \alpha_i + \beta_K \text{In}K_{it} + \beta_L \text{In}L_{it} + \frac{1}{2}\beta_{KK}(\text{In}K_{it})^2 + \frac{1}{2}\beta_{LL}(\text{In}L_{it})^2 + \beta_T t$$

$$+\frac{1}{2}\beta_{TT}t^2+\beta_{KL}(\text{In}K_{it})(\text{In}L_{it})+\beta_{TK}t(\text{In}K_{it})+\beta_{TL}t(\text{In}L_{it})+v_{it}-\mu_{it} \tag{6-32}$$

其中，$\mu_{it}=\mu_i\cdot\exp[-\varepsilon(t-T)]\sim N(\mu,\sigma_\mu^2)$，$v_{it}\sim N(\mu,\sigma_v^2)$，$t$、$T$ 分别代表了样本观察期和基期。根据式（6-27），加入时间变量 t 后，资本 K 的产出弹性变为：

$$\eta_{K_{it}}=\frac{\partial\text{In}Y_{it}}{\partial\text{In}K_{it}}=\beta_K+\beta_{KK}(\text{In}K_{it})+\beta_{KL}(\text{In}L_{it})+\beta_{TK}t \tag{6-33}$$

同理，可以得到劳动 L 的产出弹性：

$$\eta_{L_{it}}=\frac{\partial\text{In}Y_{it}}{\partial\text{In}L_{it}}=\beta_L+\beta_{LL}(\text{In}L_{it})+\beta_{KL}(\text{In}K_{it})+\beta_{TL}t \tag{6-34}$$

（2）数据来源。

本专著选择我国30个省、自治区、直辖市的平衡面板数据（不包括港澳台地区，西藏由于缺失严重，暂不予以考虑）。考虑到创新产出的滞后性，取滞后期为1年，即科技资源投入的数据区间为2001～2017年，创新产出的数据区间为2002～2018年。专利申请受理数、R&D人员全时当量以及R&D内部经费支出来源于《中国科技统计年鉴》。

科技产出（Y_{it}）。对于科技产出的衡量标准，有两类指标：一是侧重科技活动中间产出的专利数；二是新产品销售收入、技术市场成交合同额这类侧重科技活动成果转化的经济效益。而各地区专利数据的获取性强，评判标准基本一致且具有可比性，因此选取各省份专利申请受理量表征地区科技产出较为合理。数据来源于《中国科技统计年鉴》。科技人力资源投入量（L_{it}）选取"R&D人员全时当量"衡量地区科技生产活动的R&D人员投入量。科技财力资源投入量（K_{it}）选取"R&D内部经费支出"作为R&D资本支出，用永续盘存法（PIM）估算研发资本存量，具体测算公式如下：

$$K_t=E_{t-1}+(1-\delta)K_{t-1} \tag{6-35}$$

其中，K 表示各省R&D资本存量，E 表示当期R&D资本支出，δ 为资本折旧率，设定为15%；基期的R&D资本由公式 $K_0=E_0/(g+\delta)$ 确定，其中 g 为考察期内R&D实际支出的平均增长率。

（3）省际间科技资源错配指数测算结果。

图6-8和图6-9分别列出了各区域科技人力资源和科技财力资源的

相对扭曲系数，系数大于1表示科技资源在该区域配置过剩，反之则表示配置不足。由图6-8和图6-9可知中国地区科技人力资源和科技财力资源均存在一定程度的错配。从整体上看，科技资源的相对扭曲系数近年来有下降的趋势，说明我国科技资源配置体制的逐步完善对于科技资源错配起到了一定的改善作用。而分东、中、西、东北部四个地区来看，东部地区的科技资源相对扭曲系数在1附近波动，与最优科技资源配置水平偏离度较小。而西部地区的科技人力资源和东北部的科技财力资源相对扭曲系数偏离1最为严重，投入相对过剩。

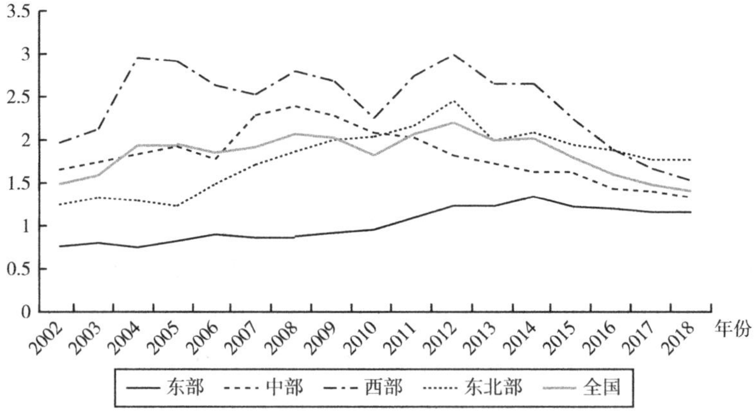

图6-8　分区域科技人力资源相对扭曲系数

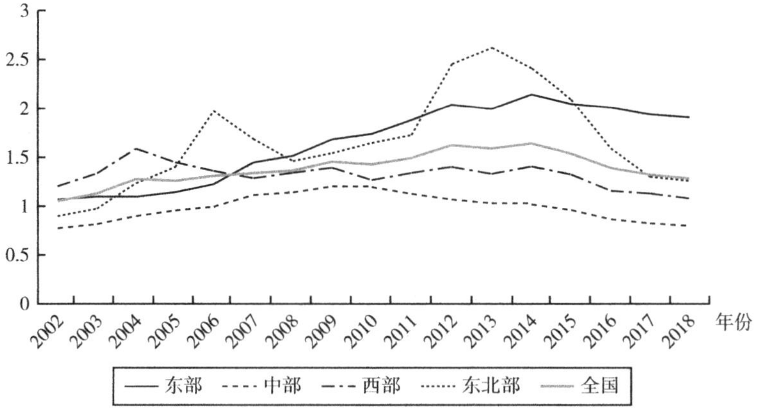

图6-9　分区域科技财力资源相对扭曲系数

6.3.1.2 “互联网+”发展指数测算

(1)“互联网+”发展指数测算方法。

目前官方统计机构尚未披露关于“互联网+”发展水平的相关指数，已有研究也未形成一致的度量方法，多数学者选择用互联网普及率、互联网上网人数等单一指标替代。“互联网+”发展水平受多个因素影响，其评价体系是一个多层次综合体系。为了准确测度“互联网+”发展水平，基于对“互联网+”概念的理解，本专著从互联网普及程度、互联网软件环境、互联网硬件设施和互联网商务应用四个方面选取相应的指标。而对于多变量研究，层次分析法（AHP）的实用性较弱，而主成分分析法是在对多元数据处理时能够消除原始变量指标间的相关影响，根据线性变换的思想，通过累加贡献率选出最重要的成分、化简变量，进而揭示新的变量关系的多元数据统计分析方法。考虑到“互联网+”发展指数评价指标的多元性，因此采用主成分分析法对“互联网+”发展指数进行测算。

主成分分析法是一种融合降维思想的统计方法，它借助于一个正交变换，将其分量相关的原随机向量转化成其分量不相关的新随机向量，这在代数上表现为将原随机向量的协方差阵变换成对角形阵，在几何上表现为将原坐标系变换成新的正交坐标系，使之指向样本点散布最开的 p 个正交方向，然后对多维变量系统进行降维处理，使之能以一个较高的精度转换成低维变量系统，再通过构造适当的价值函数，进一步把低维系统转化成一维系统。

主成分分析法的计算步骤：

a. 采集指标原始数据，构造由 p 维随机向量 $x=(X_1,X_2,X_3,\cdots,X_p)^T$ 和 n 个样本 $x_i=(x_{i1},x_{i2},x_{i3},\cdots,x_{ip})^T, i=1,2,3,\cdots,n, n>p$ 组成的样本矩，对样本矩进行标准化变换：

$$Z_{ij}=\frac{x_{ij}-\bar{x}_j}{s_j}, i=1,2,\cdots,n; j=1,2,\cdots,p \tag{6-36}$$

其中，$\bar{x}_j=\frac{\sum_{i=1}^{n}x_{ij}}{n}, s_j^2=\frac{\sum_{i=1}^{n}(x_{ij}-\bar{x}_j)^2}{n-1}$，得到标准化矩阵 Z_{ij}。

b. 对标准化矩阵 Z_{ij} 求相关系数矩阵 R。

$$R=[r_{ij}]_p xp=\frac{Z^TZ}{n-1} \tag{6-37}$$

其中，$r_{ij} = \frac{\sum z_{kj} \cdot z_{kj}}{n-1}, i, 1 = 1, 2, \cdots, p$。

c. 求解样本相关矩阵 R 的特征方程 $|R - \lambda I_p| = 0$ 得到 p 个特征根，确定主成分。按照 $\frac{\sum_{j=1}^{m} \lambda_j}{\sum_{j=1}^{p} \lambda_j} > 0.85$ 确定 m 值，使得信息的利用率达到85%以上，对每个 $\lambda_j, j = 1, 2, \cdots, m$ 求解方程组 $Rb = \lambda_j b$ 得到单位特征向量 b_j^0。

d. 将标准化后的指标数据转换成主成分

$$U_{ij} = z_i^T b_j^0, j = 1, 2, \cdots, m。 \tag{6-38}$$

其中，U_1 代表第一个主成分，U_2 代表第二个主成分，……，U_p 则表示第 p 个主成分。

e. 对 m 个主成分进行综合评价。通过对 m 个主成分进行加权求和，得到最终的评价值。其中权重为每个主成分的方差贡献率。

基于前文对"互联网+"的概念界定，构建如表6-1所示的我国省际"互联网+"发展指数测度指标体系，采用主成分分析法对我国省际"互联网+"发展指数展开测度。

表6-1　中国省际"互联网+"发展指数测度指标体系

一级指标	二级指标	指标说明
互联网普及程度	互联网普及率（%）	反映省际互联网的普及程度
	网民总数（万人）	刻画互联网的服务需求水平
互联网软件环境	IPv4 地址比重（%）	衡量省际 IP 地址资源分配情况
	万人域名数（人/万个）	反映省际域名资源的配置情况
互联网硬件设施	长途光缆路线长度（公里）	刻画互联网基础设施投资建设情况
	互联网接入端口数（万个）	衡量互联网接入设备的建设水平
互联网商务应用	人均快递业务总量（件/人）	反映省际电商产业的发展水平
	城镇居民人均可支配收入（元）	表征省际居民的互联网消费能力

（2）"互联网+"发展指数测算结果。

从表6-2的测算结果可以看出，省际间"互联网+"发展指数存在较大的差异性，一些经济发展较好的省份比如北京、上海、广东的"互联网+"发展水平较高，而经济基础相对薄弱的地区比如贵州、甘肃等西部省份的“互联网+”发展水平相对较低。

表6-2　“互联网+”发展指数测算结果

	2007~2009年均值	2010~2012年均值	2013~2015年均值	2016~2018年均值
北京	8.9162	8.6585	9.3191	9.0607
天津	2.7133	2.5634	2.7337	2.3836
河北	1.4381	1.7130	2.4963	2.1307
山西	1.0036	1.0958	1.6901	1.2793
内蒙古	0.4705	0.6211	1.1220	0.7794
辽宁	1.7888	2.0780	2.8943	2.5719
吉林	0.9742	0.9376	1.3860	0.9751
黑龙江	0.6695	0.6514	1.4318	0.7852
上海	7.1131	6.2271	6.5946	6.2279
江苏	3.7015	3.6977	4.4469	4.0090
浙江	4.6973	4.8383	6.0903	5.9973
安徽	0.7082	1.2524	1.5407	1.3350
福建	2.9584	3.2868	4.0780	4.1792
江西	0.7627	0.7335	1.2046	1.1094
山东	2.5475	2.8628	4.1732	3.0590
河南	1.2346	1.4273	1.9502	1.7835
湖北	1.2677	1.4445	2.0156	1.8325
湖南	1.0223	0.9882	1.6814	1.3797
广东	5.7670	5.6318	6.6745	6.1316
广西	0.8004	0.9017	1.3331	1.0225
海南	0.9869	1.5355	1.7408	1.1005
重庆	1.2187	1.4381	1.5000	1.5026
四川	1.0137	1.0459	1.7588	1.5376
贵州	0.1081	0.2213	0.6361	0.4127
云南	0.4212	0.5307	0.8897	0.4611
陕西	0.9106	1.2365	1.7300	1.3875
甘肃	0.0840	0.1720	0.6095	0.2559
青海	0.1788	0.3128	0.8200	0.4382
宁夏	0.5635	0.5602	1.1586	0.6231

续表

	2007~2009年均值	2010~2012年均值	2013~2015年均值	2016~2018年均值
新疆	0.4995	0.5330	1.2579	0.9663
东部地区	4.5116	4.3843	5.1722	4.7994
中部地区	1.0819	1.2083	1.5598	1.4000
西部地区	0.6553	0.6868	1.0400	0.8512
东北部地区	1.2278	1.2222	1.7833	1.4473

注：西藏和港澳台地区因数据缺失严重暂不纳入测算范围。

从图6-10可以看出，东部地区的“互联网+”发展指数在4和5之间波动；中部地区和东北部地区较为接近，在1~2左右变化；西部地区的“互联网+”发展指数则相对较低。这一定程度上是因为东部地区的互联网软件环境、硬件设施相较于其他地区具有绝对优势，中西部地区和东北部地区的互联网发展则相对较为薄弱。东部地区聚集了较多的生产型服务业和高端制造业，而“互联网+”是依赖于这些产业的发展，因此，东部地区的“互联网+”发展指数呈现出独树一帜的发展趋势。

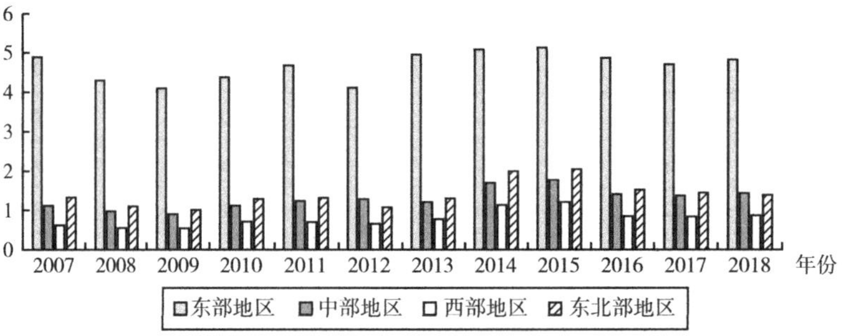

图6-10　分区域“互联网+”发展指数

6.3.1.3　实证结果和分析

(1) 计量模型构建。

为考察“互联网+”发展对地区科技资源错配的影响，建立如下的计量模型：

$$\tau_{it} = \alpha_0 + \beta net_{it} + \tau_{i,t-1L_{i,t-1}} + \sum \gamma_j Control_{ijt} + \mu_i + \lambda_t + \varepsilon_{it} \qquad (6-39)$$

其中，i 表示各个省份，t 表示年份。τ_{it}是科技资源错配指数，用来反映地区科技资源错配程度。$\tau_{i,t-1}$为科技资源错配指数的一阶滞后项，用来控制可能存在的动态效应。net_{it}是本专著的核心解释变量，表示“互联网 +”发展水平。$Control_{ijt}$表示其他一系列控制变量，包括交通基础设施、对外开放水平、金融发展水平、产业结构、政府干预和市场化程度。μ_i 表示不可观测的地区个体效应，λ_t 表示时间效应，ε_{it}为随机干扰项，且 μ_i 与 ε_{it}不相关。

（2）变量设定。

变量设定中的指标及其定义如表 6－3 所示。

表 6－3　　　　　　　　　指标说明

变量	符号	定义
资本错配指数	τ_K	各省份科技财力资源错配情况
劳动力错配指数	τ_L	各省份科技人力资源错配情况
互联网发展水平	*net*	各省互联网上网人数占总人口比例
交通基础设施	In*fra*	（铁路里程 + 公里路程 + 内河航里程）/国土面积
对外开放水平	*open*	各省份进出口贸易占 GDP 比重
金融发展水平	*fin*	各省份非国有部门的贷款比重
产业结构	*structure*	各省份第三产业占 GDP 比重
政府干预	*gov*	各省份政府财政支持占 GDP 比重
市场化程度	*market*	采用樊纲等测算的中国分省份市场化指数

a. 被解释变量。科技资源错配指数（τ_{Li}、τ_{Ki}）。根据上文的方法测算得到了中国各省份科技资源的错配指数，但科技资源错配分为资源配置不足 $\tau>0$ 以及资源配置过多 $\tau<0$ 两种情况，为了回归方向一致，借鉴季书涵关于错配指数的做法，对科技资源错配指数做绝对值处理，数值大小代表了科技资源的错配程度。

b. 核心解释变量。互联网发展水平（net）。本专著用互联网普及率表征互联网发展水平，并在稳健性检验中用前文测算获得的“互联网 +”发展指数做替代变量对检验结果进行验证。

c. 控制变量。交通基础设施可以减轻或消除要素资源错配；对外开放和对外直接投资会导致科技资源流向性偏差；金融发展水平和产业结构调整会影响科技资源再配置；政府对经济的干预会加剧地区产业资源错配；市场机制使得价格能够真实地反映地区科技资源的供需水平，市场化指数可以较好地刻画市场价格机制的运行情况。因此，选定上述变量作为实证过程中的控制变量。

（3）数据说明。

互联网普及率来源于各年份《中国互联网发展状况统计报告》，市场化指数来源于樊纲等编著的《中国市场化指数报告》，其他数据来源于历年《中国统计年鉴》及各省份统计年鉴。

（4）主要变量描述性统计。

主要变量的描述性统计如表6－4所示。

表6－4　主要变量描述性统计

变量	观测值	均值	标准差	最小值	最大值
τ_K	510	0.412	0.404	0.004	4.181
τ_L	510	0.493	0.333	0.001	2.572
net	510	0.238	0.191	0.005	0.886
In*fra*	510	0.849	0.964	0.035	5.957
open	510	0.328	0.406	0.036	1.721
fin	510	0.710	0.275	0.322	1.985
structure	510	0.399	0.077	0.286	0.779
gov	510	0.190	0.085	0.077	0.612
market	510	6.106	1.857	2.370	11.710

（5）实证结果分析。

a. 全样本回归结果

全样本回归结果如表6－5所示。

表6－5　全样本回归结果

变量	模型（1）		模型（2）		模型（3）	
	τ_{K_i}	τ_{L_i}	τ_{K_i}	τ_{L_i}	τ_{K_i}	τ_{L_i}
$\tau(-1)$			0.605*** (28.28)	0.563*** (24.42)	0.642*** (27.26)	0.581*** (25.94)
net	−0.112 (−0.73)	−0.230 (−1.63)	−0.125* (−2.31)	−0.251*** (−3.83)	−0.293*** (−3.44)	−0.172** (−2.69)

续表

变量	模型（1）		模型（2）		模型（3）	
	τ_{K_i}	τ_{L_i}	τ_{K_i}	τ_{L_i}	τ_{K_i}	τ_{L_i}
In*fra*	0.048 (0.49)	-0.041 (-0.55)	-0.061*** (-3.85)	-0.027 (-1.13)	0.115*** (4.11)	0.021 (0.85)
open	-0.171 (-1.33)	0.323* (2.47)	-0.081* (-2.03)	-0.181* (-1.97)	-0.112* (-2.32)	-0.177*** (-3.41)
fin	-0.372** (-2.88)	-0.184 (-1.36)	-0.001 (-0.01)	-0.276*** (-6.61)	0.081 (1.61)	-0.218*** (-6.73)
structure	0.576 (1.38)	-0.542 (-1.27)	-0.565* (-2.39)	-0.091 (-0.30)	-0.310 (-1.81)	-0.402 (-1.35)
gov	0.992* (2.50)	0.825* (2.05)	0.178 (0.65)	-0.021 (-0.07)	-0.203 (-1.05)	-0.260 (-1.71)
market	0.017 (1.02)	0.032* (2.08)	-0.001 (-0.16)	0.014*** (4.85)	-0.012*** (-3.38)	0.019*** (10.00)
cons	0.188 (1.05)	0.449* (2.39)	0.487*** (6.09)	0.492*** (4.45)	0.352*** (5.45)	0.516*** (5.06)
AR（2）			0.965	0.503	0.981	0.322
Sargan 值			0.868	0.996	0.997	0.998

如表6-5所示，静态面板固定效应模型（1）的估计结果显示核心解释变量互联网发展水平（net）对科技人力资源错配指数和科技财力资源错配指数的影响均为负，但均未通过显著性检验。在考虑模型的动态效应，即加入科技资源错配指数的一阶滞后项后，动态面板差分GMM（模型2）和系统GMM（模型3）结果显示科技人力资源错配指数和科技财力资源错配指数的一阶滞后项均在1%的显著性水平上显著，说明科技资源错配存在一定程度的路径依赖，过去的科技资源错配会影响当期的科技资源错配水平，而互联网发展水平（net）对科技人力资源错配指数和科技财力资源错配指数的影响显著为负，说明在一定程度上互联网的发展可以改善科技资源错配。而对于其他控制变量，交通基础设施建设并不能有效改善科技资源错配，潜在原因可能是：对于创新活动不同于一般的生产活动，研发

设备并不会经常移动且并不存在"中间产品"这一概念。尽管更好的交通基础设施可以帮助研发人员之间的互动交流，但伴随着互联网的发展，更多的互动交流则是通过互联网进行。对外开放程度（open）对科技财力资源错配指数的影响显著为负，进出口贸易加剧了企业之间的市场竞争，企业为保持竞争力会加强管理，更加合理地安排科技资源。产业结构（structure）对科技资源错配指数的影响为负但不显著，说明第三产业比重越高越有利于科技资源配置。第三产业比重增长意味着产业结构的调整升级，资源向第三产业转移，依托于互联网在社会资源配置中的优化和集成作用，科技资源得到更合理化配置。市场化指数（market）对科技人力资源的影响显著为正，对科技财力资源影响显著为负，市场化程度的提高反而加剧了科技人力资源错配。一定程度说明"互联网+"背景下，科技人力资源并不完全按照市场机制进行配置，而科技财力资源能够按照市场价格机制合理配置。

b. 地区异质性回归结果

分区域科技财力资源和科技人力资源估计结果如表6-6和表6-7所示。

表6-6　　分区域科技财力资源估计结果（GMM）

	东部	中部	西部	东北
$\tau_K(-1)$	0.660*** (18.79)	0.093 (0.90)	0.409*** (8.21)	0.607*** (4.35)
net	-0.156** (-1.12)	0.099 (0.26)	-0.341 (-1.39)	-0.014 (-0.06)

表6-7　　分区域科技人力资源估计结果（GMM）

	东部	中部	西部	东北部
$\tau_L(-1)$	0.576*** (9.40)	0.193 (1.52)	0.839*** (10.51)	0.391** (2.98)
net	-0.671** (-3.68)	0.106 (0.46)	0.042 (0.28)	-0.107 (-0.43)

分区域的估计结果显示，东部地区的互联网发展对科技人力资源错配的影响系数显著为负，而中、西和东北部地区均不显著，在一定程度上说明了互联网发展对科技资源错配的影响存在着明显的地区差异。东部地区因为技术水平发达，技术人员需求量大，基础设施较为完善，互联网的渗透使得投入的科技资源能更有效发挥其作用，促使这些地区的科技资源能够得到更合理的配置。而中西部和东北部地区因为科技基础相对薄弱，互联网的发展无法优化科技资源配置。

（6）稳健性检验。

考虑到科技资源配置是一个动态变化的过程，为检验“互联网+”对科技资源配置的影响实证结果的稳健性，将数据的年份跨度推后，选择2007~2018年的省际数据并替换“互联网+”发展指数这一核心解释变量做稳健性检验，如表6-8所示。

表6-8　　稳健性检验

变量	模型（4）		模型（5）		模型（6）	
	τ_{K_i}	τ_{L_i}	τ_{K_i}	τ_{L_i}	τ_{K_i}	τ_{L_i}
$\tau(-1)$			0.564*** (17.48)	0.550*** (15.08)	0.461*** (9.63)	0.400*** (8.34)
net	-0.011 (-0.40)	-0.063* (-2.29)	-0.001* (0.17)	-0.054*** (-4.57)	-0.019** (-2.49)	-0.048*** (-6.11)
In*fra*	0.211** (2.93)	0.053 (0.73)	0.175** (2.92)	0.216* (2.28)	0.267*** (8.58)	0.130*** (4.31)
open	0.097 (1.07)	-0.121 (-1.25)	0.061 (1.53)	0.157*** (5.20)	-0.014 (-0.34)	0.262** (2.82)
fin	0.021 (0.11)	-0.201 (-1.90)	-0.068 (-1.50)	-0.163** (-2.62)	-0.121 (-1.51)	-0.041 (-0.75)
structure	-0.435 (-1.11)	-1.058** (-2.70)	-0.523* (-2.37)	-0.582*** (-3.50)	-0.731 (-1.76)	-1.187** (-3.08)
gov	-0.063 (-0.20)	0.468 (1.76)	0.530*** (4.80)	0.106 (0.84)	0.378* (2.40)	0.019 (0.23)

续表

变量	模型（4）		模型（5）		模型（6）	
	τ_{K_i}	τ_{L_i}	τ_{K_i}	τ_{L_i}	τ_{K_i}	τ_{L_i}
market	-0.011 (-0.35)	0.001 (0.74)	0.005 (1.44)	0.012*** (3.52)	-0.002 (-0.12)	0.007 (1.49)
cons	0.368* (2.06)	0.941*** (5.33)	0.071 (0.72)	0.313* (2.40)	0.223* (2.07)	0.662*** (4.79)
AR（2）			0.547	0.952	0.464	0.948
Sargan 值			0.739	0.643	0.980	0.981
N	360	360	300	300	330	330

如表6-8所示，在将"互联网+"发展指数这一核心解释变量以及数据区间做相应的替换后，发现计量回归结果并未发生本质变化，这在一定程度上说明计量回归结果是稳健的。静态面板固定效应模型（4）的估计结果显示核心解释变量"互联网发展指数"（net）对科技人力资源错配指数和科技财力资源错配指数的影响均为负。在考虑模型的动态效应，即加入科技资源错配指数的一阶滞后项后，动态面板差分GMM（模型5）和系统GMM（模型6）结果显示科技人力资源错配指数和科技财力资源错配指数的一阶滞后项均在1%的显著性水平上显著（分别为0.400，0.461），说明科技资源错配存在显著的路径依赖，"互联网+"的发展对科技资源错配指数的影响系数为负（分别为-0.019，-0.048）①。

6.3.2 科技资源再配置对经济高质量发展影响的实证分析

6.3.2.1 科技资源再配置效应测算

（1）科技资源再配置效应测算模型。

假设一个经济体的创新系统有 i 个创新主体参与，其中第 i 个创新主

① 本部分内容经总结形成学术论文《"互联网+"对科技资源错配影响的实证研究》，发表于《江西师范大学学报（自然科学版）》（2020年第02期）。

体的科技产出、科技人力资源投入量、科技财力资源投入量分别表示为 Y_i、L_i、K_i，创新系统整体的科技产出、科技人力资源投入、科技财力资源投入分别为 Y、L、K。

整体与各个创新主体间满足 $Y = \sum_{i=1}^{n} Y_i$、$L = \sum_{i=1}^{n} L_i$、$K = \sum_{i=1}^{n} K_i$ 的关系。考虑到科技资源有不同于一般生产要素的特殊性（创新主体之间的共享性和协同性），致使整体科技财力资源投入不能由各个创新主体进行简单的加总。本专著考虑用分创新主体的加权平均值来表征系统整体的科技财力资源投入，即 $K = \sum_{i=1}^{n} \frac{L_i}{L} K_i$，这里的权重为各个创新主体科研人员占总体科研人员的比例。

假定科技生产函数为：

$$Y = A(t)F(L,K) \tag{6-40}$$

其中，$A(t)$ 代表创新效率，这里表征科技资源配置效率，其余符号意义与前文一致。式（6-40）两边进行全微分，可以得到：

$$\Delta Y = \Delta A \times F + A \times \left(\frac{\partial F}{\partial L} \times \Delta L + \frac{\partial F}{\partial K} \times \Delta K\right) \tag{6-41}$$

式（6-41）两边除以 Y，得到：

$$\frac{\Delta Y}{Y} = \frac{\Delta A}{A} + \frac{\partial F}{\partial L}\frac{L}{F} \times \frac{\Delta L}{L} + \frac{\partial F}{\partial K}\frac{K}{F} \times \frac{\Delta K}{K} \tag{6-42}$$

其中，$\frac{\partial F}{\partial L}\frac{L}{F}$、$\frac{\partial F}{\partial K}\frac{K}{F}$分别代表科技人力资源的产出弹性和科技财力资源的产出弹性，分别记为 α、β，于是可将式（6-42）写为如下形式：

$$\frac{\Delta Y}{Y} = \frac{\Delta A}{A} + \alpha \times \frac{\Delta L}{L} + \beta \times \frac{\Delta K}{K} \tag{6-43}$$

本书将整体科技产出表示为分创新主体的 Domar 加权求和：

$$\frac{\Delta Y}{Y} = \sum_{i=1}^{n} \frac{\Delta Y_i}{Y} = \sum_{i=1}^{n} \frac{Y_i}{Y}\frac{\Delta Y_i}{Y_i} = \sum_{i=1}^{n} \omega_i \frac{\Delta Y_i}{Y_i} \tag{6-44}$$

其中，ω_i 表示第 i 个创新主体的科技产出占整体科技产出的比例，有 $\sum_{i=1}^{n} \omega_i = 1$。

由式（6-44）的整体科技产出增长核算公式可以得到分创新主体的科技产出增长：

$$\frac{\Delta Y_i}{Y} = \frac{\Delta A_i}{A} + \alpha_i \times \frac{\Delta L_i}{L} + \beta_i \times \frac{\Delta K_i}{K} \tag{6-45}$$

借鉴钱纳里模型[151]的相关设定，可以得出整体科技资源产出弹性等于分创新主体产出弹性的加权平均值，即 $\alpha = \sum_i \omega_i \alpha_i$、$\beta = \sum_i \omega_i \beta_i$。

结合式（6-43）、式（6-44）得：

$$\frac{\Delta A}{A} - \sum_i \omega_i \frac{\Delta A_i}{A} = \sum_i \omega_i \alpha_i \left(\frac{\Delta L_i}{L_i} - \frac{\Delta L}{L} \right) + \sum_i \omega_i \beta_i \left(\frac{\Delta K_i}{K_i} - \frac{\Delta K}{K} \right) \tag{6-46}$$

其中，$\frac{\Delta A}{A} - \sum_i \omega_i \frac{\Delta A_i}{A}$ 表示整体科技资源配置效率与各创新主体科技资源配置效率的加权值二者之差测度了科技资源再配置对经济增长的效应，记为 E。

式（6-46）可以看出科技资源再配置效应可以分为科技人力资源再配置效应、科技财力资源再配置效应两部分。简言之，整体科技资源配置效率变化等于各个创新主体科技资源配置效率变化的加权平均值与科技资源再配置效应之和。通过科技资源再配置效应的大小与创新产出增长变化率之比可以衡量科技资源再配置对科技生产和科技资源配置结构转型过程中的贡献。

$$E = \frac{\sum_{i=1}^{n} \Delta L_i (MPL_i - MPL) + \sum_{i=1}^{n} \Delta K_i (MPK_i - MPK)}{Y} \tag{6-47}$$

其中，E 表示科技资源的再配置效应，当科技人力资源和科技财力资源在某个科研主体的边际产出大于其整体的科技产出时，科技资源向该科研主体流动与聚集是有益的，也即科技资源的再配置能够提高整体的科技产出。换句话说，只有当科技资源在某一科研主体产出大于整体的边际科技产出时，要素向该科研主体的再配置才能提高整体的科技产出、优化科技资源配置，进而提高经济增长质量。

（2）科技资源再配置效应测算结果。

a. 我国各创新主体间科技资源配置现状

从图6-11可以看出，我国科技产出主要以企业为主，形成产学研从大到小的占比结构，企业科技产出、高校科技产出和科研机构科技产出占比分别在70%、20%、10%左右波动，变化趋势并不明显，这反映出我国科技产出结构较为稳定，也从侧面说明我国科技资源还存在改善空间。

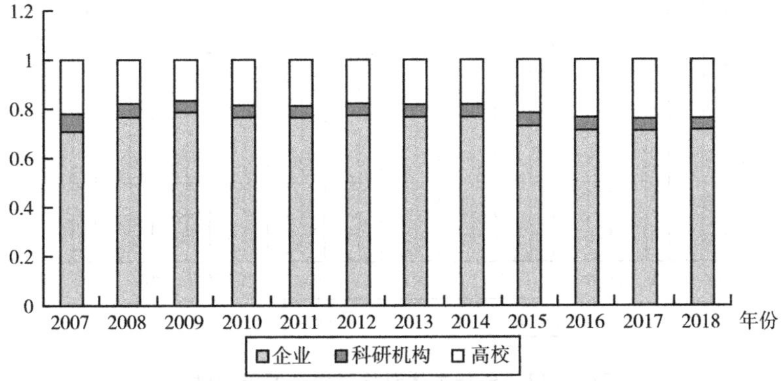

图 6－11　创新主体科技产出情况

从图 6－12 可知，我国创新主体科技人力资源的配置结构呈现出极化发展趋势，企业科技人力资源投入占比不断提升，高校和科研机构则不断下降。这反映出我国科技人力资源不断向企业聚集，高校和科研机构的科技人力资源配置情况呈现出几乎一致的变化特征。

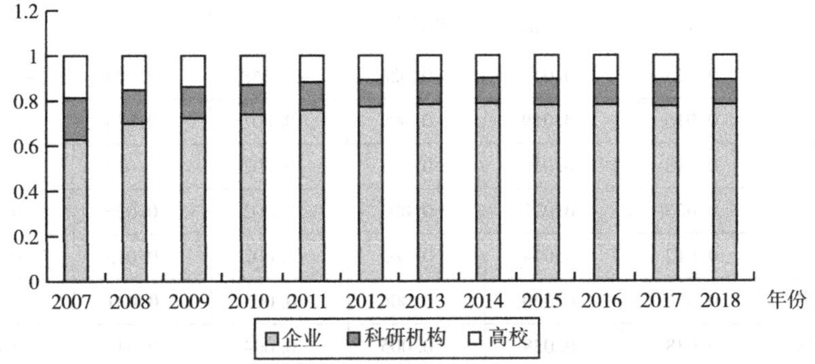

图 6－12　创新主体科技人力资源配置情况

从图 6－13 可知，我国创新主体科技财力资源配置主要以企业为主体，企业获得的科技财力资源呈现出逐年递增的趋势。高校和科研机构的科技财力资源投入占比则呈现出缓慢下降的趋势。这反映出我国科技财力资源逐渐向企业集中，以高校和科研机构为代表的基础研究获得的科技财力资源较少。

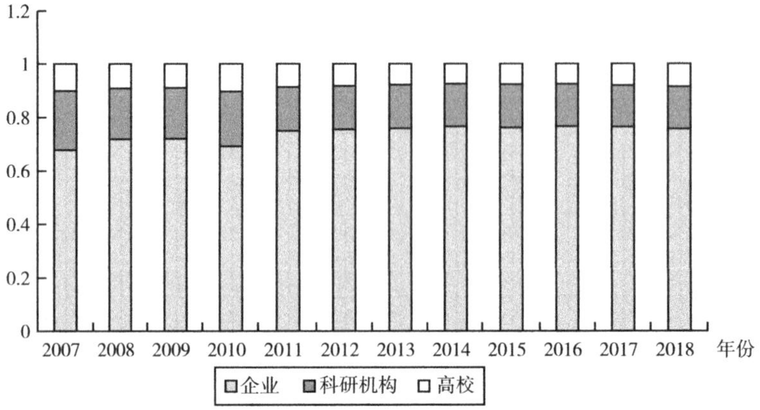

图 6－13 创新主体科技财力资源配置情况

b. 创新主体间科技资源再配置水平测算结果（见表 6－9）

表 6－9 中国创新主体间科技资源再配置水平测算结果

省份	科技人力资源再配置效应		科技财力资源再配置效应		科技资源再配置总效应	
	2007～2012年均值	2013～2018年均值	2007～2012年均值	2013～2018年均值	2007～2012年均值	2013～2018年均值
北京	0.025	0.03	－0.028	－0.048	－0.004	－0.019
天津	0.016	0.019	0.009	0.007	0.024	0.025
河北	0.018	0.016	0	0.002	0.017	0.017
山西	0.023	0.027	0.003	0.002	0.025	0.028
内蒙古	0.012	0.014	0.002	0.002	0.013	0.015
辽宁	0.026	0.029	0.006	0.005	0.031	0.033
吉林	0.038	0.039	0.005	0.004	0.042	0.043
黑龙江	0.027	0.034	0.019	0.015	0.045	0.048
上海	0.015	0.019	0	－0.01	0.014	0.008
江苏	0.038	0.038	0.014	0.018	0.051	0.055
浙江	0.029	0.031	0.015	0.017	0.043	0.047
安徽	0.011	0.012	0.002	0.003	0.012	0.014
福建	0.018	0.016	0.005	0.007	0.022	0.021
江西	0.017	0.016	0.002	0.002	0.018	0.017

续表

省份	科技人力资源再配置效应		科技财力资源再配置效应		科技资源再配置总效应	
	2007～2012年均值	2013～2018年均值	2007～2012年均值	2013～2018年均值	2007～2012年均值	2013～2018年均值
山东	0.031	0.025	0.027	0.022	0.056	0.046
河南	0.02	0.022	0.003	0.004	0.022	0.025
湖北	0.02	0.022	0.006	0.005	0.025	0.026
湖南	0.012	0.015	0.008	0.005	0.019	0.019
广东	0.065	0.042	0.052	0.038	0.116	0.08
广西	0.009	0.025	0.002	0.002	0.01	0.026
海南	0.041	0.045	0.001	0.001	0.04	0.044
重庆	0.01	0.013	0.004	0.003	0.013	0.015
四川	0.012	0.014	-0.006	-0.012	0.005	0
贵州	0.009	0.017	0.002	0.001	0.009	0.017
云南	0.026	0.022	0	0.001	0.025	0.022
陕西	0.027	0.038	-0.005	-0.006	0.021	0.031
甘肃	0.035	0.036	0	0	0.035	0.035
青海	0.034	0.041	0.001	0.001	0.034	0.041
宁夏	0.011	0.007	0.001	0.001	0.011	0.007
新疆	0.028	0.027	0.001	0.001	0.028	0.027

6.3.2.2 我国经济高质量发展指数测算

(1) 经济高质量发展指数测算方法。

目前，学术界存在大量关于经济高质量发展的研究，而已有研究较多选择全要素生产率（TFP）作为衡量经济高质量发展水平的指标。而本专著第一章给出了经济高质量发展的有关概念界定，为了更加准确测度我国各地区的经济高质量发展水平，本专著从经济结构、经济增长效率和经济增长动力三个方面选取相应的指标，采用熵值法对测量经济高质量发展指数的指标进行赋权。

熵值法的计算步骤：

在指标体系中，指标取值的差异越大，实现越难，则该指标的权重应当越大。熵代表了系统的无序程度，是衡量有效信息大小的数值。熵值越小，表示指标差异越大、信息量越大，因而其权重越大。具体的计算步骤如下：

a. 收集并整理原始数据。构成由 m 个样本 n 个指标组成的初始数据矩阵。本专著选取我国省级数据，形成 $m=30$ 个样本、$n=10$ 的初始数据矩阵：

$$X=\begin{pmatrix} x_{11} & \cdots & x_{1n} \\ \vdots & \ddots & \vdots \\ x_{m1} & \cdots & x_{mn} \end{pmatrix}, X=\{x_{ij}\}(1\leqslant i\leqslant m, 1\leqslant j\leqslant n) \tag{6-48}$$

b. 为消除指标量纲对评价结果的影响，使其服从均值为0、方差为1的正态分布，从而使各项指标之间具有可比性，对所有指标（n 个）分别进行标准化处理。标准化的公式如下：

$$x'_{ij}=\begin{cases} \dfrac{x_j-x_{\min}}{x_{\max}-x_{\min}}(\text{正向指标}) \\ \dfrac{x_{\max}-x_j}{x_{\max}-x_{\min}}(\text{负向指标}) \end{cases} \tag{6-49}$$

其中，x_j 第 j 项指标值，$x_{\max}$ 代表第 j 项指标的最大值，$x_{\min}$ 代表第 j 项指标的最小值。

c. 计算第 j 项指标第 i 年指标值的比重 p_{ij}。计算公式如下：

$$p_{ij}=\frac{x'_{ij}}{\sum_{i=1}^{m}x'_{ij}}(0\leqslant p_{ij}\leqslant 1) \tag{6-50}$$

从而得到指标的权重矩阵：$P=\{p_{ij}\}_{m\times n}$。

d. 计算第 j 项指标的信息熵值 e_j：

$$e_j=-k\sum_{i=1}^{m}p_{ij}In(p_{ij}), k=\frac{1}{\text{In}(m)}>0 \tag{6-51}$$

其中，p_{ij} 代表第 j 项指标第 i 年指标值的比重，$m=30$ 代表省份数量。

e. 计算第 j 项指标的信息效用值。信息效用值 d_j 由指标信息熵 e_j 与1之间的差值确定。指标的信息效用越大，指标对评价的重要程度越大。

$$d_j=1-e_j \tag{6-52}$$

f. 确定第 j 项指标的熵值法权重，计算公式如下：

$$W_{ij} = \frac{d_j}{\sum_{i=1}^{m} d_j}(0 \leqslant W_{ij} \leqslant 1) \tag{6-53}$$

依据以上步骤，从经济结构、经济增长效率和经济增长动力3个方面测算我国各省的经济高质量发展指数，采用熵值法确定测度我国经济高质量发展指数各项指标的权重，并计算获得最终得分。具体的省际经济高质量发展指数测度指标体系如表6-10所示。

表6-10　　中国省际经济高质量发展指数测度指标体系

一级指标	二级指标	三级指标
经济结构	产业结构	第三产业产值占GDP比重
		技术密集型产业产值比重
	劳动力结构	本科及以上学历就业人数比重
		信息传输、软件和信息技术服务业就业人数比重
	投资消费结构	最终消费支出/GDP
		信息传输、软件和信息技术服务业投资率
	国际收支结构	进出口贸易总额/GDP
经济增长效率	劳动生产率	GDP/全部就业人员数量
	资本生产率	GDP/资本存量
经济增长动力	GDP增长速度	报告期GDP/基期GDP

（2）经济高质量发展指数测算结果（见表6-11）。

表6-11　　中国省际经济高质量发展指数测算结果

	2007~2009年平均值	2010~2012年平均值	2013~2015年平均值	2016~2018年平均值
北京	0.6231	0.7142	0.7091	0.7168
天津	0.3797	0.3639	0.3507	0.4194
河北	0.2262	0.2250	0.2086	0.2213
山西	0.2148	0.2149	0.1828	0.1994
内蒙古	0.2238	0.2693	0.2823	0.2743
辽宁	0.2533	0.2706	0.2491	0.3093
吉林	0.2398	0.2623	0.2570	0.3079

续表

	2007~2009年平均值	2010~2012年平均值	2013~2015年平均值	2016~2018年平均值
黑龙江	0.2530	0.2788	0.3139	0.3579
上海	0.5884	0.6016	0.5439	0.6102
江苏	0.3516	0.3701	0.3220	0.3531
浙江	0.3055	0.3257	0.3009	0.3568
安徽	0.2245	0.2495	0.2351	0.2531
福建	0.2775	0.2921	0.2537	0.2931
江西	0.2249	0.2427	0.2286	0.2209
山东	0.2370	0.2461	0.2455	0.2612
河南	0.1853	0.1906	0.1867	0.1956
湖北	0.2432	0.2517	0.2394	0.2442
湖南	0.2428	0.2413	0.2214	0.2670
广东	0.4531	0.4436	0.3937	0.3909
广西	0.2381	0.2773	0.2642	0.2801
海南	0.2537	0.2905	0.2899	0.3574
重庆	0.2381	0.2505	0.2490	0.2351
四川	0.2160	0.2569	0.2551	0.2744
贵州	0.2680	0.2822	0.2282	0.2267
云南	0.2544	0.2720	0.2805	0.2624
陕西	0.1952	0.2505	0.2425	0.2536
甘肃	0.2358	0.2764	0.2746	0.2710
青海	0.2864	0.2564	0.2118	0.3036
宁夏	0.2333	0.2567	0.2230	0.2837
新疆	0.2520	0.2622	0.2537	0.2854

从表6-11和图6-14中可以看出，北京、上海、广东等省份高质量发展指数较高，中西部省份的高质量发展指数相对较低。从整体趋势看，省际间高质量发展指数的差距在不断缩小，这在一定程度上说明我国区域发展协调性不断增强，重大发展战略引领作用持续显现。

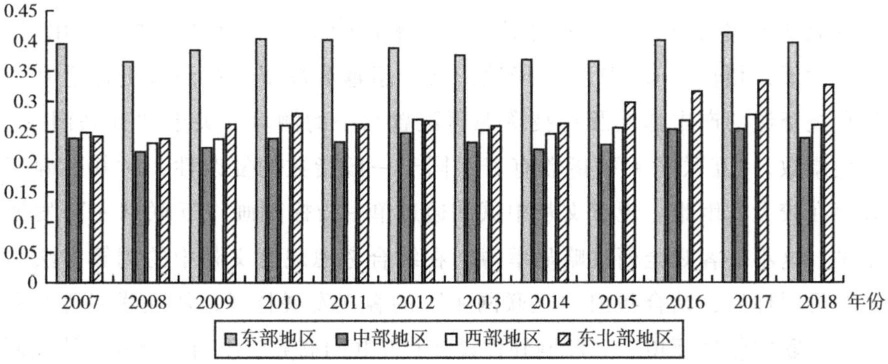

图 6-14 我国分区域经济高质量发展指数

6.3.2.3 实证结果和分析

(1) 计量模型构建。

本专著将“互联网+”发展指数纳入科技资源再配置对经济增长质量提升的分析框架，构建的基本计量回归模型如下：

$$Quality_{it} = \alpha_0 + \alpha_1 Reallocation_{it} + \alpha_X X_{it} + \lambda_i + \varepsilon_{it} \tag{6-54}$$

其中，$Quality_{it}$代表 i 省份在 t 时期的经济高质量发展指数，$Reallocation_{it}$代表 i 省份在 t 时期的科技资源再配置效应水平，λ_i 代表 i 省份不可观测的个体固定效应，ε_{it}为随机干扰项。α_0 表示模型的截距项，α_1 为科技资源再配置效应系数，系数大小和方向反映其对经济发展质量的影响。X_{it}表示一系列控制变量，用以表征省际层面除科技资源再配置以外的其他特征向量。

(2) 变量设定。

a. 被解释变量。区域经济高质量发展指数是本专著的被解释变量，这里基于前文主成分分析对其进行测算。从经济结构、经济增长效率和经济增长动力三个方面，按照全面性、有效性、客观性和可操作性原则构建了区域经济发展质量的测度指标体系，并通过该指标体系和面板数据测算出了我国区域经济高质量发展指数。

b. 核心解释变量和门槛变量。科技资源再配置水平是核心解释变量，“互联网+”发展指数是门槛变量。关于科技资源再配置水平的度量，对于科技生产函数形式的选择，分别采用了C-D生产函数和超越对数型生产函数做了相关测算，并采用似然比技术检验了生产函数形式的适用性。结果发现，相较于C-D生产函数形式，超越对数型生产函数更加适宜测算科技资源的产出弹性及科技资源再配置水平的测算。关于“互联网+”发展指数，“互联网+”指数有着不同于一般指数的复杂性，对其准确测算存在较大的困难。现有文献中试图通过单一指标刻画“互联网+”发展水平，这不够客观全面且略显单薄。在综合考虑现有文献中的测算方法和数据可得性后，结合我国“互联网+”的客观发展特征，从互联网普及程度、互联网软件环境、互联网硬件设施和互联网商务应用四个维度，从全面性、客观性、有效性和可操作性方面出发，构建了我国省际“互联网+”发展指数的测度体系，并以该指标体系和面板数据测算出我国省际“互联网+”发展指数。

c. 中介变量。为了检验科技资源再配置对区域经济发展质量的间接影响机制，依据前文的理论分析，选取金融发展水平（*fin*）和产业结构升级（*upgrade*）作为中介变量。其中金融发展水平（*fin*）通过金融机构年末存贷款余额与GDP的比值刻画，产业结构升级（*upgrade*）通过第三产业产值和第二产业产值之比进行表征。

d. 控制变量。为了更加准确刻画科技资源再配置对区域经济发展质量的影响，这里在回归模型中加入了以下控制变量：一是外商直接投资水平（*fdi*），用人民币计价的进出口总额与GDP的比值进行衡量。二是市场化水平（*market*），通过非国有员工占全部员工之比进行表征。三是政府干预（*gov*），通过财政支出占GDP比值进行刻画。四是知识产权保护（*IP*），用技术市场交易额与GDP之比来衡量。

（3）数据说明。

本章以科技资源再配置效应和经济高质量发展指数为切入点进行研究，而由于前文中“互联网+”发展指数指标体系中的相关指标和数据信息是从2007年起开始统计，为保证前后数据的统一，故以2007年作为研究基期。本专著选取我国30个省份为研究对象，由于我国港澳台地区和西藏自治区的相关数据存在明显缺失，故在相关研究中做了相应的剔除处理。本章节使用的科技资源细分指标数据主要来自《中国科技统计年鉴》《中国统计年鉴》，使用的经济高质量发展指数细分指标数据主要来自

《中国科技统计年鉴》《中国统计年鉴》《中国人口和就业统计年鉴》《中国工业统计年鉴》。

（4）主要变量描述性统计（见表6－12和表6－13）。

表6－12　　主要变量说明

变量	具体变量	变量说明
被解释变量	经济高质量发展指数（*Quality*）	通过主成分分析法获得
核心解释变量	科技资源再配置水平（*Reallocation*）	通过钱纳里模型测算获得
门槛变量	"互联网+"配置科技资源水平（*R_net*）	科技资源再配置水平与"互联网+"发展指数的乘积
中介变量	产业结构升级（*upgrade*）	各省份进出口贸易占GDP比重
	金融发展水平（*fin*）	金融机构年末存贷款余额与GDP的比值
控制变量	外商直接投资水平（*fdi*）	各省外商直接投资额与GDP之比
	市场化程度（*market*）	各省份非国有员工占比
	政府干预（*gov*）	各省份政府财政支持占GDP比重
	知识产权保护（*IP*）	各省份技术市场交易额与GDP之比

表6－13　　主要变量描述性统计

变量	观测值	均值	标准差	最小值	最大值
Quality	360	0.2912	0.1076	0.1631	0.7238
Reallocation	360	0.0263	0.0207	－0.0309	0.1298
net	360	2.1174	2.0986	0.0010	9.6093
upgrade	360	0.9980	0.5556	0.4996	4.2367
fin	360	1.6592	0.7331	0.1083	5.5866
fdi	360	0.3122	0.3750	0.0086	1.7215
market	360	0.7077	0.1059	0.4401	0.8990
gov	360	0.2226	0.0961	0.0800	0.6300
IP	360	0.0105	0.0230	0.0001	0.1602

（5）实证结果分析。

a. 基本估计结果分析（见表6－14）

表 6-14　　基准估计回归结果

	经济高质量发展指数			
	(1)	(2)	(3)	(4)
Reallocation	0.738*** (3.78)	1.375*** (5.24)	1.321** (2.85)	0.561** (1.54)
fdi	0.009 (0.70)	0.035 (1.83)	-0.202** (-2.67)	-0.011 (-0.41)
market	0.014 (0.48)	-0.012 (-0.17)	-0.069 (-1.16)	-0.047 (-0.95)
gov	0.101** (2.71)	0.326 (1.97)	0.474*** (4.51)	0.078 (1.83)
IP	1.121*** (4.75)	1.565*** (5.43)	-0.612* (-0.91)	1.361** (3.08)
constant	0.228*** (11.16)	0.232*** (5.10)	0.196*** (5.78)	0.265*** (8.24)
F 值	19.78	16.36	13.98	6.24
N	360	120	108	132

为了选取合适的回归方法，通过 Hausman 检验发现，采用面板固定效应模型更为科学和适用。表 6-14 中模型（1）-（4）为科技资源再配置对区域经济发展质量直接效应的检验结果。其中，在模型（1）中，科技资源再配置水平变量 *Reallocation* 的估计系数为 0.738 且在 1% 的置信水平下显著，表明科技资源再配置水平的提高总体上有助于提高区域经济发展质量，验证了"互联网+"背景下科技资源再配置推动经济高质量发展的论断。模型（2）、模型（3）、模型（4）分别为东部、中部、西部三大地区的科技资源再配置对区域经济发展质量的直接影响作用。通过回归结果可以发现，东部、中部、西部三大地区的科技资源再配置水平 *Reallocation* 的系数均为正数且显著，表明科技资源在创新主体间再配置显著提高区域经济发展质量，这进一步佐证了"互联网+"背景下的经济增长动力转换机制的合理性。基于区域内不同创新主体间科技资源再配置的视角初步考察表明，科技资源再配置完全可以成为"互联网+"发展背景下经济高质量

发展的新动能。

从模型（2）-（4）回归结果看，科技资源再配置对区域经济发展质量的直接影响存在显著的异质性。三大区域的直接影响效果具体表现为：东部>中部>西部，也即相较于中西部地区，东部地区能够从科技资源再配置获得更多的经济增长动能，这也从侧面说明了科技资源配置结构变动可能存在一定的路径依赖，前期的科技资源配置结构可能会对后一期的科技资源配置结构产生影响。那么，是何种原因造成了这样的现象呢？本专著认为存在的主要原因可能是：（1）东部地区的经济基础较为雄厚，有着良好的创新基础和环境，从而导致科技资源再配置的结构红利短期内依然维持较高水平；（2）从前文测算的“互联网+”发展指数可以看出，相较于中西部地区，东部地区的“互联网+”发展水平较高且保持平稳增长趋势，而“互联网+”发展可以显著改善科技资源错配水平，因此可以认为“互联网+”在科技资源再配置对经济发展质量的影响中起了催化剂的作用。

b. 中介效应结果分析

基于前文对科技资源再配置对经济增长的路径分析，对基准回归模型进一步拓展，将金融发展水平（*fin*）和产业结构升级（*upgrade*）作为中介变量（*med*）引入模型中，进一步考察科技资源再配置对经济高质量发展的间接影响机制，构建的中介效应模型为：

$$med_{it} = \alpha_0 + \alpha_1 Reallocation_{it} + \alpha_X X_{it} + \lambda_i + \varepsilon_{it} \quad (6-55)$$

$$Quality_{it} = \alpha_0 + \alpha_1 Reallocation_{it} + \alpha_2 med_{it} + \alpha_X X_{it} + \lambda_i + \varepsilon_{it} \quad (6-56)$$

为了进一步验证科技资源再配置对区域经济发展质量的间接影响，将金融发展水平和产业结构升级作为中介变量。具体的中介效应回归模型结果如表6-15所示。

表6-15　　中介效应估计结果

	(5)	(6)	(7)	(8)
	fin	Quality	upgrade	Quality
fin		0.032*** (3.79)		
upgrade				0.048*** (5.92)

续表

	(5)	(6)	(7)	(8)
	fin	Quality	upgrade	Quality
Reallocation	1.219*** (1.96)	0.689*** (3.65)	3.546** (2.74)	0.585** (3.04)
fdi	-0.515*** (-6.14)	0.026 (1.90)	-0.615*** (-7.28)	0.039** (2.90)
market	0.613** (3.21)	-0.007 (-0.18)	1.262*** (6.61)	-0.047 (-1.56)
gov	3.285*** (13.49)	-0.003 (-0.06)	1.217*** (4.88)	0.043 (1.20)
IP	4.452** (2.95)	0.962*** (4.17)	7.969*** (5.15)	0.757** (3.17)
constant	0.588*** (4.45)	0.207*** (10.15)	-0.142 (-1.07)	0.332*** (12.06)
F 值	36.32	18.59	29.12	14.46
N	360	360	360	360

表6-15中介效应的具体估计结果主要为以下几个方面：①模型（5）和模型（6）是以金融发展水平作为中介变量的估计结果。不难看出，模型（5）中科技资源再配置水平对金融发展水平的回归系数显著为正，说明科技资源再配置水平的提升对金融发展水平的提高有着积极的影响作用。模型（6）中金融发展水平对区域经济发展质量的影响系数也显著为正，表明创新主体间科技资源再配置可以通过提升金融发展水平推动区域经济发展质量的提升。具体来看，在其他影响因素保持不变的情况下，科技资源再配置水平每提高1个单位，区域经济发展质量将直接提高0.692个单位，同时也会使得金融发展水平提高1.217个单位，从而导致区域经济发展质量间接提高0.842个单位（$0.692 \times 1.217 = 0.842$），总效应为直接效应和间接效应之和（$0.692 + 0.842 = 1.533$）。②模型（7）和模型（8）是以产业结构升级作为中介变量的估计结果。不难看出，模型（7）中科技资源再配置水平对产业结构升级的回归系数显著为正，说明科技资源再配置水平的提升对产业结构升级有着积极的影响作用。模型（8）中

产业结构升级对区域经济发展质量的影响系数也显著为正，表明创新主体间科技资源再配置可以通过产业结构升级推动区域经济发展质量的提升。具体来看，在其他影响因素保持不变的情况下，科技资源再配置水平每提高1个单位，区域经济发展质量将直接提高0.565个单位，同时也会使得产业结构升级3.539个单位，从而导致区域经济发展质量间接提高0.1656个单位（3.539×0.0468=0.1656），总效应为直接效应和间接效应之和（0.565+0.1656=0.7306）。总的来说，间接效应的发现佐证了区域内创新主体间再配置对区域经济发展质量存在中间影响的假设，也从侧面印证了“互联网+”背景下科技资源再配置是我国经济高质量发展经济增长动力转换的关键之匙。

c. 门槛效应结果分析

在科技资源再配置的过程中，科技资源再配置是如何影响到区域经济发展质量的呢？究竟是通过金融发展水平、产业结构升级这样的中介变量间接影响到区域经济发展质量，还是存在另一种变量非线性特征的影响路径呢？为了进一步对该问题进行探究，本专著基于Hansen（1999）提出的面板门槛回归模型对科技资源再配置对区域经济发展质量影响的门槛效应做进一步检验，考察“互联网+”背景下科技资源配置是否存在非线性溢出效应[285]。为了克服人为划分样本区间造成的主观偏差，本专著沿用Hansen（1999）提出的方法对门槛值存在性进行了检验，从而研究在不同“互联网+”配置科技资源水平下，科技资源再配置对区域经济发展质量的门槛效应。

构建的门槛回归模型为：

$$\begin{aligned} Quality_{it} = {} & \alpha_0 + \alpha_1 Reallocation_{it} \cdot I(R\_net_{it} \leqslant \gamma_1) \\ & + \alpha_2 Reallocation_{it} \cdot I(\gamma_1 \leqslant R\_net_{it} < \gamma_2) + \cdots \\ & + \alpha_{n+1} Reallocation_{it} \cdot I(R\_net_{it} > \gamma_n) + \alpha_X X_{it} + \lambda_i + \varepsilon_{it} \end{aligned} \tag{6-57}$$

其中，$R\_net_{it} = Reallocation_{it} \times net_{it}$ 为门槛变量，γ 为待估门槛值，γ 将研究的样本划分为多个样本区间，不同样本区间的回归系数取值存在差异。$I(\cdot)$ 为指示函数，满足条件的情况下取值为1，反之取值为0。其他相关解释变量、被解释变量和控制变量与基准回归模型（5-12）保持一致。

Ⅰ."互联网+"配置科技资源门槛效应检验与置信区间估计

由于本章设定的面板门槛模型是多重的，因此首先需要对门槛个数进行检验，确定面板模型的具体形式。于是本专著在上述模型的基础上，采用"Bootstrap法（自助抽样法）"反复抽取样本300次，并对F统计量的渐进分布进行模拟，逐次对模型进行单一门槛、双重门槛和三重门槛的门槛效应检验，得到如下门槛效应检验结果。

表6-16　　门槛效应检验

	门槛估计值	95%置信区间	BS次数	F值	P值	临界值		
						1%	5%	10%
单一门槛	0.0412**	[0.0405, 0.0414]	300	20.53	0.0453	31.80	19.30	16.02
双重门槛	0.0768	[0.0784, 0.0911]	300	0.95	1.0000	20.53	15.77	12.73

注："***"、"**"、"*"表示在1%、5%和10%临界水平显著；BS次数表示采用"Bootstrap法"反复抽样的次数；P值和临界值是反复抽样300次后得到的结果。

从表6-16呈现的"互联网+"配置科技资源门槛效应的自抽样检验结果来看，单一门槛的效果在5%临界水平下显著，P值为0.0453；而双重门槛效果则不显著。因此可以认为在"互联网+"发展指数与科技资源再配置水平乘积作为门槛变量的时候，科技资源再配置对区域经济发展质量具有单重门槛效应。得到的门槛值为0.0408，由此形成两个样本区间即$R_net \leqslant 0.0408$和$R_net > 0.0408$。可以确定回归模型的门槛数为1个，应当建立单门槛回归模型，具体如下：

$$Quality_{it} = \alpha_0 + \alpha_1 Reallocation_{it} \cdot I(R\_net_{it} \leqslant \gamma_1) + \alpha_2 Reallocation_{it} \cdot I(R\_net_{it} > \gamma_1) + \alpha_X X_{it} + \lambda_i + \varepsilon_{it} \quad (6-58)$$

Ⅱ.门槛效应回归结果分析

表6-17　　门槛效应估计结果

解释变量	Quality	标准差	T值
fdi	0.0004	0.0123	0.16
market	0.0684	0.0276	0.21
gov	0.0046***	0.0363	2.94

续表

解释变量	Quality	标准差	T 值
IP	0.0910***	0.2260	4.50
R_net_1	0.3394	0.2085	1.63
R_net_2	1.1355***	0.2098	5.41
constant	0.2338***	0.0197	11.83
F 值	21.28		

从表6-17单门槛回归模型估计结果可以看出，当“互联网+”配置科技资源水平处于低水平区间，即 $R\_net \leqslant 0.0408$，科技资源再配置对区域经济增长质量的影响并不显著。而当“互联网+”配置科技资源水平跨过门槛值，即 $R\_net > 0.0408$ 时，科技资源再配置对区域经济增长质量提升显现出积极影响。此时，“互联网+”配置科技资源水平每提高1个单位，能够增加1.1355个单位的区域经济增长质量。由此可以发现，“互联网”对科技资源的配置呈现出显著的门槛特征。其原因可能是：①当一个区域的“互联网+”发展水平较低时，因为信息跨时空传递效率较低，导致科技资源的流动受到一定程度的阻碍，因此区域内创新主体无法合理有效地利用区域内的科技资源，造成科技资源错配情况无法得到有效改善。②随着“互联网+”发展水平的提高，创新主体获取科技资源的边际成本下降，“互联网+”的发展和创新主体间科技资源再配置形成相辅相成的协同作用，有了高水平的“互联网+”发展水平作为创新环境，科技资源再配置的经济增长效应得以放大。综上所述，以“互联网+”配置科技资源水平为门槛变量的情况下，创新主体间科技资源再配置与区域经济增长质量呈现出明显的门槛效应。

控制变量中，政府干预（*gov*）和知识产权保护（*IP*）的系数分别为0.0046和0.091，标准差分别为0.0363和0.2261，均在1%水平下显著。说明政府对区域科技资源配置做出一定的干预是有必要的，加大知识产权保护有助于呵护市场经济的发展。

6.4 本章小结

在“互联网+”的背景下，科技资源再配置是转换经济增长动力，实现经济高质量发展的重要路径。本章立足于"互联网+"发展背景之下，首先对科技资源配置与经济增长动力转换二者的影响关系进行详细分析，并在此基础上构建数理模型对科技资源配置对经济增长动力转换的影响机理进行剖析。最后，对科技资源配置对经济增长动力转换的影响机理进行实证分析。

具体而言，不同于传统的市场环境，在"互联网+"发展背景之下，科技资源的配置机制产生了显著变化。依托于"互联网+"跨界融合、创新驱动、重塑结构、尊重人性、开放生态以及连接一切的特点，科技资源可以更加高效、便捷地流向使用效率更高的创新主体，进而提高整体的科技资源配置效率实现更多高附加值产品的产出，最终实现经济增长动力的转换。通过构建相关的数理模型发现"互联网+"的发展对科技资源配置产生积极影响，"互联网+"的发展可以减少信息摩擦，提高科技资源在创新价值链上的高级化配置水平，从而通过提高科技资源利用效率来提高创新产品中高端创新产品的占比，进而提升创新产品的生产率实现经济增长动力的转换。

本章主要的研究发现有：(1) 我国各个地区的科技资源均存在一定程度的错配现象，存在显著的路径依赖。其中东部地区的错配程度相对较轻，而其他地区（中西部、东北部）则相对较为严重，且以负向错配（科技资源配置过剩）为主。反映出我国科技资源配置不均衡、不合理现象较为普遍，科技资源并未得到充分利用，科技资源配置所蕴含的潜能未能得到释放。(2)"互联网+"的发展能够有效改善科技资源错配现象。相较于中西部地区，科技基础条件更好的东部地区依托"互联网+"的发展能够更有效地实现科技资源的配置优化。中、西和东北部地区受制于科技基础条件薄弱以及人力资源流动障碍等因素，使得互联网的发展对科技资源错配的改善效果还未充分显现。(3) 科技资源在不同创新主体间的再配置可以显著提高区域经济增长质量，且存在显著的门槛效应，只有在"互联网+"配置科技资源水平较高的情况下，科技资源再配置才能显著提升区域经济增长质量。创新主体间科技资源再配置通过促进地区金融发展和产业结构升级，对区域经济增长质量产生间接影响作用。

7 “互联网+”背景下我国科技资源配置推动经济高质量发展的案例分析

通过前述部分的理论与实证分析，我们可以清晰发现以下几个问题：(1) 当前我国科技资源的配置存在一定的错配现象，科技资源对于科技创新的产出转化相对较低；(2) 科技资源的配置状况将影响创新产出，进而显著影响企业、产业乃至区域经济的发展状况；(3) “互联网+”这一新兴信息技术，通过其“高技术、强渗透、泛受众”等特性，可以有效优化现有企业、产业、区域的科技资源配置，进而促进国民经济向高质量发展转变。同时，基于上述主要研究观点，前述理论部分也详细分析了“互联网+”作为“催化剂”，如何优化科技资源配置结构、强化科技资源配置效率、提升科技资源配置层次并进一步促进区域经济迈向高质量发展的具体理论路径。但在现实经济发展过程中，“互联网+”是否也具备上述理论分析中在科技资源配置推动经济高质量发展的过程中所承担的“催化剂”作用？其推动经济发展的现实路径是否与理论路径相一致？且其效果到底如何？

在本章节，本专著拟通过现实案例的总结分析，探究“‘互联网+’——科技资源配置——经济高质量发展”这一主线的现实关键节点，从而达到理论与现实案例的相互印证，明晰“互联网+”背景下科技资源配置影响区域经济高质量发展的具体路径。由于“互联网+”要素的“强渗透”性，其对科技资源推动经济高质量发展的过程不仅只是微观企业对于产品生产链的改进，更体现在中观行业层面各产业链的贯通、宏观层面区域经济内在发展价值链提升过程。因此，本专著拟通过微观、中观、宏观三个维度选取部分现实案例，对相关影响路径进行分析研究。

7.1 "互联网+"背景下科技资源合理化配置优化经济结构的案例分析

"互联网+"背景下科技资源的不断合理优化配置，将有助于提升原有科技资源对科技创新能力的转换效率，进而推动产业发展中新产品、新技术与新模式的不断涌现，以生产链、产业链、创新链中生产、管理、销售多维度创新促成产业经济的发展结构更为贴近市场化最优发展状态下所要求的结构。

7.1.1 案例：索菲亚家居重组企业科技资源，促进数字化转型（微观）[①]

索菲亚家具主要经营定制衣柜及全屋配套定制家具的研发、生产和销售的公司。2011年在深圳成功上市，成为传统家具行业首家上市公司。成立之初主要以衣柜为起点，随着新型数字化技术的不断引入，逐步拓展到家具定制、全屋定制以及整装工程，产品结构发生重大调整，从原有的单一模型定制到多元化产品设计，引领了高端家具行业产品与服务结构的转型潮流。公司发展最主要的转折点在于2015年公司利用新信息技术对集团内部各创新资源进行重新调配，设立宁基智能系统有限公司和极点三维科技有限公司，进而于2016年推出OEM和实木新品，推动了公司产品设计、生产、销售新模式的涌现，利用全屋定制、客户虚拟设计等方式提升公司的创新水平，变革产品输出结构，强化公司盈利能力。

案例剖析：

索菲亚家具认为家具行业模式创新必须从原有样板化发展向个性化定制转型，而家具行业的定制是三个行业的整合，即零售、制造、服务。打通这三个行业的关键，是相关产业数据的打通。因为，在定制过程中的每

① 案例来源：2019年12月6日CIO发展中心联合索菲亚集团开展活动中，索菲亚IDC副总经理发言稿总结。

个环节都会生成具体数据，必须保证数据的唯一性以及保证设备可识别，才能保证产品的生产不需要员工或是线下沟通，以减少出错机会。基于上述考虑，该公司引进先进的信息化、智能化设备，同时较早地引入信息化人才专门组建针对企业生产的独立的 IT 部门，将原有设计、生产、组装、销售部门的技术员工抽调进重组的独立部门，同时重新梳理产品生产的每一个流程，并让相关联的数据进行串联存储。

索菲亚主要经营的方向为全屋型的定制模式，这就意味着全部的组件基本上为非标准化的各种板件，每日订单超过 1 万多笔，这意味着要产生 1 万组新 BOM、1 万组新报价、1 万个设计图；包含 40 多万个板件；而每个板件又有花色、纹路、型号等 10 多个相关信息，各个环节信息最终汇为多样化数据，也就是说索菲亚 IDC 每天要处理 300 多万组数据。因为产品不是在同一个地方生产，要考虑把这些数据分发到各个不同的生产基地，每个生产基地的布局、工艺要求是不一样的，某些特殊工艺只在特定的生产基地生产，所以整个处理过程非常复杂。因此索菲亚利用信息化技术重组其内部资金、人员、技术等创新要素采取的是分步战略，从单一的设计环节的信息化转型到部门的信息化转型再到最终集成应用，形成综合性的创新网络结构，为企业数字化转型奠定了坚实基础。如 2015 年成立信息与数字化中心，对集团 IT 做了系统规划，并陆续建立和上线了很多平台系统，包括：CRM 系统、BI 系统和 DIY HOME 设计软件等，通过新平台的建设，打通了下单到工厂全流程数据。从 2018 年，更加注重车间的应用层系统，将制造与物流模块引入集成系统，通过对原有单一模块的改进与集成应用，打造了制造执行系统和运输管理系统。

7.1.2 案例：数字化背景下医药行业通过科技要素集成促进产业创新（中观）①

近年来，随着信息技术的飞速发展，数字经济发展迅速。但相比之下，根据麦肯锡的中国医药行业分析报告，2011 年我国医药行业平均数字化评分指数只有 13 分（100 满分），行业发展依然依靠传统的原料药为主，

① 案例来源：VBR 医药行业数字化创新研究报告。

产品结构相对低端。作为关系国计民生的重要产业，如何利用信息技术提升医药产业行业内在创新驱动力，成为国家发展规划部门的研究重点。为此，一方面自2016年后政府加大了对数字医疗建设的支持力度，2016年10月《“健康中国2030”规划纲要》提出完善人口健康信息服务体系建设和推进健康医疗大数据应用两大目标。2018年8月，国家药监局将负责监管人工智能和健康数字化产品。另一方面，医保局强化了仿制药一致性评价、“4+7”带量采购等系列政策的出台，控费降价成为了医药改革的主题，这从侧面倒逼药企采用新信息技术促进研发、生产、流通环节的创新，以此来提高效率，降低成本。通过外在环境的完善、内部企业创新资源的重新配置，国内药企创新能力、经营利润均得到大幅提升。2018年我国医药制造业主营业务收入2.39万亿元，利润总额3094亿元，增速超过10%，其中高技术产品新产品销售收入超过6000亿元，是2013年的1.67倍。

案例剖析：

在互联网技术迅速发展的大背景下，众多药企纷纷开始重视数字化信息技术的使用，重配已有在产业链各环节的创新资源，加大科技人才、技术、资金等方面投入，强化创新资源转换效率。医药数字化创新不是局限于某个环节、某项技术，而是站在产业链全局视角，全流程、多项技术融合的创新，包括新药研发、临床研究、药品生产、营销推广、医生服务、患者服务、药品零售等各个环节。数字化创新的目的是要重塑医药行业发展模式和价值链，为医生和患者提供更好的服务。如当前以阿里健康、健客等为代表的医药电商，也有以丁香园、春雨医生等为代表的新兴的以信息网络为基础的互联网医疗企业，还有以零氪科技、太美医疗科技、医百科技、泽创天成等为代表的第三方数字化解决方案服务商。以新药研发与药品生产两个关键环节为例，我们可以详细分析药企利用互联网信息技术，重配产业创新资源，获得产品生产服务结构转变的路径。

（1）新药研发过程：新药研发过程中“研发周期长，研发费用高”，一直以来成为各大药企不可逾越的痛点。因此，缩短研发周期、降低研发费用和提高研发成功率成为企业进行数字化创新的主要目标。新药研发涉及靶点发现、化合物合成、晶型预测等，传统医药靶点的研究主要以直观方式利用定性方法去推测生理活性物质的结构、活性等的相关关系，进而发现机体细胞与实验药物的受体结合点，这需要2～3年时间。此外，化合物的筛选通常需要5000～10000种化合物进行相关的筛选实验，因此采用高通量筛选方式一般成本相对较高。国内恒瑞医药、复星医药、丽珠集团等创新药企，引入大数据信息技术，调整传统新药高通量筛选方式，运用新技术、新研发资金、新科研人员将传统新药筛选体系进行改进整合，创新原有研发流程体系。同时通过与深度智耀、晶泰科技等医药数字化服务企业深度合作，加大研发过程中共性技术的研发外包，引入大数据靶点发现系统、AI化合物合成系统、AI化合物筛选系统等，将靶点发现、化合物合成和筛选的时间节约40%～50%，成本降低一半，而且成功率提高30%～40%。

（2）药品生产：药品生产过程出现原料不足或过剩，主要是因为无法根据产量对所需原料进行精准计算。而且，整个生产工艺过程涉及的程序较多，需要投入大量人力，加大了企业的人力成本开支。出现不合格的产品时要进行原因追溯，需要一道道工序做排除鉴定，消耗大量时间往往找不到问题所在，还影响了整个产品的生产进程。江苏恒瑞医药以及江苏恩华药业基于大数据、人工智能等技术，研发原料精准供应系统，以产定量，对所需原料种类、数量进行精确化计算，实现原料刚好满足产量，避免出现原料浪费。生产过程进行工艺流程的数字化升级，替代部分人工，降低企业人力开支，同时实现生产流程的智能化，提高生产效率。另外，利用AI辅助检验系统，可以缩短质量检验时间，降低检验失误率。借助物联网技术，实现产品、生产设备、人员等互联互通，对整个生产过程做到全流程、不间断地定位追踪。

7.1.3 案例：新时期下浙江合理科技要素配置，促进产业的转型升级（宏观）[①]

新一轮科技革命与产业革命浪潮中，由新一代信息技术所驱动形成的数字经济已经逐步成为新时期下各国国民经济发展的先导力量，重构了全球经济结构与强弱版图，这自然也成为中国经济转型升级主要驱动力。民

① 案例来源：浙江在线，网址 http：//zjnews. zjol. com. cn。

营经济是浙江省经济发展的重要组成部分，以全国民营经济前500强为例，其中属于浙江的企业就占比超过25%，这充分展示了浙江民营经济在全国民营经济体系中的关键地位。在改革开放初期，以民营经济为主导的浙江制造业主要以传统手工业制品、基础制造业产品为主，如浙江永嘉的纽扣、温州的皮制品、义乌生活用小商品等。随着资源能源瓶颈约束加大，要素成本上升，资源错配、劣配、违法配、低效配等现象突出，浙江产业经济发展陷入困境。近年来，浙江省抓住区块链、人工智能等带来的机遇，科技资源配置让市场"说话"，努力实现科技资源的"合理配、优质配、合法配、高效配"，创新发展，打造具有国际影响力的资源配置基地，优化区域经济结构，以数字化变革为民营经济插上腾飞翅膀，预计2020年数字经济核心产业增加值达6800亿元，数字经济领跑全国。

案例剖析：

一直以来，浙江经济始终在中国经济发展版图上占据重要位置，2020年浙江GDP总量位居全国第四，其中民营经济创造了浙江六成以上的GDP，此外民营经济创造了浙江七成的税收和近九成的就业岗位，对浙江省经济社会发展做出了不可磨灭的贡献。数字技术渗透入民营经济中，极大提高了科技资源配置的合理性，进一步推动了浙江省经济的高质量发展。分析其取得显著成绩的经验，主要有以下几个方面：

（1）创新政策体系，打造促进科技资源流动的软环境。

浙江省在市场配置资源的基础上，结合数字技术的应用，不断创新政策体系，提高服务科技资源流动的能力。如浙江省早在2011年出台《关于进一步促进科技与金融结合的若干建议》，按照信贷一块、风险资本投资一块、知识产权质押一块、科技担保一块、科技保险一块、财政支持一块的"六个一块"思路，大力营造促进科技与金融结合的政策环境。同时，浙江在经济发展中，尤其重视人才，深入落实"引进大院名校、共建创新载体"战略，瞄准世界科技前沿和顶尖水平，实施"一事一议""一人一策"政策，按需配置支持资源，并实施高端人才吸纳承载能力提升工程，构建外国人才管理服务机制等。

（2）着力打造创新平台，合理配置科技资源。

浙江省着力打造市场、政府"双驱动"的要素集成应用平台，借助平台推动科技创新资源的合理化配置。各地地方政府依托自身优势，积极创建符合地方经济特色的新产业发展平台与高端创新中心。如杭州有阿里巴巴达摩院、浙江大学、西湖大学等一系列带有浓郁学术特色背景的高端创新性平台，同时，通过科创资源的重新整合，在杭州城西“科创大走廊”布局了人工智能小镇，通过将已有的科技创新资源协调整合，形成了制造业与数字信息技术互融互合的新高地。又如宁波则围绕以“互联网+”为首的新一代信息技术，形成智慧经济、智能经济，形成以人工智能产业为核心产业的甬江科创大走廊。

此外，浙江注重自身发展特色，围绕优势产业形成诸多“专、精、特、新”分支细分行业，并基于这些细分行业结合当前长三角一体化发展契机，围绕集成电路、人工智能、新材料、大数据等领域积极探索相关产业人才、资本、技术服务的共享和评价体系，通过共享医疗、教育绿色通道、人才公寓等方式加速优质产业发展要素的集聚。

（3）注重信息技术融合能力，优化科技资源配置结构。

大力推进信息化技术与产业技术的深度融合，做到信息技术与产业技术“合二为一”融入所有的设计、生产、销售环节，能有效解决信息壁垒问题，从而突破制造业转型升级中“成长瓶颈”，推动精品化、服务化、个性化生产。浙江省自2012年开始“机器换人”的制造业智能化发展计划，通过将信息技术、数字技术、网络技术与传统制造业中的生产设备、制造技术相结合，形成了现代化与智能化的制造体系，提升了整体制造业产业的装备技术水平。随后2018年，在此基础上浙江开始大力加强工业互联网的建设应用，完善了现代工业互联网的生态体系，丰富了工业物联网多元应用环境的构建，最终使得工业互联网在实体制造业中的落地应用得以加快推进，从网络化、智能化、个性化等维度推动了传统制造业高端化转型。通过数字信息技术在设计、生产、销售等环节的应用，改变了原有科技创新要素的配置结构，从而大大提升了创新产出效率，增加了新产品、新服务的产出种类，进而促使终端产品质量更高、附加值更大、全球竞争力更强。新产品与服务的不断出现，使得数字经济与生产性服务业深度融合，有效促进了先进制造业与生产性服务业联动。

案例总结：通过上述三个案例我们可以清晰地看出，数字化、智能化信息技术发展对现有传统制造业发展产生了巨大的冲击，传统企业与行业发展都面临巨大的转型压力。通过引入新信息技术对于企业或者行业生产流程的改造，通过集成化平台的建设，可以有效扩大其自身人员、技术、资金等科技创新要素的配置范围、改进配置模式，进而使得上述创新资源的配置效率得到强化，最终体现在产品与产业发展过程中所需技术、产品、销售模式的不断创新，从而优化和提升原有产业结构内在层次。总而言之，利用新信息技术可以有效促进各类创新要素的有效组合，进而提升产业发展的创新能力，优化相关产品与产业发展内在经济结构。具体路径可以总结如下："互联网+"→数字化平台构建→科技资源的集成化管理→科技资源配置模式变革→科技资源合理化配置→产业发展创新能力提高→产品输出与服务模式变革→产业经济内在结构优化。

7.2 "互联网+"背景下科技资源高效化配置提升经济增长效率的案例分析

"互联网+"技术的不断应用，一方面，夯实了网络应用的物理基础，相关网络联结与应用基础变得更为坚实。另一方面，新信息技术的不断广泛渗透性应用，有效降低了不同产业发展主体之间的信息交互成本，提升了数据信息的交互精度与效率。上述两方面的不断发展又可以有效促进产业内各创新主体内在相应科技创新资源的配置效率，进而使得其对于创新能力的转换效率得以增强，最终提升整个经济社会的发展效率。

7.2.1 案例：卡特彼勒供应链通过集成化发展促进企业数字化转型（微观）[①]

卡特彼勒公司是世界上最大的工程机械和矿山设备生产厂家，也是世界上最大的柴油机厂家之一。在世界互联网发展的初期，该公司就开始考虑利用信息技术高效调配其技术生产、销售、服务部门的各种人力、技术、资金资源为客户提供最为直接、最为有效的服务，强化了新老客户对

① 案例来源：SAP中国区副总裁彭俊松博士的研究报告《卡特彼勒数字化转型案例及其对工业互联网的启示》。

于产品的黏性。时至今日，全球市场上连接的卡特彼勒设备数量已经达到56万台。这使得卡特彼勒成为全球工程机械领域里利用数字信息技术提升内在发展效率的鼻祖。

卡特彼勒通过新信息技术对生产设备智能化改造，通过互联网技术将客户与内部服务系统远程连接，提升内在科技资源在技术生产与销售服务等领域的配置效率，有效改善了用户体验，也增强了产品生产周期的后半段服务，为整个公司的发展效率注入了强大的推动力。2016年是全球经济发展相对坎坷的时期，整个建筑机械行业都出现营收大幅下滑的不利局面。一般而言，由于产业发展边际递增效应的存在，如果企业营收下降，其利润下降比例将高于营收。但是在2016年，卡特彼勒的营收与利润下降比例都在12%左右，利润率并未随着营收规模的缩减而产生较大波动。在产业发展遇到困境时，卡特彼勒利用信息技术强化科技资源在客户远程服务端即产品生命周期后半段发力所带来的丰硕成果。

案例剖析：

卡特彼勒利用信息技术整合自身科技资源应用于自身生产智能化提升与客户端体验维护的步骤主要有三个层面。

（1）遵循“以客户为中心”的客户优先战略，建立了“卡特智能”系统。卡特彼勒通过组建专门的信息化部门，推动资金、技术以及专业化人才的集聚，提升技术创新效率，开发智能联通系统，利用信息互联以及数据追踪技术，采集终端市场售出设备的各项使用数据，通过传感、远程追踪、智能辅助等技术来监控、管理各项设备的运营，有效提升了终端设备的使用安全性与效能。这极大地方便了终端客户的现场作业，提升了客户设备使用的生产效率，优化了客户的使用体验感。从2017年开始，卡特彼勒又通过将数字智能与物联网技术相结合，将该智能系统向多个国家进行推广使用，给卡特彼勒、经销商和客户提供近乎实时的关于设备在工作现场的性能信息，强化了客户黏性。

（2）将企业自身的数字化建设置于企业数字化转型的主要阵地。通过数字化技术的应用，将自身各类科技创新资源进行集成整合，提升企业内部、企业与市场之间的信息互联效率，强化企业对于市场的灵敏度，对于企业生存十分重要。卡特彼勒作为全球工程机械行业的龙头，其所经历的每一次全球性经济起伏都成为其扩大市场份额的良机，每一次“化危为机"的背后，是卡特彼勒始终坚持应用现代化数字技术对传统制造业技术的改进，通过数字技术在设计、制造、销售、服务等领域的综合集成应用，强化整个使用环节的有机结合，并将整个机器、经销商、客户都纳入一个数字化的网络结构中，有效地提升了产品内在价值链。

7.2.2 案例：产业互联网赋能钢铁行业提升产业发展效率（中观）①

传统钢铁产业供应链条冗长，供需信息匹配难度大；营销模式单一，无法充分满足用户个性化需求；流通链条繁复，交易效率低下；物流链条分段明显，交易成本高等痛点明显。随着互联网的不断发展深化，钢铁产业握准《中国制造2025》脉搏，导入"互联网+"思维，深化改革，通过与互联网的深化融合谋求转型发展。我国钢铁产业互联网在经历起步、成长、快速发展阶段后，已步入产业生态构建阶段。钢铁产业互联网通过构建数字化和供应链协同，不断提高资源配置的高效性及各类资源的使用效率，创新生产服务模式，解决供需错配，实现降本提效。2019年，我国钢材产量12.05亿吨，同比增长6.35%；钢铁线上市场规模约1.6亿吨，同比增速36%，2015~2019年行业复合增速维持在33.1%，预计2024年钢铁线上市场规模约达2.9亿吨，线上渗透率达到14.6%。未来，钢铁行业将纵深向数智化、中台化、生态化发展，不断赋能产业发展效率提升。

案例剖析：

钢铁是工业的粮食，是工业化时代最重要的符号之一。在经历行业持续低迷期后，钢铁行业通过走产业互联网转型发展道路，在数字技术的驱动下对产业链各环节进行赋能，整合配置各类资源，突破传统产业参与主体线性信息传导及逐级响应式资源调度计划的模式，打破产业主体间的信息壁垒，打通数据，实现信息流、物流和资金流的"三流合一"，构建新的供需关系和生态协同关系，实现产业的降本提效。

（1）数据渗透打通信息流。传统钢铁信息流存在多层传递和需求反馈信息回流不畅等痛点，上游对市场反应滞后，下游交易成本高，且分销商

① 案例来源：艾瑞咨询《2020年中国钢铁产业互联网行业研究报告》。

内部高层次人才较少，传统钢铁产业链自身内生性改造升级难度大且需较长时间。钢铁产业互联网通过数据化渗透，加速数据回流，压缩中游钢铁贸易流通环节，消除产业信息不对称，实现上下游供需的高效对接，提升业务效率，加速决策模式由“经验驱动”向“数据驱动”转变，为钢铁产业链上下游研发、采购、生产、销售等环节提供数据支撑，实现流通环节扁平化。

（2）数智化平台打破物流困境。钢铁历史产业布局使得钢铁物流形成了“钢材跨区域流动”与“内地向沿海布局”的供需结构，在带来巨大运输及物流需求的同时，也使得商流和物流分散，难以形成网络效应和规模效应，阻碍行业效能提升。在产业互联网赋能下，组建物流平台，在极大程度上解决传统钢铁物流主体分散导致的供需不对称以及链条繁复造成的上下游协作困难，实现物流资源数据化、物流过程可视化、物流决策智能化。通过钢铁物流平台，钢铁行业物流主体之间的信息壁垒进一步消除，同时利用平台在信用管理、物流一体化和商流全流程可信追溯等多方面的影响力，解决了多链条下的钢铁物流环节协作问题。

（3）生态平台优化资金流。钢铁产业链中下游均存在较大的资金压力，对稳定的金融服务需求迫切。由于金融机构难以把控底层仓储物流的操作风险等原因，金融机构直接参与钢铁行业融资业务的积极性较低，导致产业链中下游企业的融资渠道不稳定，进一步影响产业链整体稳定性。生态平台通过整合信息，提供真实交易背景，同时辅助银行把控操作风险，为商业银行开展钢铁产业的供应链金融业务提供可行性。在生态平台和银行的合作下，产业链上的企业融资需求得到满足，产业链上的资金得以优化。

7.2.3 案例：数字带来的高效：带动贵州省经济发展的不寻常之路（宏观）[①]

长期以来，我国西南地区经济社会发展相对滞后，而贵州省便位于其中部地带。同时，经济社会的滞后发展也使得其文教底子相对薄弱，掌握

① 案例来源：环球网，网址 https://opinion.huanqiu.com。

先进生产技术的科技人员也相对缺乏。但近年来，位于西南中部地区的贵州省却在经济发展上展现了十分强劲的进位态势。其增速连续9年位居全国前列，超过35个季度位于全国前三位。特别是新时代的代表性经济模式：数字经济的发展展现了十分可喜的成绩。近年来，贵州数字经济发展十分强劲，其经济增速年均超过了25%，而以大数据为引领的新一代电子信息制造业年产值增速更是超过了70%，成为贵州省工业经济的一大靓丽增长点。新一代信息技术为贵州经济增长带来了新的发展亮点，使得贵州走出了一条有别于东部地区与传统西部地区国民经济发展的新路子。

案例剖析：

身处经济欠发达西南地区的贵州省在短短5年时间，将数字经济产业发展“从无到有，从小到大”走过了一段举世瞩目的非凡发展历程。从贵州决定发力大数据产业，到获批建设首个国家大数据综合试验区，闯出了一条从无到有的大数据发展创新之路。特别是苹果、高通、腾讯、华为、阿里巴巴等众多世界知名电子信息企业纷纷落户贵州，形成了贵州大数据产业欣欣向荣的大好发展格局。在传统经济资源与科技资源都如此匮乏的情况下，贵州如何走出利用新产业促进传统经济高质量发展这条不同寻常的道路，值得我们深思。

（1）优化科技资源配置效率，释放科技与数字资源新价值。贵州统筹安排了现有科技资源配置结构，将重点资源逐步转向大数据、人工智能、互联网信息等新兴产业。通过构建基于企业与政府集成端口的大数据交互平台，实现诸多科技创新资源的高效利用，加快发展了资源型数字经济。通过将自身科技资源、产业特色等综合考虑，着力发展数据采集、数据存储、数据分析挖掘、数据可视化与交易等数字经济重点环节，释放科技与数字资源新价值，带动经济社会高质量发展。如对于数据加工产业，贵州省因地制宜，采取“以点带面”的发展策略，通过以重点产业园区为突破口，对现有科技资源进行重新调整，分类、分项目进行支配，对于核心产业园区给予大力支持，如贵阳大数据软件园、贵安大数据产业园等，同时加快推进二级地市的数据中心建设，如加快推进黔龙泰达大数据压缩处理服务及设备生产基地、贵州伯克利民生大数据分析等项目建设。围绕大数据产业的相关产业链进行合理化布局，如建设贵阳、贵安等大数据清洗加工基地，引进培育数据清洗、脱敏、建模、分析挖掘、可视化等大数据企业，从而释放了数字经济作为新经济的蓬勃朝气与价值。

（2）积极引入外部科技资源，打造技术型数字经济。把握数字技术变革趋势，对重点数字技术领域，积极引入外部科技资源，包括高端劳动力、先进技术、产业资本等，通过引入、整合“双轮”驱动，形成跨地、政企合作联合运营的产业园区。如加快中关村贵阳科技园、贵安电子信息产业园、振华贵州电子信息产业基地、财富之舟智能终端电子产业园、富士康（贵州）第四代绿色产业园等一批信息产业园区建设。与此同时，通过高效整合的科技创新资源，实现产业技术与发展模式的不断更新升级。如在增强数字技术开发应用的同时，贵州省也强化了新型数据产业的下游产业——数据服务行业。通过对数据形成过程中数据存储、数据监控、数据挖掘等领域的关键分析，有针对性地进行了产业布局，强化云计算与大数据的维护、保障、安全领域行业的引入与设立，全面提升了大数据整体产业链的良性发展。

案例总结：通过上述案例我们可以发现，数字化、信息化技术的广泛渗透应用，带来了几个明显特征。一是传统制造业产业制造设备的使用逐步走向数字化、智能化。整个信息技术和产品应用的硬件环境有明显改善。二是新信息技术的使用可以有效形成资源交互的数字化平台，促进企业现有各类科技创新资源的高效集成，通过强化信息共享与对接的“广度”与“精度”，全面提升科技资源的创新转化效率。具体而言，信息技术促进制造业产业科技资源高效运行并最终提升经济发展效率的路径可以总结如下：“互联网+”技术应用→集成应用平台构建→科技资源信息搜寻成本降低→信息匹配广度提高、精度提升→强化科技资源创新转化效率→产业新技术、新模式的应用→产业发展效率提升。

7.3 “互联网+”背景下科技资源高级化配置促进经济增长动力转换的案例分析

以“互联网+”为代表的新一代信息技术的广泛应用，使得企业、产业、区域内各生产与创新要素的内在层次得到提升。良好的政策环境、先进的数字技术、高素质产业人才都使得各类资源组合进而转换科技创新能力的"质量"有所保障，进而有别于传统经济依赖于"数量扩张"的增长模式。

7.3.1 案例：阿里云通过技术升级助力企业发展转换动能（微观）[①]

工业互联网是新技术和制造业的深度融合，是利用云计算、物联网、大数据、人工智能等新一代信息技术打破人、机、物以及服务间边界，形成产品全生命周期数字化模型，并以数据为驱动实现企业的高效运营以及生产方式和商业模式的创新应用。

阿里云工业互联网平台是阿里巴巴在新基建大背景下打造的最重要的数字基础设施之一，它帮助企业实现数据横向集成、纵向集成和端到端集成；同时可以实现对行业平台的技术赋能、生态赋能、资本赋能。行业平台提供了基于统一标准的行业模板，实现了行业基础数据、工厂模型、工艺路径、业务应用、服务模型等等行业标准的制定。通过新一代信息技术对传统工业设计、生产、销售等多环节的渗透应用，提升技术、人力、物力相关要素的集成与综合应用层次，促进了企业与行业发展模式转变。截至目前，阿里云工业互联网平台已实现设备接入130余万台，沉淀APP近2万个，提供解决方案4000余个，服务各类企业近4万家，为经济社会的高质量发展贡献了巨大力量。

案例剖析：

阿里云为我国中小企业实现经济增长模式由传统各类资源投入形成的"量"增长向科技创新要素投入形成的"质"增长转变成为可能。此处结合海伦宝电器应用阿里云的案例剖析其为企业发展动能转换、提升内在发展质量的具体过程。

佛山市海伦宝电器有限公司（简称"海伦宝"）是一家集环保冷风扇、干衣机、加湿器、空气清新机、电暖器设计研发，生产制造，销售及安装为一体的民营家电企业。企业发展初期主要以传统模具与电机代工为主，由于技术含量不高，企业运营成本相对较高，企业发展具有一定局限性。

① 案例来源：阿里巴巴阿里云研究中心白皮书系列《新一代数字化转型》。

近年来，公司积极引入“互联网+”技术，实现电机智能化集成控制，同时运用新信息技术实现企业内部生产与管理运营数字化平台的构建，这极大地促进了企业内外部各类科技创新资源的数字化升级与彼此之间信息精准化对接，从而使得相应企业发展过程中蕴含的科技要素可以实现最优组合，在企业生产经营过程中产生创新效应，降低企业发展成本，为企业高质量发展添砖加瓦。阿里云工业互联网产业集群联合体，帮助海伦宝将供应链、注塑、模具、装配、质量、仓储、ERP进行整体梳理和打通，规划了一条基于飞龙工业互联网平台的技术与业务集成服务框架。

在生产制造层面上结合基于微服务、分布式、多租户的精工云MES系统，实现企业车间管理数字化、无纸化、实时化管理管控，并依靠强大的报表体系、多样化数据图形统计分析以及互动更丰富的展现方式，为管理人员提供实时、准确的生产决策分析数据，让数据成为生产力，在海伦宝注塑车间生产管理成功上线后，让总体工时损失降低30%，异常响应速度提高35%，设备故障率降低20%，车间管理效率提高10%，整体工作效率提高5%。组装车间精工云MES生产管理系统上线，让订单快速生成车间生产任务，生产任务快速下发车间，车间按任务准时开工生产，提升准时开工率，生产数据、异常信息实时上报，大大提高了数据实时性，为管理决策提供了有力支撑。供应链层面上结合携客云，SRM为采购部门减少15%的管理成本，内部工作效率提升50%，采购跟单工作量减少80%。仓库物流层面上结合壹拓云仓，将原有的9000平方米仓储通过WMS系统建设了统一的库存条码管理，解决先进先出的问题，不依赖员工经验来管理仓库。预计实现库存100%的准确率，提升60%的作业效率，降低20%的人力成本。

7.3.2 案例：数字经济下服装行业创新发展模式促进产业转型升级（中观）[①]

服装行业贴近于人们日常生活，随着经济社会的不断发展，人们对于穿戴内容的要求也日益提升，传统服装行业原有的规模化、样板化生产，

① 案例来源：埃森哲咨询研究报告《互联网+：制造业向智能服务转型的新引擎》。

进而引导人们消费风格的模式已经不再适应于信息技术的快速发展。随着信息技术的不断普及，消费者对信息的获取成本越来越低，进而使得消费者自身对于产品的需求也日趋个性化，市场的快速转变及多元化使得传统服装穿戴行业产生较大的生产经营压力。当前，服装行业的发展逐渐开始呈现个性化发展的特征，这也使得企业越来越依赖于对客户个性化数据的掌握。于是，越来越多的服装企业开始运用大数据技术进行前端客户信息的收集与分析，以此掌握消费者多样化的偏好需求，而在产业生产的中后端，一般采用高效的数字供应链体系支撑多元化的产品结构，以此来提升整个产业的价值链位势。

案例剖析：

服装行业是典型的传统行业，但是现代服装行业却又将信息技术、产业技术运用得淋漓尽致。能在当前存活且发展较好的服装行业领军企业，无一不是将数字化技术与产业发展融合的"高手"。通过数字信息技术与传统生产技术以及传统管理销售模式的融合，加入这些高端"技术成分"，可以有效促进产业发展效率的提升，促进新产品的不断涌现，实现产业高质量发展。

（1）运用新技术对传统生产链进行改进。如 NIKE 作为世界领先的运动服装和用品厂商，将全公司数字化和全业务流程数字化作为数字化转型的重点，来增强其在数字时代的竞争力。为此，其提出了打造下一代数字化设计、定制 VR/AR 工作站、数字化设计平台虚拟环境进行创作的解决方案。针对 NIKE 数字化 3D 设计转型需求，NIKE 联合 META 和 ULTRAHAPTICS，将新一代数字化 3D 设计工作站、数字化设计平台、META 虚拟现实和增强现实技术与 ULTRAHAPTICS 空中感应技术相融合，打造新一代数字化设计；并根据实际需求定制 VR/AR 工作站，通过多核处理器、大内存、GPU 和 NVIDIA 技术满足数字化 3D 设计对多线程和高显卡性能要求，运用工作站优化器对各种应用和负载实时监控，实现一键设计系统优化；针对设计人员的设计习惯，将互动数字笔、声控指令与虚拟和增强现实相融合，用触摸平板数字化的工作区取代传统的输入设备，让设计者能更为准确、轻松地将创意转化为设计。

（2）运用新技术对传统管理与销售模式进行改进。COLUMBIA 成立于 1938 年，是北美最大户外运动用品制作和分销商之一。技术创新是保证

COLUMBIA在数字时代业务快速增长的关键。随着用户对户外商品种类多样化和需求多元化的趋势，COLUMBIA需要针对不同用户群的典型需求，将文化、社交、移动，以及个性化需求等多元素融入产品设计，来缩短测试、建模、设计及生产周期。首先，COLUMBIA构建了大规模的数据集成应用平台，通过各个生产周期环节数据流的汇总与分析，可以满足其第一时间掌握各项生产过程以及终端市场的需求分析。其次，COLUMBIA在日常管理领域形成了数字化的管理平台，这为企业日常管理提供了许多及时与精确的管理分析，提升了组织运营效率。最后，COLUMBIA形成了开放共享的IT现代架构，实现了负载优化与自动化、智能化的管理体系。

7.3.3 案例：杭州滨江高新区坚持以数字化产业引领区域经济增长（宏观）①

杭州高新区（滨江）由杭州高新技术产业开发区与滨江区行政城区合二为一而成。2016年6月，科技部火炬中心将杭州高新区列入建设世界一流高科技园区计划序列。杭州高新区（滨江）始终坚持发展高科技、实现产业化、建设科技新城，坚持“产业引领、创新驱动、产城融合、民生优先”四大战略。2018年全区经济保持持续中高速发展，全区实现生产总值1350.7亿元，同比增长11.6%；财政总收入322.8亿元，增长12.4%；规上工业增加值573.6亿元，增长17.3%；在科技部发布的2018年度国家高新区评价结果中，杭州高新区（滨江）在全国157个高新区（含苏州工业园）中综合排名全国第三，被誉为全国数字经济最强区。

案例剖析：

数字化信息技术的“强渗透、泛受众”性使得当前区域经济发展的各种发展要素资源都深受其影响。坚持数字化、智能化技术对于科技创新要素的“渗透引领”，着力使得“数字化”人才、“数字化”政府、“数字化”技术等新型的科技资源组合形成的创新能力提升是短短20年使以初级电子产品代工为主的杭州高新区成为全国数字经济最强区成功的关键所在。

---

① 案例来源：《中国高新产业技术导报》。

首先，始终致力于发展高新技术产业，走出了一条主导产业突出、高新特色鲜明的产业发展之路。数字经济引领产业集群化规模化发展，2018年信息技术产业实现收入3396.1亿元，增长21.4%。围绕自主创新、网络安全和中国智造，打造了网络信息技术产业的全产业链，形成了千亿级智慧经济产业。其次，新信息技术使得产业发展资金来源变得更为广泛。构建杭州高新区产业项目对接信息化平台，通过大数据信息交互，降低项目资金搜寻成本。定期通过互联网组建产业推介会，寻求风投机构资金支持，同时，政府也组建相关产业基金，直接参与相关信息产业中小企业的培育。强化"数字化"人才集聚，2018年推出人才新政30条，实施新一轮"5050"计划，新引进各类人才3.06万人，增长15.1%，其中硕博人才7948人，诺奖、海外院士2名，人才引进总量和增幅创历史新高。针对区域内信息产业亟须人才实施人才安居改革，实物配租和货币补贴同步推进。

案例总结：随着近年来我国人口红利、城镇化驱动因素对于经济发展的边际作用效应逐步递减，产业数字化发展成为当前经济提质增效的关键所在。信息技术的不断发展，其"强渗透、高科技"的特征使得资本、技术、劳动力等传统生产与创新要素向"数字化""智能化"转变逐步成为可能。如信息技术的应用，使得风险资本对风投项目的搜寻成本大大降低，企业融资的资本可得性大大增强。又如互联网信息技术的发展使得资源共享模式逐步推广，尖端、稀缺性的劳动力资本可以通过网络实现多点共享，强化了企业、产业发展的创新能力，丰富发展内涵。互联网信息技术提升科技要素发展层次，促进产业发展内在质量提升的具体路径可以总结为："互联网+"技术应用→改造传统科技创新要素→各类科技创新资源有效集聚→创新资源优化与高效运行→产业创新能力提升→发展动能实现转换→产业发展提质增效。

通过上述关于"互联网+"影响科技资源配置，并通过科技资源合理化配置优化经济发展结构、通过科技资源高效化配置提升经济发展效率、通过科技资源高级化配置促进经济发展动能转变三个方面，从微观企业、中观行业、宏观区域共计9个现实发展案例的总结分析，我们可以清晰地发现"互联网+"作为新兴的信息技术，通过对经济体发展生产链、产业链、创新链的改造，将有效提升科技创新效率，进而提升经济发展内在质量。具体的现实路径可以总结为以下三个方面：(1)“互联网+”→数字化平台构建→科技资源的集成化管理→科技资源配置模式变革→科技资源合理化配置→产业发展创新能力提高→产品输出与服务模式变革→产业经济内在结构优化。(2)“互联网+”技术应用→集成应用平台构建→科技资源信息搜寻成本降低→信息匹配广度提高、精度提升→强化科技资源创新转化效率→产业新技术、新模式的应用→产业发展效率提升。(3)“互联网+”技术应用→改造传统科技创新要素→各类科技创新资源有效集聚→创新资源优化与高效运行→产业创新能力提升→发展动能实现转换→产业发展提质增效。这与前述关于“互联网+”作用于科技资源配置进而促进经济高质量发展的理论路径趋于一致，为探究其作用最优路径提供了有力支撑。

8 “互联网+”背景下我国科技资源配置推动经济高质量发展的对策建议

通过前述分析，可知我国科技资源配置仍然存在亟待解决的问题，本节从科技资源配置的合理化、高效化、高级化角度出发，总结得出以下三个问题。

第一，科技资源分布不均，资源配置区域不平衡，科技资源配置系统和经济结构系统的耦合协调度区域差距大。虽然近些年国家相关科技创新战略政策等推动了东北地区和西部地区对科技创新的投入，但是由于经济发展、地理位置等因素制约，科技资源配置水平与东部地区仍有明显差距，存在较大提升空间。东部地区由于经济基础较好，政策环境宽松，科技资源聚集度高，科技资源配置和经济结构两大系统的耦合协调度高。相比之下，中西部地区经济基础较薄弱，政策创新性不足，科技资源配置模式较为低效，科技资源配置与经济结构存在不同程度的失调。

第二，科技资源配置低效，互联网技术、科研经费等科技资源未发挥出对经济增长最大的促进效应，科技成果转化率低。互联网技术对经济发展各方面的赋能潜力未得到充分应用，技术创新转化成果不足。我国科研经费在不断增加，2019 年全国共投入研究与试验发展（R&D）经费 22143.6 亿元，比上年增长 12.5%，而巨大的科研经费投入却对经济增长未产生显著影响，科研经费配置体制、模式等与当前经济发展匹配度较低，表明深化科研经费体制改革任重道远。科技人才质量有待提高，人才有效供给不足，科技人才市场供需不平衡。

第三，科技资源配置处于低端状态，科技资源配置过剩问题普遍，各个地区的科技资源均存在一定程度的错配现象，存在显著的路径依赖。我国科技资源配置的高级化程度不够，制度创新活力不足，制约了创新发展，各地区科技人力资源、科技财力资源均存在不同程度的配置过剩，其中西部地区和东北地区的配置过剩问题相对严重。同时，过去存在的资源配置结构会对后一期的科技资源配置结构产生影响，使地区科技资源配置存在明显的路径依赖。

“互联网+”的应用能有效矫正科技资源错配，从而推动经济高质量发展。具体而言，“互联网+”作为催化剂，通过改造传统科技要素，加强对科技资源的集成化管理，增强科技资源的流动性，变革科技资源的配置模式，强化科技资源的创新转化效率等，促进科技资源的合理化、高效化、高级化配置。伴随着“互联网+”的深入应用，本节在总结目前科技资源配置存在的问题的基础上，预判“互联网+”背景下科技资源配置形式。

第一，“互联网+”应用广泛性增强，将扩大“数字”配置的覆盖面，提高科技资源流动性，促进科技资源的合理配置。各地通过构建相关资源共享平台等，打破科技资源流通的时空界限，有效解决政府间、机构间、行业间科技资源配置信息壁垒问题，实现科技资源信息的精准对接，提升科技资源的共享性，同时也促使科技资源向有效需求方流动。

第二，“互联网+”的跨界融合性进一步释放，将提升科技资源的质量，增加科技资源的“互联网”含量，促进科技资源的高效配置。一方面，“互联网+”教育、“互联网+”传统技术等，能提高如人才等传统科技资源的供给质量，夯实科技资源高效化配置的基础。另一方面，互联网技术的进步，能在与产业融合等基础上优化机构、企业等资源配置结构，促进机构、企业等在适合自身发展的基础上选择资源配置的最优结构，以促进创新能力的增强，推动科技成果应用落地。

第三，“互联网+”下的开放生态逐渐形成，将降低科技资源的错配度，重塑资源配置结构，促进科技资源的高级配置。“互联网+”打破原有配置结构，从以低端劳动力等传统要素资源配置为主驱动经济发展转变为以数据等高级要素资源配置为主驱动经济发展，以高级要素资源配置强化创新驱动，促进经济增长动力的升级转换。

针对上述问题及对“互联网+”背景下科技资源配置形式的预判，本章节将从“互联网+”背景下科技资源的合理化配置促进经济结构优化、高效化配置促进经济增长效率提升以及高级化配置促进经济增长动力转换三个方面分别展开，提出相应的政策建议。

8.1 "互联网+"背景下科技资源合理化配置优化经济结构的建议

科技资源区域配置不平衡、科技资源配置结构与经济结构不相适应等直接影响到经济的高质量发展。本小节以优化经济结构为方向，从三个方面提出在"互联网+"背景下，通过推动科技资源的合理化配置以优化经济结构的建议。

8.1.1 扩大科技资源流动范围，优化科技资源空间配置

(1) 在区域科技资源配置范围上做"加法"，促进资源溢出效应最大化。一是加强省际间政府交流合作，以凝聚政策共识推进区域科技资源互联互通互融。通过鼓励地方政府定期举办区域科技创新合作交流会，加强省际间科技资源对接。如地方政府间举办的泛珠三角区域科协和科技团体合作联席会议，致力于科技资源创新交流各方面的合作，为促进泛珠三角区域经济高质量发展贡献不容小觑的力量。二是统筹区域科技资源，扩大发达省份资源共享范围。以"优"聚"优"，发挥区域内各省份资源的不同优势，借助互联网技术搭建区域科技资源云服务平台，聚集不同优势资源，降低科技资源搜寻成本，构建区域科技创新共同体，推动产业发展质量的提升。如江浙沪皖三省一市建设的"长三角科技资源共享服务平台"，为科技资源越出区域"高墙"搭建"云梯"，使不少区域内企业如科越医药（苏州）有限公司尝到甜头，不仅降低了区域科技创新成本，进一步优化资源配置，而且激发了企业的活力。三是综合地理位置格局、科技资源现状、产业发展优势等因素，建设省级科创走廊，汇聚全省科技优势资源，通过线上平台打造辐射全省的科技创新高地，优化省域内科技资源配置，增强域内科技资源溢出辐射效应。如杭州城西科创大走廊聚集高端人

才，汇聚高级科技创新要素，聚焦数字经济，发展高科技产业，不仅促进区域内经济的高质量高速度发展，而且通过溢出效应带动了周围市域的产业发展。

（2）推进科技资源“上山下乡”，推动城乡科技资源结构升级。一是政府要提高对科技进农村的重视度，强化顶层设计。地方政府要针对当地农村产业发展的薄弱环节，制定相应发展战略，“拔草迎客”，引入科技资源，尤其是互联网技术进乡村。如浙江省实施“两进两回”行动，以加速资源要素流向农村，推动农村农业高质量发展①。二是要加快建立以农村企业为主体的“产学研”联动机制和平台，培育并壮大地方特色农业产业。围绕农村产业革命科技创新需求，建立以科研院校机构为基础、以企业为主体的关键共性技术研发凝练体系和成果转化应用体系，鼓励科研机构通过合作开发、以技入股等方式促进农业科技成果落地生花，提升农业产业价值。三是出台对支持科技资源“上山下乡”的政策，如对下乡入农村企业的科技给予资金减免税费支持，对科技人才下乡给予生活和工作上的社会保障支持，对下乡的电商企业等给予土地政策支持等。

（3）促进科技资源在产业内合理流通配置，优化产业链布局。一是明确区域内优势产业，确定产业优先发展领域，扬长补短，以政策导向推动科技资源向优势领域、重点平台流动。如海南省明确要推动科技资源向旅游业、现代服务业、高新技术产业“三大领域”，以及国家南繁科研育种基地、国家热带农业科学中心、全球动植物种质资源引进中转基地、国家深海基地南方中心、航天领域重大科技创新基地“五大平台”聚集，以促使科技资源的合理化配置并发挥其最大作用②。二是打通产业链的上下游，应用工业互联网平台等促使科技资源合理流通配置，使创新企业抱团取暖，形成并发挥集聚效应。三是调整创新型人才结构，围绕重点、优势、新兴产业实施人才创新工程，加强对高技术、新兴产业技术人才的培养，打造一支梯度合理、素质优良的人才队伍。如江西省围绕全省“2+6+N”

① 资料来源：浙江省人民政府网站发布的《〈浙江省人民政府办公厅关于实施“两进两回”行动的意见〉政策解读》（网址：http：//www.zj.gov.cn/art/2019/12/9/art_1229019366_65208.html）。

② 资料来源：海南省人民政府网站发布的《全省科技工作会议召开——推动科技资源向三大领域五大平台聚集》（网址：http：//www.hainan.gov.cn/hainan/ldhd/201902/a397dca6dad9497e8dddc46426200ecd.shtml）。

产业，实施金蓝领提升行动，提升人才技能，打造一支人才"赣军"[①]。

8.1.2 深化科技资源配置模式，提升经济结构内在层次

（1）强化科技资源配置体制机制建设，提高资源配置机制的适配性。一是根据地区经济发展状况，差异化建立健全资源配置机制，杜绝照搬机制行为。在权威机构、认识充分考察地理环境、厘清传统资源要素状况的基础上，分区域制定实行不同资源配置制度。二是聚焦发展重点，以重大目标任务、重大政策落地、重要创新领域为关注点，进一步聚焦聚力，引导科技资源流动方向，合理配置科技创新资源。三是利用具有高柔性、敏捷性等特点的互联网信息技术，主动解决科技资源配置信息不对称、不流通的问题，并针对各地区经济发展特点对区域内各类科技资源、传统资源进行战略重组和系统优化，通过资源合理化配置，保证科技资源的配置与区域经济发展相匹配，进而以科技资源合理配置提升经济结构。

（2）提高信息产业投资水平，以互联网发展提升科技资源配置水平。通过仿真模拟结果显示，我国科技资源配置水平的提高主要依赖于固定资产投资，同时也依赖于均衡的信息服务业投资和固定资产投资的比例。因此，应合理加大对信息产业的投资。一是增加投资渠道，变只依靠政府直接资金拨款的单一渠道为多方投资渠道，如通过定期组建产业推介会寻求社会投资机构的资金支持，与此同时，要遵循"决策科学、管理规范、透明公开"的原则，务必做到与当前经济社会发展水平相适应。二是相关投资部门在对重大项目的投资决策中要以公众参与、风险评估、专家评议为基础，做出批准与否的决定。三是增加固定资产投资的同时要注意将其规模控制在合理的范围内，逐步加大固定资产投资力度，明确投资重点，根据科技资源配置与经济结构现状，有针对、有目的、分阶段地实施相关政策，优化投资结构。

（3）推进资源合理化配置与经济结构优化协同发展，提高两者的耦合协调度。支持性的政策文件、健全的法律文件以及良好的文化环境等都会

① 资料来源：江西省人民政府官网发布的《江西省人民政府办公厅关于加快技工教育发展加强技能人才队伍建设的若干意见》（网址：http：//www.jiangxi.gov.cn/art/2020/7/3/art_5115_2485024.html）。

对科技资源配置系统与经济结构子系统的耦合产生重要影响。一是充分发挥政府的科技宏观导向和激励作用，健全科技管理安全体系，突出科技资源配置重点，整合科技计划体系，灵活运用如财政等各项政策工具，完善对各方的政策保障。二是理顺政府与市场的关系，明确市场在科技资源配置中的主体地位，综合利用协调好市场“无形的手”与政府“有形的手”，坚持“两只手都要壮实”，利用两只手提高科技资源的配置合理度，在充分释放发挥市场的决定性作用的同时强化政府的服务功能。在对科技资源现状进行系统调查的基础上对科技资源合理化配置进行整体研究，通过合理配置激发科技资源市场化能效，再经市场作用到经济结构调整，同时，科技资源配置系统也能根据经济结构的变化方向做出调整，两者共同进步优化。

8.1.3 以新经济反促科技资源配置，驱动科技资源配置结构升级

（1）大力发展新消费模式，吸引科技资源向服务新经济发展倾斜。一是积极推进“智慧零售”生活服务平台，开启消费服务升级空间，助推消费市场提质扩容，在此基础上主动引导消费者线上消费习惯的养成，从而提高消费能力，激发消费者强大需求释放国内消费市场蕴含的巨大潜力，以消费需求方向促进科技资源的合理配置。二是加速推动零售、餐饮、出行、家政等行业智慧升级，利用人工智能、大数据等先进技术对消费者行为进行识别和捕捉，进而实现企业生产实时匹配消费者需求，提供更多满足消费者需求的个性化产品、服务，逐渐推进新服务成为刚性需求。三是高度重视服务线上化，将线上线下深度融合，各类资源集中调度、灵活配置，打造集成生鲜电商、日用商超、在线娱乐等多种服务的平台，上线“即时配”“同城配”等服务基因，推进新服务的创新发展，促进服务业的转型升级，逐步迈向“新服务经济时代”。

（2）对消费供需端齐发力，以互联网技术优化资源匹配。数字技术成为信息化时代服务业的新动能，带来了服务方式、服务范围、服务支付等领域的创新和改变。因此，一是对消费者的消费习惯进行数字化转换，通过推广扫码支付等方式促使消费者形成线上消费、线上体验、线上支付等方式的习惯。二是对供给端整个链路线条进行数字化、在线化和智能化改

造。从店面数字化整改，到各类资源智能化调配，到物流智慧化配送，再到"到店服务"智能化排队，均利用大数字技术打通全价值链在供给端进行采集、传输、应用，使整个服务过程精准、高效，从而实现供需精准对接、均衡服务资源配置的目的。例如中科创达的"智客"系统，"智客"将前端采集、边缘计算、后台管理、店员客户、智能配送等各个端点融合，提供VIP识别、客情分析、远程巡店、智能指导、非接触"安全送"等功能，帮助企业实现全链条可视化、全流程可监管、全区域可调度。

（3）加大数据共享开放力度，以公共资源数字化提升资源配置结构能级。在互联网背景下，一是要制定数据共享开放程度的统一标准制度，确定社会服务公共数据开放清单，落实好各相关部门的具体职责，建立并完善"政－政"数据共享交换平台。比如深圳建立政府数据开放平台，对道路交通、城市建设、公共安全、经济建设等12个领域免费开放政府数据资源。二是在保障隐私安全的前提下，推进医疗、交通、旅游等领域的数据资源的开放，即要平衡好数据保密和数据共享开放的关系。三是在数据资源基础上，充分应用5G、NB－IOT等互联网技术，不断开发在线教育、远程医疗、智慧养老等网络化服务和智能化应用，来加快社会服务在线对接，线上线下的深度融合，逐渐实现社会服务资源数字化。

8.2 "互联网+"背景下科技资源高效化配置提升经济增长效率的建议

我国经济进入新常态后，经济高质量发展理念要求科技资源配置更加高效。而科技资源是否达到高效配置直接影响经济增长效率。本小节以提升经济增长效率为出发点，从三个方面提出"互联网+"背景下通过科技资源高效化配置提升经济增长效率的建议。

8.2.1 推进互联网技术发展以重塑科技资源面貌，提升经济发展质量

（1）加强对互联网新技术的研发与试验，创新科技要素。一是政府要

充分发挥对互联网新技术开发的引导作用，从战略发展层面推进互联网技术的开发与应用。立足我国科技发展实际，聚焦经济社会发展需求，在做好顶层设计的同时，统筹协调资源加强对短板、瓶颈技术的突破，增加对科研人员的各类支持，鼓励其愿啃“硬骨头”，敢啃“硬骨头”，勇对技术高峰发起挑战，增加对核心技术的自主可控性，以技术创新突破优化科技资源组合；在已有技术验证能力上融入数字孪生、深度学习等新型技术，尤其是要加快对数字孪生的开发与应用，组建一支核心攻关团队通过与新一代数字信息技术的融合，研发突破数字孪生背后的建模和仿真技术，优化数字孪生解决方案供给，发掘数字孪生的潜在商业价值。二是释放BATH等领头羊企业在互联网前沿技术上的创新活力，给予其更为宽松的技术创新环境，发挥5G承载网络、区块链、边缘计算、时间敏感网络（TSN）等信息技术的吸引力，通过“磁吸效应”促进科技资源聚集与重组。三是促进地区间协同创新，通过优势互补加快对前沿技术的探索创新，将“数字长三角”作为样板，各区域地区以促进区域经济高质量发展为目标，通过区域合作方式取长补短，培育创新要素，为资源配置流通提供更高站位。

（2）协同推进互联网新型基础设施建设，引导科技资源重组配置。一是要深化投融资机制改革，积极探索形成多元化融资模式，引入科技财力新资源。一方面，政府在加快出台配套措施，对新基建给予有针对性的财政、金融和产业政策支持的同时，要调动民间投资的积极性，进一步开放民间市场准入，降低民营企业参与基建投资的各类门槛；另一方面，规范完善政府和社会资本合作融资模式，提高项目的公共服务供给质量和效率，吸引风险投资、产业基金等资本参与项目建设。二是要明确新基建与旧基建的区别与联系，以新基建助推旧基建焕发“新生机”。一方面，构筑新一代数字基础设施网络，联通数据孤岛，以数据相通反哺科技资源配置优化，不断提高互联网普及程度，推动互联网成为每个地区、每类部门、每家企业的“标配”，加强民间科技资源的流动重聚；引导企业加大在基础领域的布局，助力企业真正成为新基建中的弄潮儿，同时鼓励企业与地方政府、行业部门合作，建设并推进示范应用，如中国电科与地方政府联合在上海嘉定区开展试点，大力推进“物联、数联、智联”三位一体的新型城域物联专网建设①。另一方面，通过新基建推进互联网新技术在旧基建的应用，提升传统动力，促进旧基建向"智能+""数字+"方向升级，如综合应用大数据、物联网等技术对公路交通运输赋能，加快打造城市智能交通网络等。三是对区域创新能力进行准确判断，对市场需求、发展态势及发展环境进行分析和预测，以"抓重大、抓尖端、抓基本"为原则，利用互联网新技术引导科技资源向边际效益更高的方向流动，对科技资源进行再组织规划、配置及利用，最终实现科技资源配置优化，进而提升动力转换速度。

(3) 搭建科技资源"场景应用"平台，促进科技资源虚拟集聚与融合。一是将互联网作为探测仪探测市场需求，逐渐强化市场在科技资源配置中的决定性作用。针对内需急需改善的情况，大力推广应用大数据技术了解市场对科技资源的供需情况，进行精准化定制，实现供需双方的最佳匹配，充分挖掘市场潜在有效需求，通过空间资源的布局主动引导资源合理流动。二是成立平台建设小组，充分利用5G、物联网、区块链、人工智能等现代高新技术，将供需信息、制造资源、创新资源汇聚到平台，对现有技术合同数据进行深度学习，对面向的物理对象进行数字镜像，搭建以科技资源组合、应用为主线的具有公益性、基础性、战略性的科技基础平台，并对整个生产运营过程进行实时监控分析，充分发挥"认识规律、问题诊断、未来推演、方案研制"的功能。三是提供面向现场的生产应用场景云服务，有效采集、汇聚设备运行数据、工艺参数、质检数据、物料数据等现场生产数据，通过关联分析、规划组合、模拟现场来发现不同运营场景的更为高效的资源组合范式，对资源进行重组，帮助企业科技资源实现最优"五链协同"组合。

8.2.2 提高科研经费配置效率，巩固经济提效的支撑力

(1) 深化科研经费配置模式改革，增强科研经费使用的高效性，做到

① 资料来源：中国科技网发布的《中国电科加快推进"新基建"》(网址：http://www.stdaily.com/index/kejixinwen/2020-03/22/content_905804.shtml)。

三个“立足”。一是立足于“包干制”试点现状，不盲目推进科研经费使用“包干制”试点范围，应当在全面考虑不同科研项目特点、项目经费监管难易程度的基础上审慎推进。二是立足于科研项目结果导向，强化对科研项目结果的综合评价，对科研的创新结果进行重点考核，防止出现“新瓶装旧酒式”的假创新。三是立足于互联网技术应用，完善科研经费管理系统，建立科研数字化网络平台，将科研经费被动式管理转变为主动式管理，提高科研经费使用管理效率。

（2）强化科研经费“高赋能”作用，增强科研经费使用的针对性。一是坚持科研是服务于国家社会需要，是服务于人类社会发展需要的作用导向，科研管理部门要瞄准国民经济和社会发展各领域的重大、核心需要，聚焦重点，增加定向重大项目，提高科研定向项目的科研经费资助，直接将重要项目委托给实力雄厚、信用良好的科研单位，有的放矢，让其将更多的精力投入科研中。二是要建立健全基础科学投入体系，提高基础研究占全国研发经费投入的比重，积极鼓励各省政府以广东省组建省基础与应用基础研究基金管理委员会为样板，建立具有自身特色的研究基金管理委员会。三是要适当提高专家学者的科研启动费，减少对基本科研经费的各类检查，进行并深化科研经费管理“放管服”改革，排除对科研人员的杂事干扰（如报账），为科研人员简除烦苛，为科研人员营造一个相对宽松的科研环境，促进科研人员潜心做科学研究。

（3）破除科研经费使用的“中梗阻”，增强科研经费使用的规范性。破除“中梗阻”，需要从科研管理部门与科研经费使用主体两端着手，重点在于体制机制的建立与完善。一是要对科研经费管理部门进行改革、监督，建立行为规范、信息透明的科技事业单位，避免其在科技项目审核、管理中出现行政化问题；强化对科技项目管理机构的监督，定期对机构进行评估与审核，坚决查处其中的寻租、腐败行为。二是加强对科研主体的信用监督，建立科研人员信用档案，对科研人员的信用进行长效监督，对严重违背科研诚信要求的责任者实行“一票否决”，将在项目进行中出现“科研经费腐败”问题的科研人员列入科研诚信黑名单，禁止其申报任何科研课题及项目。三是建立并完善科研项目信息公开制度，充分利用各类网络信息平台，将科研经费的使用全过程放在“阳光”下，进行智慧监管，让科研监督成为提升科研质量和效益的“助推器”。

8.2.3 提升人力资本质量，最大限度发挥人力资本效用

（1）紧抓“互联网+”教育学习形式，提升人才专业素养。互联网与教育的深度融合，对培养人才起到重要作用。一是利用现代互联网技术，构建新的教育生态和服务模式，推进云端教育，加快对知识型、创新型、复合型人才培养模式的改革，通过跨界融合创新精准培养每一位人才。二是完善互联网学习平台建设，加强对学习人员的考核奖惩机制建设。三是提高公共开放型教育资源质量，将人力物力财力资源向高质量网上课堂倾斜。

（2）以“用”为本，将人才资源开发提质放在科技创新最优先位置。一是继续坚持实施“人才强国”战略，推进建立集创新、技能人才“二元支撑”的培养体系，加速提高科技人才的“造血”能力。二是逐步推进产教融合、校企联动方案，优化整合培训资源，完善各高校学科建设体系，培养社会急需的科技创新人才。三是坚持“育人”和“用人”相结合，以用为本，坚持育人为产业创新发展、为社会发展服务，精心培育一大批能“用”的人，潜心用好各类人才，以最宽容的环境、最大的政策支持、最用心的关怀帮助心怀创业梦想的科技人员，锻造一支创新型科技人才队伍。四是注意在培育用人中取消“帽子式”的人才设计与工程，杜绝人才“标签化”，逐步实现将 留用配套资源从引入环节调整达到使用评价环节，切实引导用人单位根据自身发展和战略需要自主引进使用所需人才，真正建造“事业引才、产业有才、政策留才”的良好人才发展环境。

（3）以项目产业发展为导向，推进人力资源流动机制建设。一是以加强地区重点发展产业为目标，合理推进人才“回流”与“引进”并行，一方面，加强华人科技精英人才“回流”，积极开发吸引海归回国政策，另一方面，通过政策吸引等方式引进海外的高层次人才，吸引人才参与到中国的自主创新中，实现对国外科技人才的引进“顺差”。二是根据科研劳动的特点以及人力资源流动的需要，建立按照学科专业组成的研究室以及具体项目任务的具有柔性性质的“双重结构”的科研机构，来推动人力资源流动机制的建设。同时，营造公平的就业环境，依法纠正身份、性别等

的就业歧视问题，对于就业困难者加强就业援助，进行优先扶持和重点帮助，从而将优质人才汇集，统一调配科研力量，引导科技人力资源有序流动与充分交换，形成相对优化的结构配置。三是鼓励地方建立入库科技服务机构互认机制，打通政策壁垒，促进人才等科技资源的共享，合力突破一批关键共享技术。如长江中游城市群实行四省会城市入库科技服务机构互认机制，同等享受当地“科创券”政策。四是细化人才引进相关政策，以完善的落户配套措施、良好的工作（创业）环境吸引人才，以无微不至的关怀留住人才。例如成都市细化了从大学生创业到吸引海外高级人才的人才引进政策，使得每年北上广深大量的人才西流，成为推动成都创新创业的重要力量。

8.3 “互联网+”背景下科技资源高级化配置促进经济增长动力转换的建议

在现实经济发展中，资源错配是阻碍经济高质量发展的深层次原因。经济高质量发展要求必须实现发展动力的新旧转换，由此需要通过对科技资源的高级化配置驱动经济增长动力的转换。本小节以促进经济增长动力转换为目标导向，从三个方面提出“互联网+”背景下科技资源高级化配置促进经济增长动力转换的建议。

8.3.1 以培育互联网下的新业态增强科技资源共享性，强化经济发展新动能

（1）以信息技术搭建资源共享桥梁，助推数字产业发展。一是巩固发展关键基础信息产业，大力支持基于集成电路、基础软件等信息技术制造业的发展，积极推进芯片产业化发展，加快信息产品的开发与应用；壮大一批核心引领产业，紧扣数据采集、加工、清洗等技术服务，依靠区块链、云计算等信息技术创新驱动，抢占第四次工业革命制高点；布局前沿新兴技术产业，推进如新一代人工智能、类脑芯片等领域的产业布局。二是依靠数字技术，创新科技资源共享服务模式，增强数字产业服务能力，做到“三个加

快"：加快大数据技术在扩大共享服务范围应用，充分释放应用场景，通过统筹规划数据资源，加速推进科技资源共享，以高度共享保证最大范围的科技资源集聚，使资源为社会所用；加快区块链技术在提升服务效率方面应用，通过发展应用区块链技术，提高科技资源平台信息量，减少人工操作，降低信息、沟通成本；加快人工智能技术在提高服务质量方面的应用，通过人工智能重塑科技资源服务共享业，推进人工智能云服务。三是推进数据平台建设，以地方大数据中心建设推动全国一体化大数据中心建设，通过加快区域大数据中心建立，形成区域联动，再以区域联动推动全国联动，积极探索优化数据要素资源配置、促进数字产业集聚发展的路径。

（2）以信息融合创新资源共享，推进产业数字化转型。一是深耕工业互联网，构建工业互联网平台体系，以制度创新、技术创新、要素创新加快推动互联网、物联网、大数据、云计算等和实体经济的深度融合，将制造业数字化转型作为产业数字化转型的突破口，推进工业软件业与先进制造业深度融合，实施产业链协同创新工程。例如作为纺织化纤行业的龙头企业之一的新凤鸣集团，通过互联网技术已基本建成了"基础设施云、生产制造云、经营管理云、决策支持云"于一体的凤平台。在互联网新技术的"加持"下，新凤鸣集团的产能提高迅速，2019年产能同比提升近三成。二是加快形成新的生产、制造、管理模式，促进产业"触网"升级。加强数字孪生、边缘计算、工业智能等新技术对传统行业的全方位、全视角、全链条式应用改造，降低企业数字化门槛，加快企业"触网"速度，深入推进"上云用数赋智"改造，以平台赋能为重点，建设成统一的企业信息化管理平台，使企业在日常生产过程中能提升生产全过程感知、分析、决策能力，进而合理调配人、财、物等资源，并能敏捷、快速地对生产链的变动做出反应，实现整个链条的数据驱动、智能驱动。例如厦门市政府与华为、中软国际等成立了"华为厦门 Dev Cloud"创新中心，建立了数智企业领袖服务平台，助力厦门产业数字化转型升级。三是着力推动企业抱团联动转型，一方面，直击中小型企业转型的"痛点"，改变其"单枪匹马"难转型的局面，利用互联网新技术新应用构建高度开放的供应链、创新链等，通过大企业发展带动小企业转型，以"先转"带"后转"，重点制定政策鼓励建立各类平台为中小企业转型升级"插上羽翼"，助力其走出转型困局；另一方面，以政策支持促进不同行业间企业的跨界合作，尤其是推进不同行业的龙头企业合作，打造跨界合作样板案例，加速不同要素的跨界流动融合。例如茅台集团与浪潮集团开展全方位、多层次合作，双方将共同推进茅台云平台建设，构筑信息堡垒、保障数据安全，为“智慧茅台”建设搭建先进的基础信息底座；打造大数据服务平台，为“智慧茅台”建设提供大数据技术及应用能力支撑，并通过对数据资源的有效治理，提升数据资产化管理水平和智慧化服务能力①。四是立足当地特色产业，推动新基建与智慧旅游、智慧制造等方面的融合应用，如江西大力推进红色移动VR试点示范应用，通过5G、VR等技术推动全省旅游产业高质量跨越式发展。

（3）以数字治理保障资源共享，护航经济发展新动能。一是推进数字政府建设，利用互联网技术构建云端新型政府，以数字化驱动办事流程优化，逐渐强化政府在科技资源配置中的服务型功能，提升数字服务能级。如江西省政府依托“支付宝+政务服务”，开发建设的一款手机软件“赣服通”，以其便捷高效性跑出了“江西速度”，加强了政府的服务功能。科技管理部门可充分利用互联网技术开发设立资源公共服务平台，并在平台上成立科技创新咨询委员会，通过政府购买服务等方式，引导各高端智库等咨询机构入驻平台以提供科技创新决策咨询。二是强化数字技术的支撑作用，利用5G、大数据等技术，动态实时监测各地区产业创新能力、中小企业发展、减税降费政策兑现、区域经济风险防控等信息，精准导航区域经济发展。三是推动政府数据开放和共享利用。健立并完善政务信息资源整合共享的顶层体系架构，制定相应的数据共享标准规范，保障数据共享交换和业务协同；注重上下开放的数据动态更新、真实可靠、多源一致，推动一批关注度高、影响面大的重点领域政府数据向社会开放。四是积极参与有关数字经济的国际规则和标准制定，服务一批竞争力强、品牌影响力大的数字企业“走出去”。

8.3.2 汇聚高级科技资源提升企业创新力，推动区域经济发展焕发新活力

（1）以互联网技术聚集高级科技资源，突出企业技术创新主体地位。

① 资料来源：贵州茅台酒股份有限公司官网发布的《茅台集团与浪潮集团签署战略合作协议》（网址：https：//www. moutaichina. com/maotaigf/xwzx2/gsxw14/485099/index. html）。

将企业技术创新作为融合剂，融合科技与经济的"两张皮"。一是政府要以"绣花功夫"大力支持中小企业的技术创新发展，加大对制度等"软环境"的创新，健全激励企业创新机制，疏通要素阻塞，以"政府+企业"顶格推进各项政策制度落实，如湖南省怀化市全力推进的中心企业技术创新"破零倍增"行动，不断强化中小企业技术创新主体地位，促进创新资源向中小企业聚集。二是企业要抓住互联网带来的发展机遇，"因企制宜"加快自身在数字化浪潮中的转变，并利用信息技术整合自身科技资源并应用于企业购买、生产、销售各个环节，在成为"专精特新"企业的同时提高生产效率。

（2）提升互联网企业集聚吸引力，吸引高级科技资源汇聚。一是大力支持以大学生等为代表的"新四军"年轻科技创业者创业发展，给予税收、补贴等政策帮扶，建立专项基金平台，积极引导社会资本对初创科技企业进行投资，加快培育一批细分领域的"瞪羚企业"和"隐形冠军"。二是加速创新资源集聚，打造高端产业集群，推进"瞪羚企业"等高科技、高成长企业培育计划和引进策略，同时，加强知识产权保护，鼓励企业主动申请 PCT 专利，出台信用贷款、贴息贴保等相关政府政策倾斜和扶持奖励，在企业技术创新研发、平台建设、上市培育等方面给予相应支持。三是加强对瞪羚、独角兽企业的研究与跟踪，建立相应的跟踪监测和综合评价体系，及时对评价结果进行公示和宣传，进而营造"瞪羚、独角兽企业"培育工作的浓厚氛围。

（3）发挥多方主体能动性，强化企业创新力促进科技成果落地。一是搭建部属高校、直属单位与企业开展协同创新平台，强化创新链上各部门科技转化意识，避免无价值、低效能成果出现，做到从源头上提高科技成果的转化效率。二是激发成果转化链条的每一个节点主体应有的作用，特别是政府要发挥应有的牵线搭桥、筑巢引凤的职责，将生产、学习、科学研究以及实践运用进行系统合作，做到"政用产学研"深度融合，同时也要不断深化国际合作，加强与国外相关研究机构的交流和经验分享。三是建立技术创新商业化对接平台，在技术研发与技术转化协同共进的顶层设计下，围绕产业链关键环节，完善以企业为中心、应用为目标导向、政产学研用相结合的产业创新体系，逐步突破关键核心技术，完成技术成果的验证、中试和熟化，最终将科研技术转化为生产力。四是在技术成果转化的基础上做到技术创新的上、中、下游及创新环境与最终用户的对接和耦合，实现数据与创新链的接合，以构建起一个高效、持续创新涌现的产业生态格局。

8.3.3 以制度创新破除科技资源流动障碍，保障经济新旧动能转换

(1) 引“智”入“制”，促进信息技术在各产业内部的高效应用。一是按照“保障重点、兼顾一般”的原则筹划资金的分配，通过产业政策、税收政策、补贴政策等进行适配优化与帮扶，同时引导银行、风投、保险等科技金融服务来提高财政科技资源的帮扶流动效率。二是政府要遵循科技发展和市场经济规律，破除陈旧机制障碍，调整和完善不适合科技发展的现行法规和政策规定，制定出符合新兴技术发展的战略和举措，为科技创新发展提供良好政策环境。三是针对目前互联网科技发展行业的立法空白，要加快制定相关的专项法律法规，不断完善如知识产权保护、网络安全防护等相关规章和法律文件，采用“互联网+治理”的模式，在“定标准、强监管”的前提下，以“暖政”深化“放管服”改革，适当放宽行业准入条件，让更多的机构、企业释放科技创新活力。

(2) 建立健全科技资源共享流动体系，强化科技资源流通共享观念。一是转变科研人员对资源共享流动的观念问题。通过政策宣传等方式，将科研人员“不求所用，但求所有”的观念转变为“以流动开放创造互利共赢新局面”。二是建立有中国特色的科技资源共享体系，要充分利用我国发展互联网的“家底”优势，先在部分互联网发展先进省市试点建立数字科技图书馆，创新建立科技资源共享流动体系，运行无误取得成果后再根据各地实际情况做推广，最后建立起具有中国特色的科技资源共享流动体系。三是通过政策引领、利益调控等手段建成健全有效的科技资源共享流动体系，鼓励通过国家与地方合作、地方与地方合作方式联合推进资源开放流动，利用信息化手段减少资源重复，最大可能合理利用科技资源。

(3) 紧扣“互联网+知识流通”等定位，完善知识产权、技术专利保护制度。以知识产权运营、技术转移方式推进知识技术资源流通。一是引入电商模式助力技术、知识产权的流通。紧扣“互联网+知识流通”“互

联网+技术转移"定位，强化知识、技术对经济的服务功能，如江苏省开发建立技术产权交易市场线上平台V2.0，通过网上店铺等形式发挥高校、科研机构技术、知识等科技资源及成果的自主权。二是以政策支持为导向，以合作形式将研发机构、高校的知识转移到企业，将实力雄厚的龙头企业的知识技术转移到小企业，将发达地区的前沿技术转移应用到欠发达地区。三是保持政策制定的稳定性和政策实施的统一性，通过对不同企业差异化减免行政收费等行政服务和科技成果转让等科技服务为促进科技资源流动系好纽带。

参 考 文 献

[1] 索玮岚，陆桂昌，陈锐．高校科技资源配置效率测度研究——基于共享投入关联网络 DEA 模型［J］．科研管理，2015（11）：155-161.

[2] 黄海霞，张治河．基于 DEA 模型的我国战略性新兴产业科技资源配置效率研究［J］．中国软科学，2015（1）：150-159.

[3] 戴德宝，范体军，刘小涛．互联网技术发展与当前中国经济发展互动效能分析［J］．中国软科学，2016（8）：184-192.

[4] 郭家堂，骆品亮．互联网对中国全要素生产率有促进作用吗？［J］．管理世界，2016（10）：34-49.

[5] 杨继瑞，薛晓，汪锐．"互联网+"背景下消费模式转型的思考［J］．消费经济，2015（6）：3-7.

[6] 赵树梅，徐晓红．"新零售"的含义、模式及发展路径［J］．中国流通经济，2017（5）：12-22.

[7] 苏岚岚，孔荣．互联网金融市场参与促进农民网络购物决策了吗？——基于 3 省 1947 户农户调查数据的实证分析［J］．南京农业大学学报（社会科学版），2020，20（3）：158-168.

[8] 周应恒，杨宗之．互联网使用促进了农村居民消费吗？——基于江西省 739 个农户的调查［J］．经济地理，2021，41（10）：224-232.

[9] 周振．互联网技术背景下农产品供需匹配新模式的理论阐释与现实意义［J］．宏观经济研究，2019（6）：108-121.

[10] 王可，李连燕．"互联网+"中国制造业发展影响的实证研究［J］．数量经济技术经济研究，2018（6）：3-20.

[11] 孙岩，聂媛媛，暴榕淋，钟旭晁．"互联网+"战略转型对企业价值的影响研究——以九安医疗为例［J］．管理案例研究与评论，2017

(5): 42-52.

[12] Xiaochun Li, Dan Huang, "Research on Value Integration Mode of Agricultural E-Commerce Industry Chain Based on Internet of Things and Blockchain Technology", Wireless Communications and Mobile Computing, vol. 2020, Article ID 8889148, 11 pages, 2020. https://doi.org/10.1155/2020/8889148.

[13] 刘建徽，周志波．整体政府视阈下"互联网+税务"发展研究——基于发达国家电子税务局建设的比较分析［J］．宏观经济研究，2015（11）：14-21.

[14] 张锐昕，阎宇，谢微，李汝鹏．"互联网+"对政府治理的挑战［J］．电子政务，2016（3）：44-50.

[15] 郭淑芬，张晋楠．科技资源行业错配指数构建及实证分析——基于山西23个工业分行业数据［J］．南京工业大学学报（社会科学版），2020（1）：101-110，112.

[16] 李梅，毛维娜，童爱香．京津冀区域科技资源配置对比分析［J］．中国科技资源导刊，2020（1）：104-108.

[17] 杨传喜，王修梅，王亚萌．农业科技资源错配对全要素生产率影响——基于门槛效应的实证研究［J］．科技管理研究，2021（1）：120-126.

[18] Padilla-Melendez A, Aguila-Obra A R D. Web and social media usage by museums: Online value creation [J]. International Journal of Information Management, 2013 (5): 892-898.

[19] 卓乘风，邓峰．互联网发展如何助推中国制造业高水平"走出去"？——基于出口技术升级的视角［J］．产业经济研究，2019（6）：102-114.

[20] 陈怀超，张晶，马靖．产学研创新资源错配对省域创新效率的影响——基于要素扭曲测度模型与超效率SBM-DEA模型［J］．科技进步与对策，2021（10）：46-55.

[21] Nelson Edward. Front matter: Predicative arithmetic [J]. Predicative Arithmetic, 1986 (5): 1-4.

[22] Scholefield J H. The Allocation of R&D Resource [J]. R&D Management, 1994 (1): 91-97.

[23] 郭斌．京津冀都市圈科技协同创新的机制设计——基于日韩经

验的借鉴 [J]. 科学学与科学技术管理, 2016 (9): 37 -48.

[24] Sternberg R. Reasons for the genesis of high - tech regions——Theoretical explanation and empirical evidence [J]. Geoforum, 1996 (2): 205 -223.

[25] Leoncini, Riccardo. The Nature of Long - run Technological Change: Innovation, Evolution and Technological Systems [J]. Research Policy, 1998 (1): 75 -93.

[26] Seung - Hoon Yoo. Public R&D Expenditure and Private R&D Expenditure: a Causality Analysis [J]. Applied Economics Letters, 2004 (11): 711 -714.

[27] Joseph Peyrefitte, Jeff Brice Jr. Product Diversification and R&D Investment: An Empirical Analysis of Competing Hypotheses [J]. Organizational Analysis, 2004 (4): 379 -394.

[28] Yasuda, Takehiko. Firm Growth, Size, Age and Behavior in Japanese Manufacturing [J]. Small Business Economics, 2005 (1): 1 -15.

[29] MALECKI E J. Federal R&D spending in the United States of America: some impacts on metropolitan economies [J]. Regional Studies, 1982 (1): 19 -35.

[30] 范斐, 杜德斌, 李恒. 区域科技资源配置效率及比较优势分析 [J]. 科学学研究, 2012 (8): 1198 -1205.

[31] 刘贯春, 张晓云, 邓光耀. 要素重置、经济增长与区域非平衡发展 [J]. 数量经济技术经济研究, 2017 (7): 35 -56.

[32] 张治栋, 赵必武. 互联网产业集聚能否缓解地区资源错配——基于长三角41个城市的经验分析 [J]. 科技进步与对策, 2021 (13): 46 -54.

[33] 贾君枝, 陈瑞. 共享经济下科技资源共享模式优化 [J]. 情报理论与实践, 2018 (3): 6 -14.

[34] 施炳展. 互联网与国际贸易——基于双边双向网址链接数据的经验分析 [J]. 经济研究, 2016 (5): 172 -187.

[35] 李玥, 郭波波, 武川, 于立群. 区域科技资源共享平台集成服务能力结构维度研究 [J]. 科技进步与对策, 2022 (2): 20 -28.

[36] 李佳, 王宏起, 李玥, 孙亮. 大数据时代区域创新服务平台间科技资源共享行为的演化博弈研究 [J]. 情报科学, 2018 (1): 38 -44.

[37] 李长云，张悦．区域科技资源共享平台发展动力机制研究 [J]. 情报理论与实践，2018 (4)：33 –37.

[38] 杨培芳．新经济、新理论、新模式 [N]. 企业家日报，2017 –06 –23.

[39] 孙彦明，赵树宽，王泷，邵东，于黄河．协同创新视阈下科技资源共享机制研究 [J]. 科技管理研究，2017 (13)：1 –8.

[40] 何大安．互联网应用扩张与微观经济学基础——基于未来“数据与数据对话”的理论解说 [J]. 经济研究，2018 (8)：177 –192.

[41] 易宪容，陈颖颖，于伟．平台经济的实质及运作机制研究 [J]. 江苏社会科学，2020 (6)：70 –78，242.

[42] 胡鞍钢，熊义志．对中国科技实力的定量评估 (1980 –2004) [J]. 清华大学学报 (哲学社会科学版)，2008 (2)：104 –119，160.

[43] 钱明辉，李天明，韩爱桂，连漪．中国信息资源产业结构优化的政策取向：来自数字出版行业的分析 [J]. 中国人口·资源与环境，2017 (12)：207 –215.

[44] 熊励，王锟，许肇然．互联网支撑上海全球城市竞争生态优势提升研究——基于世界城市网络模型 [J]. 中国软科学，2018 (9)：76 –90.

[45] 顾海峰，杨立翔．互联网金融与银行风险承担：基于中国银行业的证据 [J]. 世界经济，2018 (10)：75 –100.

[46] Czernich N, Falck O, Kretschmer T, et al. Broadband Infrastructure and Economic Growth [J]. Economic Journal, 2011 (552): 505 –532.

[47] Changkyu Choi, Myung Hoon Yi. The effect of the Internet on economic growth: Evidence from cross –country panel data [J]. 2009 (1): 0 –41.

[48] Harris, R. The Internet as a GPT: Factor Market Implications [A]. Helpman, E. General Purpose Technologies and Economic Growth [C]. Cambridge: MIT Press, 1998.

[49] Allee V. Value network analysis and value conversion of tangible and intangibleassets [J]. Journal of intellectual capital, 2008, 9 (1): 5 –24.

[50] Richter H, Slowinski P R. The Data Sharing Economy: On the Emergence of New Intermediaries [J]. IIC International Review of Intellectual Property and Competition Law. 2019 (1): 4 –29.

[51] Teigland R, Holmberg H, Felländer A. The importance of trust in a digital europe: Reflections on the sharing economy and blockchains [M]. Trust in the European Union in Challenging Times. Palgrave Macmillan, Cham, 2019: 181-209.

[52] Wang J, Wang W, Ran Q, et al. Analysis of the mechanism of the impact of internet development on green economic growth: evidence from 269 prefecture cities in China [J]. Environmental Science and Pollution Research, 2021: 1-15.

[53] 刘生龙, 胡鞍钢. 基础设施的外部性在中国的检验: 1988-2007 [J]. 经济研究, 2010 (3): 4-15.

[54] 郑世林, 周黎安, 何维达. 电信基础设施与中国经济增长 [J]. 经济研究, 2014 (5): 77-90.

[55] 郑小碧. "+互联网""互联网+"与经济发展: 超边际一般均衡分析 [J]. 经济学动态, 2017 (6): 32-44.

[56] 田光宁, 王德. 互联网经济的金融创新分析 [J]. 宏观经济管理, 2014 (2): 58-59.

[57] 何勤, 程雅馨, 邹建刚. 互联网经济下灵活雇佣关系的治理创新 [J]. 中国人力资源开发, 2015 (24): 91-97.

[58] Li M, Du W. Can Internet development improve the energy efficiency of firms: Empirical evidence from China [J]. Energy, 2021, 237: 121590.

[59] Tiwana. A Platform Ecosystems, Aligning Architecture, Governance, and Strategy [M]. Waltham MA: Elsevier. 2013 (2): 198-219.

[60] Tholen D J. Tiger Technology: The Creation of A Semiconductor Industry in East Asia [J]. Technovation, 2002 (5): 333-334.

[61] Sato S, J Hawkins. Electronic Finance: An Overview of the Issues [J]. Bis Papers Chapters, 2001 (1): 1-12.

[62] Pisano P, M Pironti, and A Rieple. Identify Innovative Business Models: Can Innovative Business Models Enable Players to React to Ongoing Trends [J]. Journal of Entrepreneurship Research, 2015 (3): 181-199.

[63] Emiliano Sisinni, Abusayeed Saifullah, Song Han, et al. Industrial Internet of Things: Challenges, Opportunities, and Directions [J]. IEEE Trans-

actions on Industrial Informatics. 2018 (11): 4724 – 4734.

[64] 赵立昌. 互联网经济与我国产业转型升级 [J]. 当代经济管理. 2015 (12): 54 – 59.

[65] 王鹏, 郭彦晗, 李彦. 互联网发展对区域产业结构转型升级的影响——基于中介效应的研究 [J]. 工业技术经济, 2020 (10): 135 – 144.

[66] 辛晖. 基于电商平台的"互联网+"农业经济模式质疑与建议 [J]. 农业经济, 2017 (6): 131 – 132.

[67] 陈堂, 陈光. 数字化转型对产业结构升级的空间效应研究——基于静态和动态空间面板模型的实证分析 [J]. 经济与管理研究, 2021.

[68] Solow R M. Technical change and the aggregate production function [J]. The review of Economics and Statistics, 1957 (3): 312 – 320.

[69] Strassman J K. The Business Value of Computers [M]. New Canaan, CT: Economics Press, 1990.

[70] Brynjolfsson E, Hitt L. Paradox lost? Firm – level evidence on the returns to information systems spending [J]. Management science, 1996 (4): 541 – 558.

[71] Lin W T, Shao B B M. The business value of information technology and inputs substitution: The productivity paradox revisited [J]. Decision Support Systems, 2006 (2): 493 – 507.

[72] Oliner S D, Sichel D E, Stiroh K J. Explaining a Productive Decade [J]. Brookings Papers on Economic Activity, 2007 (4): 633 – 673.

[73] Jorgenson D W, Ho M S, Stiroh K J. A Retrospective Look at the US. Productivity Growth Resurgence [J]. Journal of Economic Perspectives, 2008 (1): 3 – 24.

[74] Dewan S, Kraemer K L. Information Technology and Productivity: Evidence from Country – Level Data [J]. Management Science, 2000 (4): 548 – 562.

[75] 郭家堂, 骆品亮. 互联网对中国全要素生产率有促进作用吗? [J]. 管理世界, 2016 (10): 34 – 49.

[76] Sari R L, Hasyim S, Nasution I G S, et al. The Effects of Social, Cultural, and Internet Access on Labor Productivity [J]. 2021.

[77] 程名望，张家平，李礼连．互联网发展、劳动力转移和劳动生产率提升［J］．世界经济文汇，2020，No.258（5）：1－17.

[78] Herrendorf B, Rogerson R, Valentinyi A. Growth and Structural Transformation [Z]. NBER Working Paper No. 18996, 2011.

[79] Simon Kuznets. Quantitative Aspects of the Economic Growth of Nations: II. Industrial Distribution of National Product and Labor Force [J]. Economic Development and Cultural Change, 1957 (5): 1-111.

[80] Chenery H B. Patterns of Industrial Growth [J]. American Economic Review, 1960 (4): 624-654.

[81] Dekle R, Vandenbroucke G. A Quantitative Analysis of China's Structural Transformation [J]. Journal of Economic Dynamics and Control, 2012 (1): 119-135.

[82] Kongsamut P, Rebelo S, Xie D. Beyond balanced growth [J]. The Review of Economic Studies, 2001 (4): 869-882.

[83] Comin D, Lashkari D, Mestieri M. Structural change with long-run income and price effects [J]. National Bureau of Economic Research Working Paper, 2015.

[84] Foellmi R, Zweimüller J. Structural change, Engel's consumption cycles and Kaldor's facts of economic growth [J]. Journal of monetary Economics, 2008 (7): 1317-1328.

[85] Buera F J, Kaboski J P, Shin Y. Finance and development: A tale of two sectors [J]. American economic review, 2011 (5): 1964-2002.

[86] Ngai L, Pissarides C. Structural Change in a Multi-sector Model of Growth [J]. American Economic Review, 2007 (1): 429-443.

[87] Acemoglu D, Guerrieri V. Capital deepening and non-balanced economic growth [J]. Journal of Political Economy, 2008 (3): 467-498.

[88] Alvarez-Cuadrado F, Van Long N, Poschke M. Capital-labor substitution, structural change, and growth [J]. Theoretical Economics, 2017 (3): 1229-1266.

[89] 张伯伟，任希丽，李可爱．信息技术是当前世界经济长期运行的基础创新技术吗？［J］．南开经济研究，2013（3）：3－20.

[90] 滕超,叶蜀君.互联网金融发展对我国金融结构的影响分析[J].深圳大学学报(人文社会科学版),2016(6):97-101.

[91] 徐伟呈,范爱军."互联网+"驱动下的中国产业结构优化升级[J].财经科学,2018(3):119-132.

[92] 叶初升,任兆柯.互联网的经济增长效应和结构调整效应——基于地级市面板数据的实证研究[J].南京社会科学,2018(4):18-29.

[93] 汤才坤."互联网+"对农村居民消费经济结构的影响分析[J].统计与决策,2018(21):117-119.

[94] 邓志英,黄毅,方威,熊曦.互联网技术发展对我国农业经济结构影响实证分析[J].南方农业学报,2021(5):1422-1428.

[95] 姜奇平."互联网+"与中国经济的未来形态[J].人民论坛·学术前沿,2015(10):52-63.

[96] 刘根荣.共享经济:传统经济模式的颠覆者[J].经济学家,2017(5):97-104.

[97] 张旭亮,史晋川,李仙德,张海霞.互联网对中国区域创新的作用机理与效应[J].经济地理,2017(12):129-137.

[98] 左鹏飞,姜奇平,陈静.互联网发展、城镇化与我国产业结构转型升级[J].数量经济技术经济研究,2020,37(7):71-91.

[99] 陈静,左鹏飞,袁新.互联网应用与产业结构优化——基于技术创新的中介效应和居民消费的调节效应[J].技术经济,2021(9):45-55.

[100] 徐伟呈,李欣鹏."互联网+"背景下中国产业结构转型升级研究——基于互联网技术进步对二三产业生产率贡献的视角[J].宏观质量研究,2018(3):59-73.

[101] 郭朝晖,靳小越."互联网+"行动驱动产业结构变迁的实证研究——基于2005-2014年长江经济带面板数据[J].产经评论,2017(4):14-24.

[102] 崔寅,孙钰.中国互联网基础设施与产业结构优化关系研究[J].科技进步与对策,2021(13):64-71.

[103] Townsend A M. The Internet and the Rise of the New Network Cities, 1969-1999 [J]. Environment and Planning B-Planning & Design, 2001 (1): 39-58.

[104] 何建佳，葛玉辉，张光远．信息化进程中的组织变革与IT治理［J］．商业研究，2006（17）：117－120.

[105] 李雪锋，丛威，徐东．互联网经济思维模式下能源企业体制机制创新研究［J］．石油科技论坛，2016（6）：11－15.

[106] 朱富强．深刻理解互联网经济：特征、瓶颈和困境［J］．福建论坛（人文社会科学版），2016（5）：22－30.

[107] 程立茹．互联网经济下企业价值网络创新研究［J］．中国工业经济，2013（9）：82－94.

[108] Clemons E K, Row M C. Information Technology and Industrial Cooperation: The Changing Economics of Coordination and Ownership [J]. Journal of Management Information Systems, 1992 (2): 9－28.

[109] Anderson J E, E V Wincoop. Trade Costs: Pricing－to－Market, and International Relative Prices [J]. American Economic Review, 2003 (3): 433－458.

[110] Fink A, Marr B, Siebe A, et al. The future scorecard: combining external and internal scenarios to create strategic foresight [J]. Management Decision, 2005 (3): 360－381.

[111] Meijers, Huub. Does the internet generate economic growth, international trade, orboth? [J]. International Economics and Economic Policy, 2014 (11): 137－163.

[112] Kafouros, M. The Impact of the Internet on R&D Efficiency: Theory and Evidence [J]. Technovation, 2006 (7): 827－835.

[113] Glavas C, S Mathews. How International Entrepreneurship Characteristics Influence Internet Capabilities for the International Business Processes of the Firm [J]. International Business Review, 2014 (1): 228－245.

[114] Cui T, H J Ye, H Teo, J Z Li. Information Technology and Open Innovation [J]. Information & Management, 2015 (3): 348－358.

[115] Lyytinen, K., Y. Yoo, R. J. Boland. Digital Product Innovation within Four Classes of Innovation Networks [J]. Information Systems Journal, 2016 (1): 47－75.

[116] Ying L, Liu X, Li M, et al. How does intelligent manufacturing

affects enterprise innovation? The mediating role of organisational learning [J]. Enterprise Information Systems, 2021 (6): 1-38.

[117] Bessarabov A M, Kulov N N, Kvasyuk A V. Systems Analysis of Innovation Resources in Industrial Chemical Science (1990-2010) [J]. Theoretical Foundations of Chemical Engineering, 2012 (6): 609-617.

[118] 牛方曲, 刘卫东. 中国区域科技创新资源分布及其与经济发展水平协同测度 [J]. 地理科学进展, 2012 (2): 149-155.

[119] 张永安, 李晨光. 创新网络结构对创新资源利用率的影响研究 [J]. 科学学与科学技术管理, 2010 (1): 81-89.

[120] Hall H, Walsh J, Vodden K, et al. Challenges, Opportunities and Strategies for Advancing Innovation in Newfoundland and Labrador [J]. Leslie Harris Centre of Regional Policy and Development, Memorial University, 2014 (30): 95-101.

[121] 刘凤朝, 徐茜, 韩姝颖, 孙玉涛. 全球创新资源的分布特征与空间差异——基于 OECD 数据的分析 [J]. 研究与发展管理, 2011 (1): 11-16, 30.

[122] 刘剑. 科技资源优化配置提高集合创新力研究 [J]. 科学管理研究, 2014 (4): 12-15.

[123] 白永亮, 汪建, 赵立军, 王琳琳. 科技资源、交易效率与区域创新能力差异——2011 年—2018 年湖北省地级市面板数据实证分析 [J]. 华中师范大学学报 (自然科学版), 2021 (5): 808-816.

[124] 王欣亮, 刘飞. 创新要素空间配置促进产业结构升级路径研究 [J]. 经济体制改革, 2018 (6): 51-56.

[125] HSIEH C, KLENOW P. Misallocation and manufacturing TFP in China and India [J]. Quarterly Journal of Economics, 2009 (4): 1403-1448.

[126] Collard-Wexler, De Loecker J. Reallocation and technology: evidence from the U. S. steel industry [J]. American Economic Review, 2011 (1): 131-171.

[127] Aoki S. A Simple accounting framework for the effect of resource misallocation on aggregate productivity [J]. Journal of the Japanese and International Economics, 2012 (26): 473-494.

[128] Brandt L, Trevor T, ZHU X D. Factor market distortions across time, space and sectors in China [J]. Review of Economic Dynamics, 2013 (1): 39 -58.

[129] Ziebarth NL. Are China and India backward? Evidence from the 19th century U. S. census of manufactures [J]. Review of Economic Dynamics, 2013 (1): 86 -99.

[130] Bollard A, Klenow P, Sharma G. India's mysterious manufacturing miracle [J]. Review of Economic Dynamics, 2013 (1): 5 -85.

[131] Ryzhenkov M. Resource misallocation and manufacturing productivity: the case of Ukraine [J]. Journal of Comparative Economics, 2016 (1): 41 -55.

[132] Liu C, Gao X, Ma W, et al. Research on regional differences and influencing factors of green technology innovation efficiency of China's high - tech industry [J]. Journal of computational and applied mathematics, 2020, 369: 112597.

[133] 龚关，胡关亮．中国制造业资源配置效率与全要素生产率 [J]. 经济研究，2013 (4): 4 -15, 29.

[134] 杨震宇．资源错配与研发型企业生产效率损失 [J]. 研究与发展管理，2015 (5): 99 -109.

[135] 金祥荣，李旭超，郭晓寒．资源的跨区域错置和区域内错置——基于中国工业企业数据的实证研究 [J]. 浙江大学学报（人文社会科学版），2016 (3): 135 -149.

[136] 靳来群．地区间资源错配程度分析 (1992 -2015) [J]. 北京社会科学，2018 (1): 57 -66.

[137] 秦宇，邓鑫，周慧．中国科技资源错配及其对产出影响的测算 [J]. 财贸研究，2018 (9): 28 -41.

[138] 杨传喜，丁璐扬．农业科技资源错配及科技产出损失研究 [J]. 中国科技论坛，2019 (9): 153 -161.

[139] 李欣泽，司海平．中国资源错配与经济效率损失：趋势与分解 [J]. 当代经济科学，2019 (6): 1 -12.

[140] 马玉林，马运鹏．中国科技资源配置效率的区域差异及收敛性研究 [J]. 数量经济技术经济研究，2021, 38 (8): 83 -103.

[141] Hopenhayn H, Rogerson R. Job Turnover and Policy Evaluation: A General Equilibrium Analysis [J]. Journal of Political Economy, 1993 (5): 915-938.

[142] Lagos, Richard O. A Model of TFP [J]. Review of Economic Studies, 2006 (4): 983-1007.

[143] Guner N, Ventura G, Xu Y. Macroeconomic implications of size-dependent policies [J]. Review of Economic Dynamics, 2008 (4): 721-744.

[144] Lucas R E. On The Mechanics Of Economic Development [J]. Journal of Monetary Economics, 1988 (1): 3-42.

[145] Peek J, Resenberg. Unnatural Selection: Perverse Incentives and the Misallocation of Credit in Japan [J]. American Economic Review, 2005 (4): 1144-1166.

[146] Caballero R J, Hoshi T, Kashyap A K. Zombie Lending and Depressed Restructuring in Japan [J]. American Economic Review, 2008 (5): 1943-1977.

[147] Zhang Y, Li X, Jiang F, et al. Industrial policy, energy and environment efficiency: Evidence from Chinese firm-level data [J]. Journal of environmental management, 2020, 260: 110123.

[148] Banerjee A V, Duflo E. Growth Theory through the Lens of Development Economics [J]. Handbook of Economic Growth, 2005 (5): 473-552.

[149] Moll B. Productivity Losses from Financial Frictions: Can Self-Financing Undo Capital Misallocation? [J]. American Economic Review, 2014 (10): 3186-3221.

[150] Jeong H, Townsend R M. Sources of TFP Growth: Occupational Choice and Financial Deepening [J]. Economic Theory, 2007 (1): 179-221.

[151] Wang Y, Lei X, Yang F, et al. financial friction, resource misallocation and total factor productivity: theory and evidence from China [J]. Journal of Applied Economics, 2021, 24 (1): 393-408.

[152] Amaral, Pedro S, Erwan Quintin. Limited Enforcement, Financial Intermediation, and Economic Development: A Quantitative Assessment [J]. International Economic Review, 2010 (3): 151-172.

[153] Greenwood J, Sanchez J M, Wang C. Quantifying the impact of financial development on economic development [J]. Review of Economic Dynamics, 2013 (1): 194 -215.

[154] Midrigan V, Xu D Y. Finance and Misallocation: Evidence from Plant - Level Data [J]. American Economic Review, 2014 (2): 422 -458.

[155] Francisco J Buera, Yongseok Shin. Financial Frictions and the Persistence of History: A Quantitative Exploration. 2013 (2): 221 -272.

[156] 简泽，徐扬，吕大国，卢任，李晓萍．中国跨企业的资本配置扭曲：金融摩擦还是信贷配置的制度偏向 [J]. 中国工业经济，2018 (11): 24 -41.

[157] Hayashi, Fumio, Edward C Prescott. The Depressing Effect of Agricultural Institutions on the Prewar Japanese Economy [J]. Journal of Political Economy, 2008 (4): 573 -632.

[158] Kaivan Munshi, Mark Rosenzweig. Networks and Misallocation: Insurance, Migration, and the Rural - Urban Wage Gap [J]. American Economic Review, 2016 (1): 46 -98.

[159] 乔小乐，宋林，戴小勇．中国制造业僵尸企业的劳动力资源错配效应研究 [J]. 财贸经济，2019 (11): 113 -128.

[160] Lileeva A, Trefler D. Improved Access to Foreign Markets Raises Plant - level Productivity... For Some Plants [J]. Nber Working Papers, 2007 (13297): 1051 -1099.

[161] 李清如．关税与非关税壁垒对贸易获益的影响——基于要素禀赋与资源错配理论的实证分析 [J]. 经济问题探索，2016 (12): 113 -119.

[162] William Fuchs, Brett Green, Dimitris Papanikolaou. Adverse selection, slow - moving capital, and misallocation [J]. Journal of Financial Economics, 2016 (2): 286 -308.

[163] David J M, Venkateswaran V. The sources of capital misallocation [J]. American Economic Review, 2019 (7): 2531 -2567.

[164] 武康平，田欣．信息不对称与供求失衡下的“用工荒” [J]. 经济学报，2020, 7 (2): 194 -230.

[165] 卡马耶夫．《经济增长的速度和质量》 [M]. 武汉：湖北人民

出版社，1983.

[166] Thomas, Vinod, Dailami. The quality of growth: Key to less poverty and better lives for all [J]. Development Outreach, 2001 (3).

[167] 武义青. 基于线性函数的生产率测定方法 [J]. 数量经济技术经济研究，1995 (6): 55-58, 21.

[168] 俞安军，韩士专，张顺超. 利用 C-D 函数测算中国经济增长的质量及方式 [J]. 统计与决策，2007 (24): 48-49.

[169] 刘树成，张晓晶. 中国经济持续高增长的特点和地区间经济差异的缩小 [J]. 经济研究，2007 (10): 17-31.

[170] 冯昭奎. 科技革命发生了几次——学习习近平主席关于"新一轮科技革命"的论述 [J]. 世界经济与政治，2017 (2): 4-24, 155-156.

[171] 朱诗怡，张凯，胡昕霖. 技术市场对经济高质量发展的影响研究——基于稀疏 PCA 与中介效应检验 [J]. 经济问题探索，2021 (9): 30-43.

[172] 王右文，董生忠. 以数字技术应用促进我国经济高质量发展研究 [J]. 学习与探索，2021 (11): 128-134.

[173] 史永乐，严良. 智能制造高质量发展的"技术能力"：框架及验证——基于 CPS 理论与实践的二维视野 [J]. 经济学家，2019 (9): 83-92.

[174] Simplice A Asongu, Jacinta C Nwachukwu, Vanessa S Tchamyou. Information asymmetry and financial development dynamics in Africa [J]. Review of Development Finance, 2016 (2): 126-138.

[175] Jorgenson M, Tapsoba R, Tapsoba S J A. A quality of growth index for developing countries: A proposal [J]. Social Indicators Research, 2017 (2): 675-710.

[176] 魏婕，任保平. 中国各地区经济增长质量指数的测度及其排序 [J]. 经济学动态，2012 (4): 27-33.

[177] 郑江淮，宋建，张玉昌，郑玉，姜青克. 中国经济增长新旧动能转换的进展评估 [J]. 中国工业经济，2018 (6): 24-42.

[178] 刘思明，张世瑾，朱惠东. 国家创新驱动力测度及其经济高质量发展效应研究 [J]. 数量经济技术经济研究，2019 (4): 3-23.

[179] 钞小静，任保平. 中国经济增长质量的时序变化与地区差异分

析［J］. 经济研究，2011（4）：26－40.

［180］朱启贵. 建立推动高质量发展的指标体系［N］. 文汇报，2018－02－06（12）.

［181］任保平，文丰安. 新时代中国高质量发展的判断标准、决定因素与实现途径［J］. 改革，2018（4）：5－16.

［182］张怡康. 建立经济高质量发展体系初探［J］. 统计与管理，2018（4）：126－128.

［183］刘惟蓝. 以高质量发展的指标体系引领开发区建设［N］. 新华日报，2018－04－25（13）.

［184］苏永伟，陈池波. 经济高质量发展评价指标体系构建与实证［J］. 统计与决策，2019（24）：38－41.

［185］刘凤朝，林原. 知识产权与区域高质量发展耦合协调研究——以我国省级行政区为样本的实证分析［J］. 华中师范大学学报（自然科学版），2021，55（5）：717－726.

［186］武云亮，钱嘉兢，张廷海. 环境规制、绿色技术创新与长三角经济高质量发展［J］. 华东经济管理，2021，35（12）：30－42.

［187］魏敏，李书昊. 新时代中国经济高质量发展水平的测度研究［J］. 数量经济技术经济研究，2018（11）：3－20.

［188］李金昌，史龙梅，徐蔼婷. 高质量发展评价指标体系探讨［J］. 统计研究，2019（1）：4－14.

［189］王一鸣. 大力推动我国经济高质量发展［J］. 人民论坛，2018（9）：32－34.

［190］殷醒民. 高质量发展指标体系的五个维度［N］. 文汇报，2018－02－06（12）.

［191］Jorgenson D W, Griliches Z. The Explanation of Productivity Change［J］. Review of Economic Studies, 1967（3）：249－283.

［192］Zhang C, Kong J, Effect of Equity in Education on the Quality of Economic Growth：Evidence from China［J］. International Journal of Human Sciences, 2010（1）：47－69.

［193］李平，付一夫，张艳芳. 生产性服务业能成为中国经济高质量增长新动能吗［J］. 中国工业经济，2017（12）：5－21.

[194] 马金华，林源，费堃桀. 企业税费负担对经济高质量发展的影响分析——来自我国制造业的证据 [J]. 当代财经，2021 (3)：40-52.

[195] 余泳泽，杨晓章，张少辉. 中国经济由高速增长向高质量发展的时空转换特征研究 [J]. 数量经济技术经济研究，2019 (6)：3-21.

[196] 湛泳，李珊. 智慧城市建设、创业活力与经济高质量发展-基于绿色全要素生产率视角的分析 [J]. 财经研究，2021 (12)：1-17.

[197] 沈坤荣，傅元海. 外资技术转移与内资经济增长质量——基于中国区域面板数据的检验 [J]. 中国工业经济，2010 (11)：5-15.

[198] 唐毅南. 中国经济真是“粗放式增长”吗——中国经济增长质量的经验研究 [J]. 学术月刊，2014 (12)：82-96.

[199] 刘瑞翔. 探寻中国经济增长源泉：要素投入、生产率与环境消耗 [J]. 世界经济，2013 (10)：123-141.

[200] 范金，姜卫民，刘瑞翔. 增加值率能否反映经济增长质量？[J]. 数量经济技术经济研究，2017 (2)：21-37.

[201] 马轶群，史安娜. 金融发展对中国经济增长质量的影响研究——基于VAR模型的实证分析 [J]. 国际金融研究，2012 (11)：30-39.

[202] Qi J. Fiscal Expenditure Incentives, Spatial Correlation and Quality of Economic Growth: Evidence from A Chinese Province [J], International Journal of Business and Management, 2016 (7): 191-201.

[203] 郑玉歆. 全要素生产率的再认识——用TFP分析经济增长质量存在的若干局限 [J]. 数量经济技术经济研究，2007 (9)：3-11.

[204] 郝颖，辛清泉，刘星. 地区差异、企业投资与经济增长质量 [J]. 经济研究，2014 (3)：101-114，189.

[205] 何强. 要素禀赋、内在约束与中国经济增长质量 [J]. 统计研究，2014 (1)：70-77.

[206] Steve Bond, Asli Leblebicioglu, Fabio Schiantarelli. Capital accumulation and growth: a new look at the empirical evidence [J]. Journal of Applied Econometrics, 2010 (7): 1073-1099.

[207] Romer P. Endogenous Technological Change [J]. Journal of Political Economy, 1990 (5): 71-102.

[208] 吴婷，易明. 人才的资源匹配、技术效率与经济高质量发展 [J].

科学学研究，2019（11）：1955－1963.

［209］Thomas V，Dailami M，Dhareshwar A. The Quality of Growth［M］. New York：Oxford University Press，2000.

［210］詹新宇，崔培培．中国省际经济增长质量的测度与评价——基于“五大发展理念”的实证分析［J］．财政研究，2016（8）：40－53，39.

［211］周强，史薇，郭青海．城市环境与绿色基础设施建设对城市经济高质量发展的影响机制［J］．生态学报，2021，41（22）：8820－8832.

［212］李强，朱宝清．投资水平与经济高质量发展：挤出效应真的存在吗［J］．财经科学，2019（11）：39－53.

［213］刘元春．经济制度变革还是产业结构升级——论中国经济增长的核心源泉及其未来改革的重心［J］．中国工业经济，2003（9）：5－13.

［214］徐盈之，顾沛．官员晋升激励、要素市场扭曲与经济高质量发展——基于长江经济带城市的实证研究［J］．山西财经大学学报，2020（1）：1－15.

［215］随洪光．外资引入、贸易扩张与中国经济增长质量提升——基于省际动态面板模型的经验分析［J］．财贸经济，2013（9）：85－94.

［216］江小涓．中国的外资经济对增长、结构升级和竞争力的贡献［J］．中国社会科学，2002（6）：4－14，204.

［217］戴翔．服务出口复杂度与经济增长质量：一项跨国经验研究［J］．审计与经济研究，2015（4）：103－112.

［218］李娜娜，杨仁发．FDI能否促进中国经济高质量发展？［J］．统计与信息论坛，2019（9）：35－43.

［219］田素华，李筱妍，王璇．双向直接投资与中国经济高质量发展［J］．上海经济研究，2019（8）：25－36.

［220］周忠宝，邓莉，肖和录，吴士健，LIU Wenbin．外商直接投资对中国经济高质量发展的影响——基于Index DEA和面板分位回归的分析［J］．中国管理科学，2021（12）：1－12.

［221］蓝乐琴，黄让．创新驱动经济高质量发展的机理与实现路径［J］．科学管理研究，2019（6）：10－17.

［222］韩江波．创新驱动经济高质量发展：要素配置机理与战略选择［J］．当代经济管理，2019（8）：6－14.

[223] 刘英基，韩元军．要素结构变动、制度环境与旅游经济高质量发展［J］．旅游学刊，2020（3）：28－38.

[224] 王文涛，曹丹丹．互联网资本与民营经济高质量发展：基于企业创新驱动路径视角［J］．统计研究，2020（3）：72－84.

[225] 薛莹，胡坚．金融科技助推经济高质量发展：理论逻辑、实践基础与路径选择［J］．改革，2020（3）：53－62.

[226] 马茹，张静，王宏伟．科技人才促进中国经济高质量发展了吗？——基于科技人才对全要素生产率增长效应的实证检验［J］．经济与管理研究，2019（5）：3－12.

[227] 赵丽霞，阿拉腾额古乐．科技创新能力对经济高质量发展影响路径量化研究［J］．科学管理研究，2019（4）：103－107.

[228] 任保平，李佩．以新经济驱动我国经济高质量发展的路径选择［J］．陕西师范大学学报（哲学社会科学版），2020（2）：113－124.

[229] 钞小静，薛志欣．以新经济推动中国经济高质量发展的机制与路径［J］．西北大学学报（哲学社会科学版），2020（1）：49－56.

[230] 迈克尔·波特．国家竞争优势［M］．北京：中信出版社，2012.

[231] Grossman G, E Helpman. Innovation and Growth in the Global Economy [M]. MIT Press, Cam－bridge, MA, 1991.

[232] Aghion, Philippe, Peter Howitt. A Model of Growth Through Creative Destruction [J]. Econometrica, 1992 (2): 321－351.

[233] Peretto P. "Technological Change and Population Growth" [J]. Journal of Economic Growth, 1998 (4): 283－311.

[234] 贝塔朗菲著，魏宏森，林康义译．一般系统论：基础发展和应用［M］．北京：清华大学出版社，1987.

[235] 钱学森，于景元，戴汝为．一个科学新领域——开放的复杂巨系统及其方法论［J］．自然杂志，1990（1）：3－10，64.

[236] Haken H P J. Synergetics [J]. IEEI Circuits & Devices Magazine, 1977 (3): 412－414.

[237] FORRESTER J W. Industrial dynamics [M]. Cambridge MA: Productivity Press, 1961: 5－33.

[238] 刘湖，张家平．互联网＋时代背景下ICT与经济增长关系的实

证分析——来自中国省级面板数据研究［J］. 统计与信息论坛，2015（12）：73－78.

［239］潘向东，刘娟秀. 互联网＋证券的未来发展［J］. 中国金融，2015（13）：33－35.

［240］李景海，林仲豪. “互联网＋”、创新驱动发展与广东民营经济转型升级路径研究［J］. 江淮论坛，2016（2）：50－56.

［241］张兆安. 实施“互联网＋”战略 推动传统产业升级［J］. 宏观经济管理，2015（4）：24－28.

［242］周衍鲁. “互联网＋”驱动实体经济转型升级的技术理论研究［J］. 商业经济研究，2017（18）：190－192.

［243］李晓华. “互联网＋”改造传统产业的理论基础［J］. 经济纵横，2016（3）：57－63.

［244］张卫华，梁运文. 全球价值链视角下“互联网＋产业集群”升级的模式与路径［J］. 学术论坛，2017（3）：117－124.

［245］杨蕙馨，焦勇，陈庆江. 两化融合与内生经济增长［J］. 经济管理，2016（1）：1－9.

［246］樊纲，王小鲁，马光荣. 中国市场化进程对经济增长的贡献［J］. 经济研究，2011（9）：4－16.

［247］Reis A B, Sequeira T N. Human Capital and Over investment in R&D［J］. The Scandinavian Journal of Economics, 2007（3）：573－591.

［248］Hausman J A. Specification tests in econometrics［J］. Econometrica, 1978（6）：1251－1271.

［249］刘沛罡，蒋选. 高技术产业结构与科技资源投入结构匹配关系测度［J］. 中国科技论坛，2017（6）：69－74.

［250］吴爱东，刘东阁. 中国金融发展与产业结构升级的关系——基于耦合协调度模型［J］. 南方金融，2017（3）：28－36.

［251］贾玉娇. 吉林省劳动力资源构成现状、问题及优化［J］. 人口学刊，2014（2）：82－90.

［252］刘燕妮，安立仁，金田林. 经济结构失衡背景下的中国经济增长质量［J］. 数量经济技术经济研究，2014（2）：20－35.

［253］王永初，王启志. 耦合主的新定义及其应用［J］. 华侨大学学

报：自然科学版，1999（3）：273－277.

［254］杨士弘，廖重斌，郑宗清．城市生态环境学［M］．北京：科学出版社，1996：114－119.

［255］Li yin S，Ya li H，Zhen hua H，Yingli L，Siu－Wai w. Improved coupling analysis on the coordination between socio－economy and carbon emission［J］．Ecological Indicators，2018（6）：357－366.

［256］陆玉麒．中国区域空间结构研究的回顾与展望［J］．地理科学进展，2002（5）：468－476.

［257］廖翼，周发明，唐玉凤．湖南县域经济差异变化的实证研究［J］．经济地理，2014（2）：35－41.

［258］王其藩．系统动力学［M］．上海：上海财经大学出版社，2009：55－120.

［259］傅元海，叶祥松，王展祥．制造业结构变迁与经济增长效率提高［J］．经济研究，2016（8）：86－100.

［260］王再文，李刚．农村科技资源供给与经济增长的相关性分析［J］．商业时代，2006（23）：53－54.

［261］Freund C，Weinhold D. The internet and international trade in services［J］．The Economics of Technology and Innovation，2002（2）：236－240.

［262］王海兰，李燕飞，梁燕，朱星谕．高校科研经费投入与区域经济增长——基于产学研视角的分析［J］．科技管理研究，2016（4）：107－112.

［263］何菊香，赖世茜，廖小伟．互联网产业发展影响因素的实证分析［J］．管理评论，2015（1）：138－147.

［264］Kydland F E，Prescott E C. Time to build and aggregate fluctuations［J］．Econometrica，1982（6）：1345－1370.

［265］Frank Smets，Router Wouters. Shocks and Frictions in US Business Cycles：a Bayesian DSGE Approach［J］．American Economic Review，2007（3）：586－606.

［266］武晓利．环保技术，节能减排政策对生态环境质量的动态效应及传导机制研究——基于三部门 DSGE 模型的数值分析［J］．中国管理科学，2018（12）：88－98.

［267］郑丽琳，朱启贵．技术冲击、二氧化碳排放与中国经济波动——

基于 DSGE 模型的数值模拟 [J]. 财经研究, 2012 (2): 37 - 48, 100.

[268] 陈昌兵. 可变折旧率估计及资本存量测算 [J]. 经济研究, 2014 (12): 72 - 85.

[269] 吕捷, 郭俊杰. 利率管制放开会加速资本的离农化吗? [J]. 管理世界, 2016 (12): 47 - 59, 187.

[270] 吴智华, 杨秀云. 影子银行、金融稳定与货币政策 [J]. 当代财经, 2018 (9): 50 - 63.

[271] 何国华, 李洁. 跨境资本流动的国际风险承担渠道效应 [J]. 经济研究, 2018 (5): 146 - 160.

[272] 许志伟, 王文甫. 经济政策不确定性对宏观经济的影响——基于实证与理论的动态分析 [J]. 经济学 (季刊), 2018 (1): 23 - 50.

[273] 马文涛, 魏福成. 基于新凯恩斯动态随机一般均衡模型的季度产出缺口测度 [J]. 管理世界, 2011 (5): 39 - 65.

[274] 郭晗. 人口红利变化对中国经济增长影响研究 [D]. 西安: 西北大学, 2012.

[275] 王春宇. 中国经济增长效率及其影响因素研究——基于 2001 - 2015 年面板数据 [D]. 济南: 山东财经大学, 2018.

[276] 任锦鸾, 郑海昊, 曹文, 何孟滕, 祝金甫. 技术创新驱动媒体智能化测度研究 [J]. 科研管理, 2018 (1): 254 - 261.

[277] Bond S, Blundell D. Initial Conditions and Moment Restrictions in Dynamic Panel Data Models [J]. Journal of Economic Literature, 1998 (87): 115 - 143.

[278] Roodman D. How to Do Xtabond2: An Introduction to Different and System GMM in Stata [J]. The Stata Journal, 2009 (9): 86 - 136.

[279] 李雪松, 张雨迪, 孙博文. 区域一体化促进了经济增长效率吗? ——基于长江经济带的实证分析 [J]. 中国人口·资源与环境, 2017 (1): 10 - 19.

[280] 汪婷. 我国产业集聚水平对经济增长效率的影响分析 [D]. 郑州: 郑州大学, 2019.

[281] 邹朋飞, 谢国斌. 资源与环境约束下的经济增长效率及其影响因素研究 [J]. 金融与经济, 2015 (6): 10 - 14.

[282] Bernard A B, Stephen J R, Peter K S. Multiple – product Firms and Product Switching [J]. American Economic Review, 2010 (100): 70 – 97.

[283] Hansen B E. Threshold Effects in Non – dynamic panels: Estimation, Testing, and Inference [J]. Journal of Econometrics, 1999 (2): 345 – 368.

附录一

1. 经济增长效率

省市	2006 年	2007 年	2008 年	2009 年	2010 年	2011 年	2012 年	2013 年	2014 年	2015 年	2016 年	2017 年
北京	0. 612	0. 724	0. 397	0. 56	1	0. 769	0. 876	0. 897	1	0. 206	0. 388	0. 142
天津	0. 493	0. 722	0. 474	0. 591	0. 953	0. 754	0. 863	0. 854	0. 872	0. 194	0. 33	0. 15
河北	0. 547	0. 73	0. 555	0. 635	0. 954	0. 786	0. 881	0. 857	0. 774	0. 221	0. 325	0. 163
山西	0. 597	0. 746	0. 614	0. 65	0. 931	0. 759	0. 897	0. 848	0. 762	0. 254	0. 319	0. 173
内蒙古	0. 628	0. 811	0. 732	0. 682	0. 961	0. 94	0. 903	1	0. 695	0. 288	0. 339	0. 188
辽宁	0. 653	1	0. 788	0. 713	0. 901	0. 939	0. 87	1	0. 611	0. 329	0. 368	0. 203
吉林	0. 723	0. 486	0. 853	0. 636	0. 872	0. 706	0. 829	0. 364	0. 784	1	0. 396	0. 371
黑龙江	0. 761	0. 448	0. 832	0. 678	0. 881	0. 565	0. 779	0. 346	0. 823	0. 919	0. 377	0. 358
上海	0. 774	0. 5	0. 939	0. 747	0. 838	0. 527	0. 762	0. 353	0. 804	0. 903	0. 386	0. 328
江苏	0. 844	0. 474	1	0. 784	0. 828	0. 586	0. 748	0. 362	0. 813	0. 802	0. 382	0. 3
浙江	0. 907	0. 548	0. 854	0. 869	0. 986	0. 589	0. 88	0. 4	1	0. 753	0. 409	0. 342

续表

省市	2006年	2007年	2008年	2009年	2010年	2011年	2012年	2013年	2014年	2015年	2016年	2017年
安徽	1	0.61	0.969	0.78	1	0.612	0.9	0.401	1	0.721	0.421	0.406
福建	0.565	0.614	0.343	0.742	0.593	0.583	0.989	0.393	0.474	0.737	0.301	0.416
江西	0.548	0.586	0.426	0.726	0.508	0.584	0.867	0.363	0.422	0.769	0.261	0.437
山东	0.604	0.604	0.514	0.743	0.52	0.602	0.834	0.361	0.367	0.81	0.258	0.473
河南	0.608	0.822	0.576	0.82	0.561	0.588	0.794	0.36	0.379	0.853	0.237	0.476
湖北	0.698	0.635	0.672	0.914	0.653	0.708	0.814	0.422	0.406	0.918	0.243	0.51
湖南	0.701	1	0.788	1	0.722	0.709	0.824	0.397	0.404	1	0.248	0.571
广东	0.726	0.47	0.862	0.605	0.759	1	0.809	0.257	0.401	0.728	0.27	1
广西	0.741	0.531	0.797	0.664	0.724	0.929	0.802	0.204	0.398	0.669	0.26	1
海南	0.773	0.631	0.85	0.753	0.772	0.908	0.816	0.185	0.41	0.687	0.27	0.997
重庆	0.867	0.658	0.892	0.8	0.818	0.878	0.831	0.185	0.405	0.746	0.392	0.846
四川	0.908	0.756	0.942	0.879	0.91	0.877	0.972	0.181	0.474	0.773	0.303	0.797
贵州	1	0.873	1	0.948	1	0.847	1	0.182	0.501	0.819	0.426	0.756
云南	0.58	0.923	0.421	1	0.885	0.843	1	0.176	0.07	0.871	1	0.738
陕西	0.571	0.922	0.344	0.706	0.881	0.829	0.924	0.17	0.055	0.857	0.953	0.754
甘肃	0.59	0.962	0.375	0.719	0.807	0.832	0.925	0.174	0.057	0.856	1	0.822
青海	0.601	1	0.391	0.785	0.728	0.867	0.836	0.167	0.061	0.838	0.903	0.857
宁夏	0.655	1	0.478	0.9	0.712	0.953	0.86	0.202	0.061	0.939	0.941	0.979

2. 互联网技术配置效率

省市	2006 年	2007 年	2008 年	2009 年	2010 年	2011 年	2012 年	2013 年	2014 年	2015 年	2016 年	2017 年
北京	0.322	0.145	0.257	0.387	0.157	0.318	0.524	0.534	0.259	0.359	0.274	0.678
天津	0.077	0.067	0.289	0.392	0.11	0.399	0.334	0.571	0.598	0.331	0.475	0.567
河北	0.347	0.074	0.436	0.169	0.249	0.468	0.64	0.616	0.518	0.305	0.703	0.533
山西	0.296	0.407	0.343	1	0.246	0.641	0.363	1	0.821	0.593	0.667	0.878
内蒙古	0.253	0.303	0.315	0.754	0.236	0.582	0.274	0.641	1	0.484	0.515	0.551
辽宁	0.417	0.2	0.524	0.478	0.123	0.566	0.377	0.5	0.279	0.394	0.552	0.73
吉林	0.334	0.276	0.2	0.163	0.155	0.458	0.418	0.131	0.44	0.641	0.432	0.913
黑龙江	0.283	0.484	0.172	0.098	0.149	0.318	0.436	0.084	0.682	0.876	0.36	1
上海	0.505	0.066	0.135	0.454	0.277	0.69	0.532	0.126	0.575	0.606	0.223	0.921
江苏	0.755	0.221	0.047	0.098	0.499	1	1	0.071	0.971	0.461	0.546	0.99
浙江	0.591	0.408	0.171	0.107	0.413	1	0.717	0.119	0.882	0.633	0.55	1
安徽	0.494	0.303	0.241	0.133	0.378	0.513	0.492	0.15	0.822	1	0.528	0.51
福建	0.241	0.056	0.482	0.246	0.408	0.6	0.295	0.098	0.28	1	0.384	0.533
江西	0.764	0.054	0.304	0.422	0.355	0.53	0.284	0.135	0.713	1	0.306	0.431
山东	0.852	0.116	1	0.554	1	0.637	0.676	0.172	0.912	0.933	0.55	0.521

续表

省市	2006 年	2007 年	2008 年	2009 年	2010 年	2011 年	2012 年	2013 年	2014 年	2015 年	2016 年	2017 年
河南	0. 928	0. 347	0. 53	1	0. 736	0. 891	0. 484	0. 283	0. 638	0. 891	0. 785	0. 934
湖北	0. 859	0. 538	0. 533	0. 768	0. 47	0. 613	0. 409	0. 24	0. 923	0. 805	0. 65	0. 783
湖南	1	0. 346	0. 661	0. 554	0. 493	0. 609	0. 495	0. 199	1	0. 614	0. 552	0. 64
广东	0. 701	1	0. 502	0. 383	0. 5	0. 129	0. 299	0. 539	0. 593	0. 33	0. 78	0. 098
广西	0. 711	0. 941	0. 277	0. 288	0. 369	0. 222	0. 306	0. 504	0. 755	0. 349	0. 61	0. 156
海南	0. 561	1	0. 195	0. 704	0. 401	0. 3	0. 356	0. 743	0. 764	0. 428	0. 117	0. 127
重庆	1	0. 727	0. 628	0. 581	0. 831	0. 154	0. 518	1	1	0. 396	1	0. 614
四川	0. 859	0. 625	0. 414	0. 403	0. 57	0. 129	0. 37	0. 887	0. 772	0. 549	0. 791	0. 275
贵州	0. 116	0. 467	0. 095	0. 6	0. 573	0. 198	0. 402	0. 533	0. 536	0. 597	0. 621	0. 498
云南	0. 561	0. 254	0. 081	0. 338	0. 405	0. 183	0. 398	0. 544	0. 489	0. 774	0. 902	0. 353
陕西	0. 533	0. 172	0. 098	0. 403	0. 175	0. 161	0. 382	0. 56	0. 689	0. 709	0. 973	0. 312
甘肃	0. 734	0. 096	0. 173	0. 481	0. 642	0. 179	0. 711	0. 65	0. 741	0. 422	0. 58	0. 112
青海	0. 541	0. 516	0. 593	0. 75	0. 417	0. 349	0. 62	0. 928	1	0. 917	0. 742	0. 392
宁夏	0. 821	0. 075	0. 557	0. 696	0. 39	0. 258	0. 655	0. 437	0. 983	0. 818	1	0. 472
新疆	0. 629	0. 337	0. 465	0. 514	0. 362	0. 171	1	0. 674	0. 894	0. 754	0. 871	0. 536

3. 科研经费配置效率

省市	2006 年	2007 年	2008 年	2009 年	2010 年	2011 年	2012 年	2013 年	2014 年	2015 年	2016 年	2017 年
北京	0. 286	0. 726	0. 573	0. 662	0. 53	0. 718	0. 598	0. 547	0. 748	0. 531	0. 211	0. 238
天津	0. 326	0. 751	0. 612	0. 574	0. 573	0. 762	0. 63	0. 505	0. 722	0. 51	0. 246	0. 217
河北	0. 355	0. 749	0. 591	0. 456	0. 589	0. 68	0. 68	0. 491	0. 647	0. 463	0. 265	0. 257
山西	0. 377	1	0. 552	0. 573	0. 769	1	0. 595	0. 56	0. 692	0. 57	0. 278	0. 624
内蒙古	0. 449	0. 967	0. 626	0. 565	0. 889	0. 942	0. 713	0. 492	0. 646	0. 491	0. 399	0. 575
辽宁	0. 481	0. 911	0. 555	0. 593	0. 835	0. 802	0. 663	0. 452	0. 468	0. 443	0. 405	0. 524
吉林	0. 523	0. 455	0. 571	0. 306	1	0. 259	0. 785	0. 942	0. 506	0. 407	0. 449	0. 346
黑龙江	0. 582	0. 471	0. 511	0. 38	0. 949	0. 27	0. 756	0. 946	0. 569	0. 555	0. 526	0. 235
上海	0. 648	0. 424	0. 472	0. 328	0. 796	0. 232	0. 76	0. 836	0. 599	0. 403	0. 539	0. 476
江苏	0. 748	0. 465	0. 729	0. 393	0. 891	0. 245	1	0. 868	0. 771	0. 348	0. 734	0. 517
浙江	0. 746	0. 616	0. 709	0. 478	0. 751	0. 318	0. 906	1	0. 567	0. 455	1	0. 557
安徽	0. 745	0. 511	0. 649	0. 383	0. 647	0. 366	0. 867	0. 832	0. 586	0. 412	0. 649	0. 238
福建	0. 481	0. 633	0. 596	0. 362	0. 144	0. 448	0. 457	0. 842	0. 789	0. 641	0. 301	0. 275
江西	0. 536	0. 644	0. 591	0. 299	0. 182	0. 469	0. 541	0. 8	0. 675	0. 741	0. 345	0. 344
山东	0. 48	0. 641	0. 594	0. 279	0. 169	0. 576	0. 512	0. 76	0. 509	0. 804	0. 285	0. 354

续表

省市	2006年	2007年	2008年	2009年	2010年	2011年	2012年	2013年	2014年	2015年	2016年	2017年
河南	0.457	0.88	0.424	0.309	0.242	0.89	0.485	0.909	0.599	1	0.296	0.434
湖北	0.528	0.884	0.603	0.292	0.375	0.968	0.599	0.863	0.765	0.627	0.386	0.531
湖南	0.517	0.889	0.581	0.288	0.584	0.823	0.537	0.962	0.768	0.578	0.425	0.647
广东	0.604	0.691	0.568	0.267	0.589	0.434	0.58	0.536	0.809	0.346	0.524	0.831
广西	0.639	0.632	0.547	0.352	0.532	0.466	0.587	0.587	0.893	0.365	0.613	0.909
海南	0.624	0.456	0.539	0.365	0.471	0.392	0.504	0.46	0.765	0.288	0.574	0.553
重庆	0.806	0.334	0.661	0.593	0.524	0.424	0.629	0.388	1	0.347	0.724	0.508
四川	0.814	0.383	0.753	0.77	0.492	0.489	0.635	0.393	0.898	0.382	0.794	0.571
贵州	1	0.309	0.912	0.895	0.395	0.444	0.603	0.368	0.605	0.331	0.947	0.475
云南	0.593	0.354	0.668	1	0.365	0.472	0.953	0.412	0.42	0.376	0.251	0.514
陕西	0.655	0.381	0.686	0.769	0.362	0.417	0.704	0.496	0.453	0.376	0.505	0.653
甘肃	0.554	0.384	0.555	0.577	0.299	0.356	0.496	0.585	0.53	0.417	0.505	0.632
青海	0.558	0.473	0.49	0.663	0.32	0.438	0.493	0.868	0.596	0.471	0.42	1
宁夏	0.712	0.462	0.58	0.544	0.405	0.399	0.677	0.855	0.774	0.4	0.23	0.746
新疆	0.608	0.552	0.453	0.48	0.378	0.366	0.627	0.728	0.614	0.398	0.37	0.844

4. 互联网基础设施配置效率

省市	2006 年	2007 年	2008 年	2009 年	2010 年	2011 年	2012 年	2013 年	2014 年	2015 年	2016 年	2017 年
北京	0.609	1	1	0.447	0.995	0.582	1	1	1	0.298	0.784	0.076
天津	0.629	0.998	1	0.421	0.979	0.647	1	1	1	0.328	0.941	0.081
河北	0.672	1	0.925	0.382	1	0.658	0.929	1	0.891	0.363	0.967	0.075
山西	0.691	0.953	0.917	0.326	0.987	0.643	0.861	0.975	1	0.388	1	0.065
内蒙古	0.719	0.981	0.958	0.241	0.93	0.683	0.906	1	0.608	0.428	0.949	0.063
辽宁	0.8	1	1	0.247	1	0.724	1	0.933	0.672	0.446	1	0.062
吉林	0.814	0.835	1	0.912	0.924	0.782	0.981	0.316	0.649	1	0.985	0.55
黑龙江	0.874	0.943	1	0.971	0.96	0.685	0.984	0.273	0.658	0.905	1	0.495
上海	0.972	0.908	1	0.843	1	0.63	1	0.241	0.679	0.981	1	0.481
江苏	0.93	0.804	0.999	0.854	0.897	0.538	0.919	0.246	0.573	0.967	0.971	0.438
浙江	0.94	0.845	0.792	0.857	0.992	0.529	0.966	0.285	0.646	0.927	0.993	0.471
安徽	1	0.903	0.805	1	1	0.515	1	0.335	0.708	0.763	1	0.484
福建	1	0.889	1	0.769	1	0.522	0.709	0.35	0.658	0.836	0.359	0.478
江西	0.96	0.754	0.962	1	0.952	0.595	0.7	0.381	0.543	0.931	0.364	0.521
山东	0.932	0.751	0.713	0.893	1	0.586	0.801	0.407	0.463	0.904	0.426	0.538

续表

省市	2006 年	2007 年	2008 年	2009 年	2010 年	2011 年	2012 年	2013 年	2014 年	2015 年	2016 年	2017 年
河南	0.938	0.602	0.661	0.929	0.728	0.464	0.796	0.394	0.411	0.907	0.414	0.481
湖北	0.95	0.542	0.688	0.959	0.727	0.498	0.891	0.415	0.367	0.93	0.466	0.44
湖南	0.802	0.598	0.73	1	0.772	0.462	0.965	0.442	0.488	1	0.504	0.462
广东	0.881	1	0.716	1	0.653	1	0.904	0.319	0.481	0.848	0.424	1
广西	1	0.998	0.736	0.927	0.686	1	0.956	0.288	0.507	0.822	0.461	0.975
海南	1	1	0.715	0.938	0.713	1	0.972	0.268	0.492	0.925	0.492	0.973
重庆	0.971	1	0.648	0.937	0.505	0.97	0.837	0.199	0.486	0.953	0.386	0.983
四川	0.956	1	0.569	0.752	0.525	0.984	0.874	0.202	0.487	1	0.376	0.971
贵州	0.905	0.957	0.561	0.798	0.489	0.984	0.949	0.206	0.556	0.983	0.343	1
云南	1	0.946	0.8	0.656	0.815	0.988	0.69	0.163	0.081	0.903	1	0.924
陕西	0.938	0.919	0.74	0.695	0.862	1	0.673	0.157	0.079	0.94	0.992	0.968
甘肃	0.72	0.855	0.655	0.658	0.901	0.994	0.731	0.15	0.077	1	1	1
青海	0.506	0.753	0.553	0.54	0.927	0.981	0.742	0.136	0.065	0.87	0.978	0.978
宁夏	0.471	0.646	0.522	0.501	0.764	0.988	0.839	0.14	0.051	0.86	0.905	1
新疆	0.457	0.551	0.551	0.488	0.789	1	0.824	0.151	0.049	0.967	1	0.974

附录二

本专著在研究过程中，取得了一些阶段性成果，主要列举如下：

一、发表的学术论文

1. 中国创新要素配置与经济高质量耦合发展的测度，《数量经济技术经济研究》（权威），2021.10。

2. 经济高质量发展视阈下中国创新要素配置水平的测度，《数量经济技术经济研究》（权威），2021.2，被人大复印资料全文转载。

3. 新中国成立70年中国工业化进程与经济发展，《数量经济技术经济研究》（权威），2019.8，被人大复印资料全文转载。

4. 区域人力资本就业配置与全要素生产率，《当代财经》（CSSCI），2020.1。

5. “互联网+”背景下我国科技资源配置与经济结构的时空耦合研究，《数量经济研究》（CSSCI），2020.1。

6. 产能利用率视角下国际产能合作对企业生产率的影响：来自微观企业的证据，《数量经济研究》（CSSCI），2020.3。

7. “互联网+”对科技资源错配影响的实证研究，《江西师范大学学报（自然科学版）》（北大核心），2020.2。

8. 互联网技术对我国宏观经济的动态效应及传导机制研究——基于DSGE模型的实证分析，《江西师范大学学报（自然科学版）》（北大核心），2020.4。

9. 省际R&D溢出如何促进本地产业结构升级？——基于2阶段创新价值链的中介分析，《江西师范大学学报（自然科学版）》（北大核心)，2020.2。

10. 知识复杂度对产业结构升级的作用机制研究，《江西师范大学学报(自然科学版)》(北大核心)，2020.2。

11. 利率市场化、信贷资源配置与企业技术创新——基于上证A股企业的实证分析，《江西师范大学学报(自然科学版)》(北大核心)，2019.6。

二、刊登的报纸文章

1. 优化“双碳”目标下的创新要素配置，《中国社会科学报》，2022年1月26日。

2. 优化创新要素配置 推动经济高质量发展，《中国社会科学报》，2021年11月3日。

3. “数字+”创新赋能经济高质量发展，《中国社会科学报》，2021年5月19日。

4. 新一代信息技术加速“两业”深度融合，《中国社会科学报》，2020年4月22日。

5. 优化创新要素配置 推动制造业高质量发展，《中国社会科学报》，2019年10月30日。

三、撰写的智库报告

撰写《推动江西省先进制造业高质量发展的思考与建议》《关于提升江西省承接“长珠闽”产业转移的政策建议》《引“智”入“制”，用好经济“抗疫”新良方——江西省先进制造业与现代服务业融合存在的若干问题与应对策略》《制约我省赣江新区高质量发展的若干问题及其应对策略》四篇智库报告，分别获得省委书记省长易炼红、原常务副省长毛伟明、常务副省长殷美根批示。